머신 러닝 알고리즘

파이썬 예제와
함께 배우는 머신 러닝

주세페 보나코르소 지음

정사범 옮김

Packt> / 에이콘

지은이 소개

주세페 보나코르소^{Giuseppe Bonaccorso}

12년 이상의 경력을 가진 머신 러닝 및 빅데이터 컨설턴트다. 이탈리아 카타니아 대학 University of Catania 전자 공학과에서 학위를 받았다. 이후 이탈리아 토르 베르가타^{Tor Vergata}의 로마 대학 및 영국 에식스^{Essex} 대학에서 대학원 전문 과정을 이수했다.

공공 행정, 군대, 공공 시설, 의료, 진단 및 광고 등 다양한 비즈니스 환경에서 IT 경력을 쌓았다. 또한 자바^{Java}, 파이썬^{Python}, 하둡^{Hadoop}, 아파치 스파크^{Apache Spark}, 테아노^{Theano} 및 텐서플로^{TensorFlow}를 비롯한 많은 기술을 사용해 프로젝트를 수행하고 관리한 경험이 있다. 주요 관심사는 인공 지능, 머신 러닝, 데이터 과학 및 철학 분야다.

머신 러닝 알고리즘

│ 기술 감수자 소개 │

마누엘 아무네테구이 Manuel Amunategui

신생 기업인 SpringML의 데이터 과학 부사장VP이다. 이 기업은 구글 클라우드, 텐서플로 및 세일즈포스Salesforce 엔터프라이즈 솔루션을 제공하는 스타트업이다. 이 회사에 합류하기 전에는 월가의 대규모 주식 옵션 시장 창출 기업 및 마이크로에서 소프트웨어 개발자로 근무했다. 예측 분석과 국제 행정 분야에서 석사 학위를 받았다. 또한 데이터 과학 옹호론자이자 블로거/비디오 블로거(http://amunategui.github.io)이며, Udemy.com과 오 랄리 미디어O'Reilly Media의 트레이너, 팩트출판사의 기술 감수자다.

더그 오티즈 Doug Ortiz

바이트큐브드ByteCubed의 선임 빅데이터 아키텍트로, 경력 전반에 걸쳐 엔터프라이즈 솔루션을 개발하고 통합했다.

마이크로소프트 BI Stack, 하둡, NoSQL 데이터베이스, 셰어포인트SharePoint, 관련 도구셋 및 기술을 이용해 활용도가 낮은 데이터를 재발견하고 재사용할 수 있도록 다양한 프로젝트를 수행했다. 또한 Illustris, LLC의 설립자기도 하다(ougortiz@illustris.org로 확인할 수 있다). 다중 플랫폼 및 제품, 빅데이터, 데이터 과학 자격증, R 및 파이썬 자격증을 통합하는 경력을 갖고 있다는 점이 흥미롭다. 기업이 현재 데이터와 기존 자원에 투자하는 가치에 대해 더 깊이 이해하고 가치를 부여할 수 있도록 도와준다. 또한 데이터 및 기존 리소스에 대한 투자를 유용한 정보 소스로 전환한다. 독창적이고 혁신적인 기술을 활용해 프로젝트를 개선, 복구 및 설계했다. 취미는 요가와 스쿠버 다이빙이다.

루카스 트라치스키|Lukasz Tracewski

머신 러닝, 디지털 신호 처리 및 클라우드 컴퓨팅을 전문으로 하는 소프트웨어 개발자이자 과학자다. 오픈소스 커뮤니티의 정회원이며, 수많은 연구 출판물의 저자이기도 하다. 네덜란드의 첨단 기술 산업 기관high-tech industry에서 소프트웨어 과학자로 6년 동안 일했으며, 광식각 기술과 전자 현미경을 통해 처음으로 처리량과 정밀도의 물리적 한계에 도달하는 알고리즘과 기계를 만들었다. 현재는 금융업계에서 데이터 과학 팀을 이끌고 있다. 4년 동안 보전 과학 분야에서 자신의 기술인 프로보노를 사용해왔다. 오디오 녹음이나 위성 이미지 분석에서 조류종의 분류와 같은 주제에 관여한다. 여유 시간에는 이산화탄소를 흡입하고 멸종 위기에 처한 종에게 산소를 공급한다.

│ 옮긴이 소개 │

정사범(sabumjung@hotmail.com)

의사 결정과 최적화 방법론에 관심이 많다. 세상에 존재하는 다양한 데이터를 이용해 여러 가지 문제를 해결하는 일을 하고 있다. 다양한 책과 현장 경험을 통해 데이터 수집, 정제, 분석, 보고 방법에 대한 지식을 얻는 것에 감사하고 있다. 에이콘출판사에서 출간한 『RStudio 따라잡기』(2013), 『The R book(Second Edition) 한국어판』(2014), 『예측 분석 모델링 실무 기법』(2014), 『데이터 마이닝 개념과 기법』(2015), 『파이썬으로 풀어보는 수학』(2016), 『데이터 스토리텔링』(2016), 『R에서 객체지향 프로그래밍 사용하기』(2016), 『파이썬 프로그래밍 개론』(2016), 『산업인터넷(IIOT)과 함께하는 인더스트리 4.0』(2017), 『장고 마스터하기』(2017), 『텐서플로로 구현하는 딥러닝과 강화학습』(2017)을 번역했다.

2016년 우리는 상당한 충격을 받았다. 알파고라는 인공지능[AI] 기술이 인간을 이겼다는 사실을 접하게 됐기 때문이다. 사실 AI 기술은 지난 수십 년 동안 연구돼왔지만 인간을 능가하리라고는 생각하지 못했기 때문일 것이다. 하지만 2016년의 딥마인드의 알파고는 이러한 고정관념을 깨버렸고 AI 연구에 활기를 가져왔다고 볼 수 있다. 이후에도 우리는 여러 뉴스를 통해 현실에서 AI를 이용한 성과가 공개돼왔다는 사실을 매스컴을 통해 접해왔다.

물론 기업 현장에서도 AI, 머신 러닝에 대한 관심이 예전보다 많이 높아졌고, 이를 이용해 혁신과 새로운 가치를 만들기 위해 노력하고 있다. 기업뿐 아니라 학계에서도 다양한 연구와 지원이 이뤄지고 있다. 다만 현재의 AI는 모든 것을 해결해주는 만능이 아니다. 즉 나름의 장단점을 갖고 있다. 예를 들어 AI가 결정한 내용에 대해 최종 사용자가 이해하는 데 어려움이 있다 보니 현장에 적용하는 데 어려운 점이 있다. 하지만 이러한 한계에 대한 부분도 '설명 가능한 AI[eXplainable AI]'를 통해 해결하려고 노력하고 있다. 이러한 새로운 기술에 대한 장단점을 분석하고 단점을 개선하려는 노력들 덕분에 AI가 실생활에 유용하게 사용되는 범위는 넓어질 것이라 생각한다. 이러한 측면에서 머신러닝에 사용되는 여러 가지 유용한 알고리즘에 대한 방법의 이해와 구현이 필요하고, 이를 기반으로 여러 가지 이슈 사항을 해결하는 새로운 기술 개발 또한 필요할 것이다.

이 책은 이러한 필요성을 느끼는 사람들에게 데이터 전처리와 머신 러닝 방법을 소개하기 위한 것이다. 특히 파이썬을 활용해 머신 러닝을 구현해보려고 하는 사람에게 많은 도움이 될 것이라 생각한다. 각 장별 해당 주제에 대한 간략한 설명과 파이썬으로 구현하는 예제는 현장에서 업무를 수행하는 엔지니어가 참고할 만한 내용을 담고 있다. 부디 이 책이 해당 업무에서 고군분투하고 있는 여러분들이 업무를 수행하는 데 일조할 수 있길 바란다.

이 책이 세상에 나올 수 있도록 여러모로 도와주신 에이콘출판사 여러분에게 깊은 감사를 드린다.

차례

이 책은 점점 더 중요해지고 있는 머신 러닝에 대한 소개서다. 따라서 IT 전문가 및 분석가뿐 아니라 모든 사람에게 중요한 내용을 담고 있다. 머신 러닝과 같은 기술의 엄청난 힘을 이용하려는 과학자와 엔지니어에게 예측 분석, 분류, 군집화 및 자연어 처리를 위한 기술을 소개한다. 물론, 모든 세부 사항을 상세하게 다루는 것은 매우 어렵다. 이런 이유로, 몇 가지 주제는 간략하게 설명해 사용자가 기본 개념에만 초점을 두도록 했고 참고 도서를 통해 심화 학습을 할 수 있도록 관련 문헌 정보를 제공했다. 이 책의 부정확한 내용이나 오류가 있다면 미리 사과를 드린다. 또한 모든 팩트출판사 편집자의 도움과 끊임없는 관심에 대해 감사드린다.

이 책을 부모님께 바친다. 부모님은 내가 이와 같은 특별한 주제에 대해 열정을 갖고 연마할 수 있도록 항상 믿고 격려해주셨다.

▌ 이 책의 구성

1장, '머신 러닝 개요'에서는 머신 러닝에 대해 소개하고 지능형 애플리케이션을 만드는 데 있어 가장 중요한 접근 방식의 기본 개념을 설명한다.

2장, '머신 러닝 핵심 요소'에서는 정보 이론의 몇 가지 요소와 학습 능력의 개념을 포함한 가장 일반적인 머신 러닝 문제의 수학적인 개념을 설명한다.

3장, '특징 선택 및 특징 엔지니어링'에서는 데이터셋을 전처리하고 가장 중요한 정보를 제공하는 특징을 선택하며, 원데이터의 차원을 축소하는 데 사용되는 핵심 기술인 특징 선택 및 특징 엔지니어링에 대해 설명한다.

4장, '선형 회귀'에서는 연속 선형 모델의 구조를 선형 회귀 알고리즘에 초점을 맞춰 설명한다. 또한 릿지^{Ridge}, 라소^{Lasso} 및 엘라스틱넷^{ElasticNet} 최적화와 다른 고급 기술도 다룬다.

5장, '로지스틱 회귀'에서는 로지스틱 회귀$^{Logistic\ Regression}$와 확률적 경사 하강 알고리즘에 초점을 맞춰 선형 분류의 개념을 소개한다. 이외에 중요한 평가 척도를 설명한다.

6장, '나이브 베이즈'에서는 베이즈^{Bayes} 확률 이론을 설명하고, 가장 널리 알려진 나이브 베이즈$^{Naive\ Bayes}$ 분류기 구조에 대해 설명한다.

7장, '지지 벡터 머신'에서는 선형 비선형 분류 문제에 초점을 맞춰 분류 관련 알고리즘을 소개한다.

8장, '의사 결정 나무와 앙상블 학습'에서는 계층적 의사 결정 과정에 대해 설명하고, 의사 결정 나무 분류, 부트스트랩, 배깅 트리, 보팅 분류기의 개념에 대해 설명한다.

9장, '군집화 기초'에서는 군집화의 개념을 소개하고, k-평균 알고리즘을 설명하며, 최적의 군집 수를 결정하기 위한 다양한 접근 방법을 소개한다. 후반부에서는 DBSCAN과 같은 스펙트럼 군집화와 같은 다른 군집화 알고리즘에 대해 설명한다.

10장, '계층적 군집화'에서는 9장에서 설명한 내용에 이어서 응집 군집화의 개념을 소개한다.

11장, '추천 시스템 개요'에서는 추천 시스템에서 가장 잘 알려진 알고리즘인 추천 시스템에 대해 설명한다. 이 시스템에는 콘텐츠-기반 및 사용자-기반 전략, 협업 필터링, 교대 최소 제곱 방법이 있다.

12장, '자연어 처리'에서는 단어 바구니$^{Bag\ of\ Words,\ BOW}$의 개념을 설명한다. 또한 자연어 데이터셋을 효율적으로 처리하는 데 필요한 기술을 소개한다.

13장, 'NLP에서 토픽 모델링 및 감정 분석'에서는 토픽 모델링의 개념을 소개하고, 가장 중요한 알고리즘인 잠정적 의미 분석$^{latent\ semantic\ analysis}$과 잠재적 디리클레 할당$^{latent\ Dirichlet\ allocation}$을 설명한다. 후반부에서는 감정 분석 문제에 대해 설명하고, 이를 해결하기 위한 접근 방법을 설명한다.

14장, '딥러닝과 텐서플로 개요'에서는 딥러닝에 대해 소개하고 신경망과 계산 그래프의 개념에 대해 간략히 설명한다. 후반부에서는 텐서플로와 케라스 프레임워크에 대한 주요 개념을 몇 가지 실용적인 예제와 함께 간략히 설명한다.

15장, '머신 러닝 아키텍처 만들어보기'에서는 전체 머신 러닝 파이프라인을 정의하는 방법을 각 단계의 특성과 단점에 초점을 맞춰 설명한다.

▌ 준비 사항

이 책을 이해하는 데 특별한 수학적 지식이 필요한 것은 아니다. 그러나 모든 것을 완전히 이해하기 위해서는 선형 대수학, 확률 이론, 미적분학에 대한 기본 지식이 요구된다.

모든 실용 예제는 파이썬으로 작성됐으며, scikit-learn 머신러닝 프레임워크, NLTK 자연어 처리 툴킷, crab, langdetect, spark, gensim, 텐서플로(딥러닝 프레임워크)를 사용한다. 이러한 기능은 리눅스Linux, 맥OS X 및 파이썬 2.7 및 3.3+이 설치된 윈도우에서 사용할 수 있다. 구체적인 작업을 위해 특정 프레임워크를 사용할 때, 상세 지침 및 참고 자료가 제공된다. scikit-learn, NLTK 및 텐서플로는 웹 사이트에서 제공되는 지침(http://scikit-learn.org, http://www.nltk.org, https://www.tensorflow.org)을 실행해 설치할 수 있다.

▌ 이 책의 대상 독자

이 책은 머신 러닝이 처음인 사람이나 데이터 과학 분야에 입문하고자 하는 IT 전문가를 위한 것이다. 무엇보다 파이썬 언어에 익숙해야 한다. 더욱이 대부분의 내용을 완전히 이해하기 위해서는 기초 수학 지식(선형 대수학, 확률 이론)이 필요하다.

▌ 편집 규약

이 책에서는 다양한 종류의 정보를 구별해주는 다양한 텍스트 스타일을 찾아볼 수 있다. 다음은 이러한 스타일의 예와 그 의미에 대한 설명이다.

텍스트로 된 코드 단어, 데이터베이스 테이블명, 폴더명, 파일명, 파일 확장명, 경로명, 더미 URL, 사용자 입력 및 트위터^{Twitter} 핸들은 다음과 같이 표시한다.

"We have created a configuration through the SparkConf class."

모든 명령 행의 입출력은 다음과 같이 표시한다.

```
>>> nn = NearestNeighbors(n_neighbors=10, radius=5.0, metric='hamming')
>>> nn.fit(items)
```

신규 용어와 중요한 단어는 볼드체로 표시한다.

 경고나 중요한 노트는 이 박스로 표기한다.

 팁과 트릭은 이 박스로 표기한다.

▌ 독자 의견

독자들의 피드백은 언제나 환영이다. 이 책의 좋았던 점과 나빴던 점에 관한 솔직한 생각을 알려주길 바란다. 독자들의 피드백은 우리가 독자들이 가장 얻고자 하는 책을 개발하는 데 있어 매우 소중하다.

일반적인 의견은 이 책을 메일 제목으로 해서 feedback@packtpub.com으로 보내면 된다. 특정 분야의 책을 쓰거나 기여하는 데 관심이 있다면 www.packtpub.com/authors에 있는 저자 가이드를 참고하자.

█ 고객 지원

팩트출판사의 고객이 된 것에 감사드리며, 몇 가지 도움이 되는 사항을 알려 구매와 동시에 최대한의 편의를 제공해드리고자 한다.

예제 코드 다운로드

한국어판의 예제 코드는 에이콘출판사의 도서 정보 페이지인 http://www.acornpub.co.kr/book/ml-algorithms에서 다운로드할 수 있다. 원서의 예제 코드를 보려면 http://www.packtpub.com/support를 방문해 이메일을 등록하면 파일을 직접 다운로드할 수 있으며, 원서의 Errata도 확인할 수 있다. 또한 깃허브 https://github.com/PacktPublishing/machine-learning-algorithms에서도 원서 예제 코드를 다운로드할 수 있다.

컬러 이미지 다운로드

책에서 사용된 스크린샷/도면의 컬러 이미지를 PDF 파일로 제공한다. 컬러 이미지는 책의 내용을 좀 더 쉽게 이해하는 데 도움이 된다. 파일은 아래 주소에 접속해 다운로드할 수 있다.

https://www.packtpub.com/sites/default/files/downloads/machine learning algorithms_colorImages.pdf

컬러 이미지는 에이콘출판사의 http://www.acornpub.co.kr/book/ml-algorithms에서도 찾아볼 수 있다.

정오표

책 내용의 정확성에 만전을 기하지만 실수는 늘 생기는 법이다. 책을 읽다가 문장이나 소스 코드에서 실수가 발견되면 즉시 알려주길 바란다. 이런 협조를 통해 다른 독자들이 겪을 혼란을 줄일 수 있고, 이 책의 다음 버전을 개선하는 데 큰 도움이 될 것이다.

오탈자를 발견하면 http://www.packtpub.com/submit-errata에 접속해 책을 선택하고 Errata Submission Form 링크를 클릭해 오탈자에 관한 상세 사항을 입력하면 된다. 오류 내용이 확인되면 팩트출판사 웹 사이트에 올려지거나 책의 정오표 절에 있는 정오표 목록에 추가된다. 이전에 제출된 정오표를 확인하려면 https://www.packtpub.com/books/content/support 페이지의 검색 필드에 책명을 입력하면 된다.

한국어판은 에이콘출판사의 도서 정보 페이지 http://www.acornpub.co.kr/book/machine learning algorithms에서 찾아볼 수 있다.

저작권 침해

인터넷상의 저작권 침해는 모든 매체에 걸쳐 계속 진행되고 있는 문제다. 팩트출판사는 저작권과 라이선스 보호를 매우 심각하게 인식하고 있다. 인터넷에서 팩트출판사 발간물의 불법 복제를 발견하면 이에 관한 조치를 취할 수 있도록 해당 웹 사이트의 주소와 이름을 즉시 알려주기 바란다. 의심되는 불법 복제본의 링크와 함께 copyright@packtpub.com으로 연락하면 된다.

가치 있는 콘텐츠를 제공하려는 저자와 팩트출판사를 보호하기 위한 독자의 도움에 깊이 감사드린다.

문의 사항

이 책에 관한 질문은 questions@packtpub.com으로 문의하기 바라며, 팩트출판사는 문제 해결을 위해 최선을 다할 것이다. 한국어판에 관한 질문은 이 책의 옮긴이나 에이콘 출판사 편집 팀(editor@acornpub.co.kr)으로 문의해주길 바란다.

머신 러닝 개요

머신 러닝은 지난 몇 년 동안 IT와 인공 지능에서 가장 중요한 분야 중 하나가 됐다. 머신 러닝은 강력한 툴과 성능으로 인해 모든 비즈니스 분야에 널리 사용되고 있다. 오픈소스와 손쉽게 개발 가능한 프레임워크는 매달 발표되는 수백 개의 논문과 함께 IT 역사에서 가장 보편적인 대중화 과정에 기여하고 있다. 하지만 머신 러닝이 왜 그렇게 중요하고 가치가 있을까?

▌ 소개 – 초기의 기계

인간은 태어날 때부터 작업을 단순화하고 다양한 작업을 수행하는 데 필요한 노력을 줄이기 위해 도구와 기계를 제작했다. 인간은 물리 법칙을 몰라도 기계를 사용해 길고 정교한 절차를 수행할 수 있는 도구(아르키메데스가 처음으로 공식적인 표현을 함)와 복잡한 기계를 발명했다. 인간은 간단한 기술을 이용해 쉽고 적은 힘으로도 못을 박을 수 있게 됐다. 또한 수레를 이용해 무거운 돌이나 나무를 이동시킬 수 있게 됐다. 두 가지 사례의 차이는 무엇일까? 후자의 경우는 단순한 기계처럼 보이지만, 복잡성으로 인해 사람은 여러 작업을 수행할 수 있었다. 오늘날 우리는 효율적으로 물건을 나르기 위한 수레를 제작하기 위해 수평력과 관련된 몇 가지 물리법칙을 사용할 수 있다. 하지만 원시인과 동물은 이러한 사실에 대해 잘 모르고 도구와 기계를 제작하고 이용했다. 원시인들은 단순히 바퀴와 같은 생산적인 기술이 자신의 삶을 어떻게 향상시킬 수 있는지 우연히 알게 된 것이다.

이러한 과정을 통해 배운 교훈은 기계를 유용하게 사용하지 않는다면 결코 유용하지 않으며 인기를 끌지 못한다는 점이다. 사용자가 적은 노력으로 또는 완전 자동으로 작업을 수행하는 기계가 있다면 즉시 사용 가치가 있다고 인식해 지속적으로 개선될 것이다. "자동 기능"을 구현하기 위해 일부 톱니바퀴, 차축의 형태로 구현됐다. 따라서 추가 개선이 발전 과정에 추가될 수 있다. 예를 들어 자동화 기계는 에너지를 일로 전환해 특정 목표를 달성하기 위해(최근에는 프로그램으로 제어됨) 구축됐다. 풍차나 물레방아는 직접 제어와 비교할 때 간단한 인간 통제로 작업을 수행할 수 있는 몇 가지 기본적인 도구다.

다음은 일부 입력값을 처리해 출력 결과를 생성하는 고전 시스템의 일반적인 표현이다.

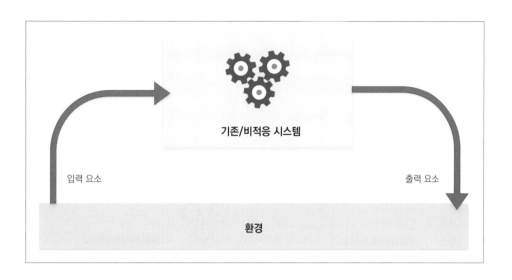

다시, 제재소의 성공 열쇠는 무엇이라고 생각하는가? 기술의 탄생 이후에 인간이 도구에 일부 지능을 전달하려고 시도한 것이라고 볼 수 있다. 강물과 바람은 우리가 단순히 흐름(유체)이라고 부르는 움직임을 갖는다.

이러한 움직임은 비용이 들지 않는 많은 에너지를 갖고 있지만, 기계는 이를 이용하기 위한 방법을 찾아내야 한다. 예를 들어 바람은 바퀴의 차축을 돌리기 위해 바퀴의 적합한 표면을 찾아내야 한다. 답이 분명한 것처럼 보이지만 이에 대한 지식이나 경험이 없는 사람들에게는 매우 어려운 일이다. 여러분이 최신 발명 도구에 지능이라는 단어를 적용하려면, 단순한 기계를 시작으로 한 후 보다 스마트한 기계까지 확대해볼 수 있다.

전체 발전 과정이 중요하지만 중간 단계는 생략하고 현재를 대상으로 설명한다. 프로그램이 가능한 컴퓨터는 광범위하고, 유연하며, 점점 더 강력한 도구가 되고 있다. 더욱이 인터넷의 보급으로 인해 적은 노력으로 소프트웨어와 관련된 정보를 공유할 수 있다. 문서 작성, 이메일, 웹 브라우저 및 기타 많은 공통 프로그램이 이러한 사례다. IT 혁명은 삶을 극적으로 변화시켰으며 때로는 일일 업무를 개선시켰다. 하지만 머신 러닝 및 관련 애플리케이션이 없다면 여전히 컴퓨터 도메인에서 처리하기 어려운 작업이기도 하다. 스팸 필터링, 자연어 처리, 웹캠 또는 스마트폰을 사용한 비전 데이터 트래킹, 예측 분석은 인간-기계 상호 작용에 혁명을 일으키고 기댓값을 높인 몇 가지 애플리케이션에 불과하다. 이러한 프로그램들은 전자 기기가 스스로 인지할 수 있는 능력을 부여했으며, 일상적인 상황과 상호 작용하는 방식을 바꾸고 있다. 또한 인간의 지각, 언어, 추론, 모델과 인공 도구 간의 격차를 보완함으로써 해당 목표를 달성했다.

다음은 적응형 시스템의 표현이다.

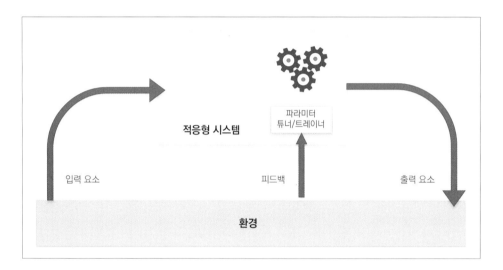

이러한 시스템은 정적 또는 영구적 구조(모델 파라미터 및 아키텍처)를 기반으로 하는 것이 아니라 외부 신호(데이터셋 또는 실시간 입력)에 해당 동작을 적응시키는 동적 반응에 기반을 두고, 인간처럼 불확실하고 단편적인 정보를 사용해 미래를 예측할 수 있다.

▎ 학습

학습이란 정확히 무엇을 의미할까? 학습은 외부 자극에 따라 변화하는 능력과 과거 경험의 대부분을 기억하는 능력이라고 말할 수 있다. 따라서 머신 러닝은 적응 방식으로 변화하는 성향을 높이거나 향상시키는 모든 기술을 최대한 중요하게 생각하는 엔지니어링 방식이다. 예를 들어, 기계식 시계는 특별한 유물이지만 구조가 고정된 법칙을 따르고 있으므로 외부 환경이 변화하면 쓸모 없게 된다. 이 능력은 동물, 특히 인간에게 특별한 것이다. 다윈의 이론에 따르면, 모든 종의 생존과 진화를 위한 핵심 성공 요인이기도 하다. 기계는 자율적으로 진화하지 않지만 동일한 법칙을 준수한다.

따라서 머신 러닝의 주요 목표는 어떠한 상황에 대한 데이터(일반 환경에서 제공)를 통해 한 번 또는 연속적으로 학습할 수 있고, 미래를 추론하며 모든 외부 영향 요인에 대한 완벽한 지식 없이 의사 결정을 내릴 수 있는 수학적 모델을 개선, 연구, 엔지니어링하는 것이다. 다시 말해, 에이전트는 환경에서 정보를 수신하고 특정 목표를 달성하기 위한 최상의 조치를 취하고 결과를 관찰하는 소프트웨어 주체이며 통계적 학습 방법을 채택해 정확한 확률 분포를 결정하고 이를 사용해 성공할 가능성이 가장 높은(오류가 가장 적은) 조치(값 또는 의사 결정)를 취하는 것이다.

예측prediction 대신 추론inference이라는 용어는 머신 러닝이 "현대 마술"이라는 일반화된 인식을 피하기 위한 용도로만 사용하기 바란다. 또한 알고리즘은 일반 법칙을 추정하고 실제 데이터에 영향을 미칠 경우에만 비교적 높은 정밀도로 데이터의 구조를 학습한다는 의미로 사용한다. 예측prediction이라는 용어는 자유롭게 사용할 수 있지만, 물리학이나 시스템 이론에서 사용되는 경우와 같은 의미로 사용된다. 컨볼루션 신경망convolutional neural network을 이용한 이미지 분류와 같은 분석에서도 모든 정보(기하geometry, 색채, 독특한 특징, 대비 등)는 데이터로 존재하며, 대상 모델은 데이터를 추출하고 끊임없이 학습할 수 있어야 한다.

다음 절에서는 머신 러닝의 일반적인 접근법에 대해 간단히 설명한다. 수학 모델, 알고리즘 및 실제 예제는 2장, '머신 러닝의 핵심 요소'에서 설명한다.

지도학습

지도학습Supervised Learning 과정은 학습 대상인 실제 참값을 사전에 알려주는 지도학습의 특징을 갖는다. 이 학습의 주된 목표는 정확한 오류 측정값을 에이전트에게 제공하는 것이다(산출값과 직접 비교할 수 있음). 실제 알고리즘을 사용하면 입력과 예상 출력이 한 쌍인 훈련 집합으로 제공된다. 이 정보를 이용해 에이전트는 전역 손실 함수$^{global\ loss\ function}$의 크기를 줄이기 위해 분석 모델의 파라미터를 수정한다. 파라미터를 수정한 후에 알고리즘이 유연하고 데이터가 일관돼 있다면, 전체 정확도가 증가하고 예측값^{predicted}과 기댓값^{expected}의 차이가 0에 가깝게 된다. 물론 지도학습의 목표는 기존에 경험하지 못한 샘플에 작동할 수 있도록 시스템을 훈련시키는 것이다.

따라서 일반화 능력$^{generalization\ ability}$을 갖도록 모델을 개발하고, 지나친 학습으로 인해 발생하는 과적합 문제를 피해야 한다. 이에 대해서는 2장, '머신 러닝의 핵심 요소'에서 상세히 소개한다. 지도학습 문제의 주된 효과 중 하나는 훈련에 사용된 샘플만 정확하게 예측하는 경우다. 하지만 샘플에 대한 오차는 항상 매우 커지는 문제점을 안고 있다.

다음 그림에서 훈련 대상은 원 형태의 점에 해당하는 값, 원과 원 간의 세그먼트에 해당하는 연결선과 유사한 변동 패턴을 보여주는 라인은 완전한 일반화를 의미한다.

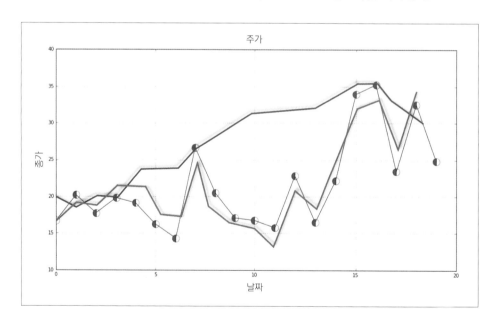

2개의 서로 다른 모델을 동일한 데이터셋(2개의 큰 라인에 해당함)에 대해 학습시킨다. 첫 번째 모델은 빠른 변동(빈도 관점에서)을 일반화하고 포착할 수 없기 때문에 부적합하다. 이와 달리 두 번째 모델은 정확하게 일반화할 수 있는 잔차 성능과 원래의 경향 사이에서 매우 좋은 절충안이 된다.

공식적으로, 앞의 예제는 연속 출력값을 기반으로 하기 때문에 회귀^{regression}라고 한다. 그 대신, 범주^{categories}라는 이산형 데이터만 있다면 분류^{classification}라 한다. 때로는 실제 범주를 예측하는 대신 확률 분포를 계산하는 것이 좋은 경우도 있다. 예를 들어, 손으로 기록한 알파벳 문자를 인식하도록 알고리즘을 훈련시킬 수 있으며, 출력은 영어로 26개의 허용 가능한 기호로 범주형 데이터가 된다. 다른 한편으로 사람도 글자의 시각적 표현이 특정한 한 클래스에 속하지 않을 경우에는 1개 이상의 가능한 결과로 답하는 게 좋다. 따라서 실제 출력은 이산 확률 분포(예: 26개의 연속값이 정규화돼 항상 1로 합계된 값)가 보다 바람직하다.

다음 그림은 두 가지 특징을 갖는 요소를 분류한 예다. 대다수의 알고리즘은 다양한 조건을 부과해 최상의 분리 하이퍼플레인^{hyperplane}(이 경우, 선형 문제)을 찾는 것이다. 하지만 오분류의 수를 줄이고 잡음 내구성을 높이는 목표는 동일하다. 예를 들어, 평면에 가까운 삼각형 점을 보자(좌표는 [5.1-3.0]이다). 두 번째 특징의 크기가 노이즈의 영향을 받아 값이 3.0보다 훨씬 작으면 약간 더 높은 하이퍼플레인이 이를 오분류할 수 있다. 2장, '머신 러닝의 핵심 요소'에서 이러한 문제를 해결할 수 있는 몇 가지 기술에 대해 소개한다.

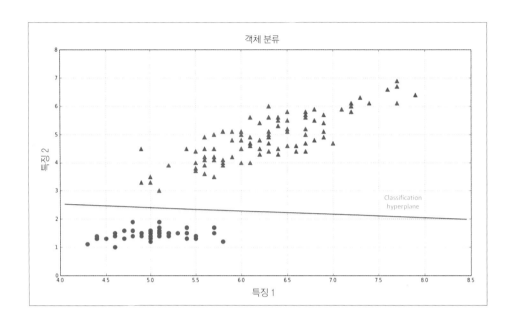

일반적인 지도학습 애플리케이션은 다음과 같다.

- 회귀 분석 또는 범주 분류를 위한 예측 분석
- 스팸 탐지
- 패턴 감지
- 자연어 처리
- 감정 분석
- 자동 이미지 분류
- 자동 시퀀스 처리(예: 음악 또는 음성)

비지도학습

비지도 학습은 어떠한 지침 없이 절대 오차 측정법을 기반으로 한다. 유사도(또는 거리 측정값)에 따라 요소 집합을 그룹화(군집화)해야 하는 경우에 사용한다. 예를 들어, 이전 그림에서 사람은 2개의 집합을 색상이나 모양을 고려하지 않고 식별할 수 있다. 실제로 모양에 따라 해당 집합을 구분할 수도 있다. 가장 이상적인 경우는 상호간 위치^{mutual position}와 내부 응집도^{cohesion}만을 고려해 분리가 가능한 몇몇 섬이 있는 바다와 같은 형태다.

다음 그림에서 타원은 하나의 군집을 나타내며, 해당 영역 안의 모든 점은 동일한 방법으로 레이블을 지정할 수 있다. 해당 군집을 결정하기 위한 특정 기준(일반적으로 절충 거리 측정)이 필요한 경계 지점(예: 원 영역과 겹치는 삼각형)도 있다. 애매모호한 분류(P와 잘못된 형식의 R)와 마찬가지로, 좋은 군집화 접근법은 이상값의 존재를 고려해 이러한 이상값을 대상으로 내부 일관성(시각적으로 이것은 지역 밀도를 최대화하는 하위 구분 선택)과 군집 간의 분리를 모두 증가시킬 수 있도록 다뤄야 한다.

예를 들어 단일 점과 중심점 사이의 거리나 동일한 군집에 속한 점과 다른 지점에 있는 점 간의 평균 거리를 우선순위로 설정할 수 있다. 이 그림에서 모든 경계 삼각형은 서로 가깝기 때문에 가장 가까운 이웃은 다른 삼각형이다. 그러나 실제 문제에서 부분적으로 겹치는 경계 영역이 종종 있다. 즉, 일부 점의 특징 값으로 인해 불확실성이 높아진다.

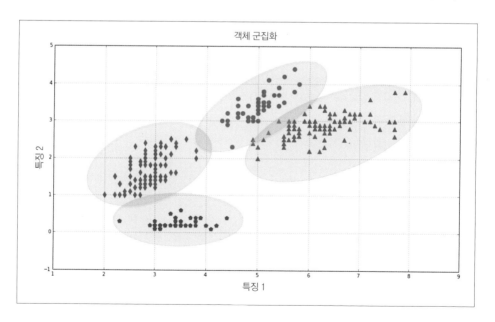

확률 분포를 사용하면 또 다른 해석을 표현할 수 있다. 타원을 보면, 최소 변이와 최대 변이 사이에 바인딩된 다변량 가우시안 영역을 나타낸다. 전체 도메인을 고려할 때 점(예: 파란색 별)은 잠재적으로 모든 군집에 속할 수 있지만 첫 번째 군집(왼쪽 하단 모서리)에 속할 확률이 가장 높으므로 소속이 결정된다. 모든 가우시안의 분산 및 평균(즉, 모양)이 안정되면 각 경계 지점은 단일 가우시안 분포에 의해 자동으로 파악할 수 있다(동일한 확률의 경우 제외). 기술적으로, 이러한 접근 방법은 특정 데이터셋이 주어지면 가우시안 혼합의 우도likelihood를 최대화한다고 말한다. 이것은 여러 다른 애플리케이션에도 해당하는 매우 중요한 통계 학습 개념이므로 2장, '머신 러닝의 핵심 요소'에서 좀 더 자세히 살펴본다. 더욱이 강점과 약점을 모두 고려하고 다양한 테스트 분포에 대한 성능을 비교해 일반적인 군집화 방법론을 설명할 것이다.

다른 중요한 기술은 레이블이 설정된 데이터와 레이블이 설정되지 않은 데이터를 모두 사용한다. 따라서 이 접근 방식은 준지도semi-supervised라고 하며, 몇 가지 완전한 (레이블이 지정된) 예제를 사용해 많은 양의 데이터를 분류해야 하거나 군집화 알고리즘에 몇 가지 제약 조건을 부과할 필요가 있을 때 사용할 수 있다(예: 일부 요소를 특정 군집에 할당하거나 다른 군집을 배제하는 경우). 일반적인 비지도 실사용 사례는 다음과 같다.

- 객체 세분화(예: 사용자, 제품, 영화, 노래 등)
- 유사성 검출
- 자동 레이블링

강화학습

실제 감독자가 없다 하더라도 강화학습은 환경이 제공하는 피드백에 기초한다. 그러나 이 경우 정보가 정성적인 측면에서 중요하며, 에이전트가 오류의 정확한 측정 방법을 결정하는 데 도움이 되지 않는다. 강화학습에서는 피드백을 보상reward이라고 한다. 때때로 음수는 벌점인 패널티penalty로 정의한다. 어떠한 상태state에서 특정 행동action이 바람직한 것인지의 여부를 이해하는 것이 필요하다. 가장 유용한 행동의 순서는 에이전트agent가

학습해야 하는 정책이므로 즉각적인 최대 누적 보상이라는 측면에서 항상 최상의 결정을 내릴 수 있어야 한다. 즉, 어떠한 행동이 불완전할 수도 있지만 전체 정책 면에서 가장 높은 총 보상을 제공해야 한다. 이 개념은 합리적인 에이전트가 항상 자신의 부^{wealth}를 늘리기 위한 목표를 추구한다는 탐욕 정책에 근거한다. 먼 미래를 내다보는 능력은 보다 진보한 에이전트의 특징이다. 근시안적 관점은 현재 행동에 따른 결과를 정확하게 평가할 수 없기 때문에 이 전략은 항상 차선책이 된다.

강화학습은 환경이 결정돼 있지 않거나 역동적인 경우나 오류 측정을 정확하게 하지 못할 경우에 특히 효율적이다. 지난 몇 년 동안 많은 고전적인 알고리즘이 딥러닝을 이용해 아타리^{Atari} 비디오 게임을 위한 최상의 정책을 학습하고 에이전트의 상태를 나타내는 입력(대개 스크린샷 또는 메모리 덤프)과 정확한 행동을 연계시키는 방법을 보여줬다.

다음 그림은 유명한 아타리 게임을 연습할 수 있는 딥러닝의 개략적인 표현이다. 입력으로 1개 이상의 후속 스크린샷이 있다. 이것은 종종 시간 관계를 캡처하기에 좋을 수도 있다. 여러 스크린샷은 다른 상태를 위한 정책을 나타내는 출력을 생성하기 위해 다른 층을 사용해 처리한다(나중에 간략히 설명함). 이 정책을 사용하면 게임에서 피드백을 산출하고 (보상 패널티로) 이 결과를 사용해 안정될 때까지 출력을 조정한다. 따라서 상태가 올바르게 인식되고 제안된 행동이 항상 최상의 상태가 된다. 총 보상은 미리 정의된 임곗값을 초과한다.

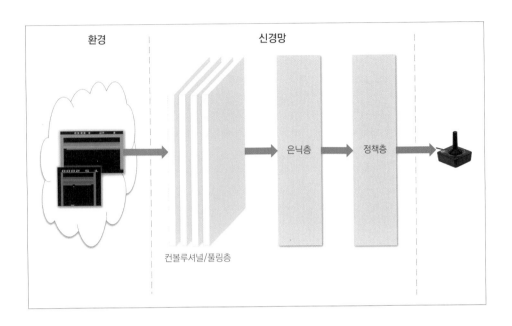

딥러닝과 텐서플로를 소개하는 장에서 강화학습의 몇 가지 예제를 소개한다.

▌머신 러닝을 넘어서: 딥러닝과 생체-적응 시스템

지난 몇 년 동안 많은 연구원은 강력하고 저렴한 컴퓨터 덕분에 20년 전에는 상상하지 못했던 목표를 달성하기 위해 복잡한 딥 신경망 구조를 채택하기 시작했다. 1957년 로젠블랫Rosenblatt이 최초의 퍼셉트론을 발명한 이래 신경망에 대한 관심이 점점 증대했다. 그러나 메모리 및 CPU 속도와 관련된 많은 제약 사항으로 인해 대규모의 연구가 진행되지 않았고, 이러한 종류의 알고리즘에 있는 가능성 있는 많은 애플리케이션을 검증해볼 수 없어 세상의 빛을 보지 못했다.

지난 10년 동안 많은 연구자가 새로운 도전 과제를 해결하기 위해 여러 층layer으로 구성된 규모가 큰 모델을 훈련시켰다. 이러한 방법을 "딥러닝"이라 부른다. 저렴하고 빠른 컴퓨터를 사용할 수 있게 됨에 따라 가능한 시간대에 결과를 얻을 수 있었고, 이미지나 텍스트 및 애니메이션으로 구성된 매우 큰 데이터셋을 사용할 수 있었다. 이러한 기술의 발전으로 인해 사진 자료를 대상으로 분류 및 강화학습을 적용해 실시간 지능형 상호 작용 분야에서 주목할 만한 결과를 얻어낼 수 있었다.

이 기술의 목적은 뇌와 같이 작동하는 알고리즘을 개발하는 것이다. 이 분야의 많은 중요한 발전은 신경 과학과 인지 심리학의 도움으로 가능하게 됐다. 특히 구조나 기능이 신피질neocortex에서 일어나는 것과 유사한 패턴 인식 및 연관 메모리에 대한 관심이 증가하고 있다. 이러한 접근법은 무(無)모델model free이라 불리는 좀 더 간단한 알고리즘을 가능하도록 해준다. 이것은 특정 문제에 대한 수학적-물리적 공식화가 아니라 일반적인 학습 기법 및 반복적 경험을 기반으로 한다.

물론 다른 아키텍처와 최적화 알고리즘을 테스트하는 것은 서로 다른 상황에 적응하기 복잡한 모델을 정의하는 것보다 간단하다. 해당 테스트는 병렬 처리로 실행할 수 있다. 더욱이 딥러닝은 상황-기반 모델context-based model이 없더라도 다른 접근법보다 우수한 성능을 보여줬다. 즉 많은 경우에 있어 매우 복잡한 모델(물론 종종 빠르지는 않음)의 산출물에 의한 정확한 출력값보다 불확실성을 감안한 덜 정확한 결과가 상대적으로 낫다는 것을 의미한다. 동물의 경우, 삶과 죽음의 문제일 수도 있고, 성공하면 정확성에 대한 암묵적인 포기때문이기도 하다.

일반적인 딥러닝 애플리케이션은 다음과 같다.

- 이미지 분류
- 실시간 시각visual 트래킹
- 자율 주행차
- 물류 최적화
- 생명 정보학
- 음성 인식

이러한 문제 중 상당수는 기존 접근법을 사용해도 해결할 수 있다. 딥러닝은 기존 접근법 대비 더 복잡할 수 있지만, 성능 측면에서 상대적으로 우수하다. 또한 자율 주행차 및 실시간으로 도로 위의 사물을 식별할 수 있는 것과 같이 극도로 복잡한 애플리케이션까지 확장할 수 있다.

이 책에서는 일부 알고리즘만을 상세하게 다룬다. 하지만 기본 소개서나 고급 수준의 내용을 학습하기 위해 읽어볼 만한 많은 자료가 있다.

 구글의 딥마인드(https://deepmind.com) 팀은 많은 흥미로운 결과를 만들어냈다. 해당 웹 사이트를 방문해 최신 연구 및 목표에 대해 알아보기 바란다.

▌머신 러닝과 빅데이터

머신 러닝을 사용해 해결할 수 있는 또 다른 영역은 빅데이터다.

효율적인 맵리듀스^{MapReduce} 알고리즘을 구현한 아파치 하둡^{Apache Hadoop}의 첫 번째 배포 이후 서로 다른 비즈니스 상황에서 관리되는 정보의 양이 기하급수적으로 증가했다. 이와 동시에 머신 러닝용으로 빅데이터를 사용할 수 있는 기회가 생겨났고, 대량 협업 필터링과 같은 여러 가지 애플리케이션이 구현됐다.

100만 명의 사용자와 1,000개의 상품이 있는 온라인 상점을 가정해보자. 암시적 또는 명시적 순위에 따라 각 사용자와 모든 제품이 연관돼 있는 행렬을 생각해보자. 이 행렬에는 $1,000,000 \times 1,000$개의 셀이 존재하며, 제품 수가 극히 제한되더라도 이 행렬을 대상으로 수행하는 모든 연산은 느리고 상당한 메모리를 차지한다. 그 대신 병렬 알고리즘^{parallel algorithms}과 함께 군집을 사용하면, 이러한 문제가 해결되며 더 높은 차원의 작업을 매우 짧은 시간 내에 실행할 수 있다.

100만 개의 샘플로 이미지 분류기^{image classifier}를 훈련시킨다고 가정해보자. 단일 인스턴스는 여러 번 반복해 작은 배치 그림을 처리해야 한다. 제한된 메모리양을 갖는 스트리밍 방식을 사용해 이 문제를 수행할 수 있다고 하더라도 모델이 잘 작동하기까지 일반적으로 며칠 동안 대기해야 한다. 빅데이터 접근 방식을 대신 사용해 여러 로컬 모델을 비동기적으로 훈련시키고, 주기적으로 업데이트 내용을 공유하며, 모든 업데이트를 마스터 모델과 재동기화^{resynchronize}할 수 있다. 또한 이 방법은 서로 다른 스레드로 관리되는 많은 에이전트가 동일한 게임을 수행해 주기적으로 전역 지능화^{global intelligence}에 기여하도록 하는 강화학습 문제 해결에 이용된다.

모든 머신 러닝 문제가 빅데이터에 적합한 것은 아니며, 모델을 훈련시킬 때 모든 빅데이터셋이 도움이 되는 것은 아니다. 하지만 특정 상황에서 여러 머신 러닝 모델을 결합해 적용해볼 경우 종종 상대적으로 작은 시나리오에 영향을 미치는 많은 제약 사항을 제거해 기대 이상의 결과를 얻어낼 수 있다.

추천 시스템^{recommendation system}에 대해 설명할 때 아파치 스파크를 사용해 협업 필터링을 구현하는 방법을 소개한다. 나이브 베이즈 분류 예제에도 동일한 프레임워크가 사용될 것이다.

 전체 하둡 생태계에 대해 보다 상세하게 알고 싶다면 http://hadoop.apache.org를 방문하기 바란다. 아파치 머하웃(Apache Mahout, http://mahout.apache.org)은 머신 러닝 전용 프레임워크이며, 아파치 스파크(http://spark.apache.org)는 가장 빠른 연산 엔진 중 하나인 MLib라는 모듈을 사용한다. MLib는 병렬 처리를 이용해 많은 알고리즘을 구현할 수 있다.

▌ 심화 학습

추천할 만한 인공 지능에 대한 소개서는 러셀^{Russel S.}, 노르빅^{Norvig P.}이 저술한 『Artificial Intelligence』(PearsonEducation, 2010)의 앞부분이다. 두 번째 버전에서는 다양한 상황에서의 통계 학습에 대해서도 소개했다. 딥러닝에 대한 완성도가 높은 책은 굿펠로^{Goodfellow I.}, 벤지오^{Bengio Y.}, 쿠빌^{Courville A.}가 저술한 『심층 학습』(제이펍, 2018)이다. 인간의 뇌에서 대뇌피질^{neocortex}이 작동하는 방식을 보다 상세히 알고 싶다면 커즈와일^{Kurzweil R.}이 저술한 『마음의 탄생』(크레센도, 2016)에 소개된 내용을 참고하자. 파이썬 프로그래밍 언어에 대한 포괄적인 소개는 루츠[Lutz M.]가 저술한 『러닝 파이썬』(제이펍, 2018)을 참고하자.

▌ 요약

1장에서는 적응형 시스템의 개념을 소개했다. 이 시스템은 특정 목표에 도달할 가능성을 극대화하기 위해 자신의 경험을 통해 배우고 행동을 수정한다. 머신 러닝은 적응 알고리즘을 구현해 예측하고 공통 특징에 따라 입력 데이터를 자동 구성할 수 있게 해주는 일련의 기술에 부여된 이름이다. 머신 러닝의 세 가지 주요 전략에는 지도학습, 비지도학습, 강화학습이 있다. 첫 번째는 오류에 대한 정확한 피드백을 제공하는 외부 교사가 존재함을 가정해보자. 따라서 알고리즘은 출력을 정답과 비교하고 대상 파라미터를 수정할 수 있다. 두 번째 비지도학습 시나리오에는 외부 교사가 없기 때문에 데이터에서 직접 모든 것을 학습한다. 알고리즘은 새로운 샘플을 정확한 군집과 연계시킬 수 있도록 요소 그룹에 공통으로 적용 가능한 모든 특징을 찾는다. 이전 유형의 예는 일부 알려진 특징에 따라 객체의 모든 자동 분류에 의해 특정 카테고리로 제공되지만 비지도 학습의 공통 응용 분야는 후속 라벨링이나 처리된 항목의 자동 그룹화다. 세 번째 유형의 학습은 지도학습과 비슷하지만 행동의 품질에 대한 환경적 피드백만 받는다. 무엇이 잘못됐거나 그 오류의 크기가 정확한지는 알지 못하지만 정책을 계속 채택할 것인지 또는 다른 정책을 채택할 것인지 결정하는 데 도움이 되는 일반 정보를 받는다. 2장, '머신 러닝의 핵심 요소'에서는 머신 러닝의 기본 요소, 특히 수학 표기법과 나머지 모든 장에 필요한 주요 정의를 설명한다. 또한 통계적 학습 개념, 학습 가능성과 한계에 관한 몇 가지 이론에 대해서도 소개한다.

머신 러닝의 핵심 요소

2장에서는 모든 머신 러닝 주제를 포함하는 몇 가지 주요 요소와 접근법에 대해 소개하고 공통 기술에 대한 철학적 토대를 마련한다. 우선 데이터 형식과 예측 함수의 수학적 기초를 이해하는 것이 필요하다. 대부분의 알고리즘에서 이러한 개념은 다양한 방식으로 처리되지만 목표는 항상 동일하다. 딥러닝과 같은 최신 기술은 에너지 · 손실 함수를 사용하며 약간의 차이가 있더라도 좋은 머신 러닝 결과는 최적 손실 함수와 이를 최소화하기 위한 알고리즘의 선택과 관련이 있다.

▌ 데이터 형식

지도학습 문제는 항상 m개의 특징을 갖는 실수 벡터의 집합으로 정의되는 유한 데이터셋을 대상으로 한다.

$$X = \{\bar{x}_1, \bar{x}_2, \dots, \bar{x}_n\}$$

여기서 $\bar{x}_i \in \mathbb{R}^m$이다.

접근 방식이 항상 확률적이라는 것을 고려하면, 각 X를 통계적 다변량 분포 D에서 추출한 것으로 간주한다. 목적을 달성하기 위해 모든 데이터셋 X에 매우 중요한 조건을 추가하는 것이 좋다. 모든 샘플은 독립 항등 분포임independent and identically distributed, iid을 가정해 보자. 모든 변수가 동일 분포 D에 속하고 m개 값의 임의의 부분 집합을 고려하면 다음과 같다.

$$P(\bar{x}_1, \bar{x}_2, \dots, \bar{x}_m) = \prod_{i=1}^{m} P(\bar{x}_i)$$

해당 출력값은 연속형이나 범주형이다. 연속형을 회귀regression라고 하며, 범주형을 분류classification라고 한다. 연속형 출력의 예는 다음과 같다.

$$Y = \{y_1, y_2, \dots, y_n\}$$

여기서 $y_n \in (0,1)$ 또는 $y_i \in \mathbb{R}^+$이다.

범주형 출력의 예는 다음과 같다.

$$y_i \in \{\text{적색, 흑색, 흰색, 녹색}\} \quad \text{또는} \quad y_i \in \{0,1\}$$

예측값이 연속형 벡터 함수인 일반 회귀 분석기와 예측값이 범주형(이산형)인 벡터값 함수의 일반 분류기를 따르면 다음과 같다. 만약 회귀 분석기와 분류기가 예측값을 내부 파라미터 벡터에 의존하는 경우, 이와 같은 분석 방법을 파라미터 학습parametric learning이라고 한다.

$$\tilde{y} = r(\bar{x}, \bar{\theta})$$

$$\tilde{y} = c(\bar{x}, \bar{\theta})$$

여기서 $\bar{\theta}$는 제네릭 내부 파라미터 벡터generic internal parameter vector다.

반면, 비모수학습non-parametric learning은 예측기에 대한 초기 가정(예: $r(...)$ 및 $c(...)$의 일반 파라미터화한 버전 정의)을 하지 않는다. 일반적인 비모수학습을 인스턴스-기반 학습(instance-based learning)이라고 하며, 훈련 샘플(인스턴스 집합)에 근거한 가설을 기반으로 사전 파라미터 값을 계산하지 않는 실시간 예측을 수행한다. 간단하고 광범위한 접근은 근접 개체(고정 반지름 포함)의 개념을 이용한다. 새로운 샘플은 분류 문제에서 이미 분류된 학습 요소에 의해 자동으로 둘러싸인다. 따라서 출력 클래스는 근접 개체를 고려해 결정해야 한다. 이 책에서는 이러한 유형에 속하는 또 다른 매우 중요한 알고리즘(kernel-based support vector machines)에 대해 설명한다.

많은 사례와 내용은 러셀, 노르빅이 저술한 『Artificial Intelligence : A Modern Approach』(PearsonEducation, 2010)를 참고하자.

내부 로직과 모든 요소의 해석은 각각의 개별 알고리즘에 따라 다양하기 때문에 임곗값이나 확률에 대해서는 구체적으로 언급하지 않을 것이며, 추상화 수준의 정의만 할 것이다.

일반적으로 파라미터 훈련 과정은 특정 훈련 데이터셋에 대해 회귀·분류 오류를 최소화하는 최상의 파라미터 벡터를 찾아내는 작업이다. 또한 미지의 샘플이 제공될 때 올바르게 일반화할 수 있도록 해야 한다.

또 다른 해석은 추가 잡음noise으로 표현할 수 있다.

$$\tilde{y} = r(\bar{x}, \bar{\theta}) + n(\mu; \sigma^2)$$

$$\tilde{y} = c(\bar{x}, \bar{\theta}) + n(\mu; \sigma^2)$$

여기서 $E[n] = 0$ 그리고 $E[n^2] = \sigma^2 \ll$ 이다.

목적을 위해 완벽한 예측에 평균이 0이고 분산이 매우 작은 가우시안 잡음을 추가할 수 있다. 훈련 과제는 파라미터를 최적화해 신호-잡음 비를 증가시켜야 한다. 물론 이러한 용어가 다른 X 값과는 독립적으로 평균 0을 갖고 있지 않을 때마다 고려해야 할 은닉 추세(어쩌면 고려대상에서 성급하게 제외한 특성)가 있음을 의미한다. 반면, 큰 분산^{variance}은 데이터 X의 품질이 나쁘고 해당 측정값을 신뢰할 수 없음을 의미한다.

지금까지 회귀와 분류는 모두 길이가 m인 벡터에서 작동하지만 단일값이나 분류값인 레이블^{label}을 생성한다고 가정했다. 즉 입력 벡터는 항상 1개의 출력 요소와 관련된다고 가정했다. 하지만 다중 레이블 분류 및 다중 출력 회귀를 처리하는 분석 방법도 많다.

비지도학습에서는 일반적으로 길이가 m인 벡터를 갖는 입력 집합 X만을 가지며, 다음과 같은 수식을 이용해 군집 분석용 함수를 정의한다.

$$k_t = C(\bar{x}, \bar{\theta})$$

여기서 $k_t \in (0, 1, 2, \ldots, n)$이다.

대부분의 scikit-learn 모델에는 훈련된 파라미터를 모두 갖는 인스턴스 변수 coef_가 있다. 예를 들어 3장, '특징 선택과 특징 엔지니어링'에서 다루게 될 단일 파라미터 선형 회귀 분석의 결과는 다음과 같다.

```
>>> model = LinearRegression()
>>> model.fit(X, Y)
>>> model.coef_
array([ 9.10210898])
```

멀티클래스 전략

출력 클래스의 수가 1보다 큰 경우, 분류 문제를 다루는 데는 두 가지 방법이 있다.

- 일대다$^{One-vs-all}$
- 일대일$^{One-vs-one}$

두 경우 모두 선택 항목이 투명하고 사용자에게 반환되는 출력값이 최종값인 클래스가 된다. 하지만 모델을 최적화하고 항상 최적의 대안을 선택하기 위해서는 다양한 분석 방법을 이해하는 것이 중요하다.

일대다

아마도 이는 가장 일반적인 방법이고 scikit-learn의 알고리즘 대부분이 채택한 방법이다. n개의 출력 클래스가 있는 경우, 실제 클래스와 나머지 클래스가 항상 분리돼 있다는 것을 감안해 n개의 분류기가 병렬로 학습을 진행한다. 대부분의 경우 올바른 클래스를 찾기 위해서는 $n-1$회의 확인이 필요하므로 복잡도^{complexity}가 $O(n)$이고 상대적으로 자원 소모가 적다. 따라서 이 방법이 기본 설정이 되며 추가 작업이 필요 없다.

일대일

일대다의 대안은 각 클래스 쌍에 대한 모델을 학습하는 것이다. 이 경우 복잡도는 $O(n^2)$로 더 이상 선형이 아니며, 정확한 클래스는 다수결 원칙$^{majority\ vote}$에 따라 결정한다. 일반적으로 이 방법은 자원 소모가 많고, 전체 데이터셋 비교가 바람직하지 않은 경우에만 사용해야 한다.

 scikit-learn에서 구현한 다중 클래스(multiclass) 전략에 대해 상세하게 알고 싶다면 http://scikit-learn.org/stable/modules/multiclass.html을 참고하자.

▌ 학습 능력

파라미터 모델은 두 부분(정적 구조, 동적 파라미터 집합)으로 구분할 수 있다. 정적 구조는 특정 알고리즘의 선택으로 결정되며, 대상 모델이 몇 가지 리모델링 기능을 제공하는 경우를 제외하면 일반적으로 불변이다. 반면, 동적 파라미터의 집합은 최적화 대상이 된다.

n개의 무제한 파라미터를 고려하면, 대상 파라미터는 n차원의 공간을 만든다. n차원 공간은 여러 경계를 부여하므로 앞에서 소개한 관련 변화가 없는 서브공간sub-space이 된다. 이 경우 추정 함수estimator function의 불변 부분과 함께 각 점은 특정 파라미터 집합과 연관된 학습 가설 H를 나타낸다.

$$H = \{\theta_1, \theta_2, ..., \theta_n\}$$

파라미터 학습 과정의 목표는 예측 오차가 최소고, 과적합되는 것을 피할 수 있는 가장 좋은 가설을 찾아내는 것이다.

다음 그림과 같이 점이 빨간색(클래스 A)이나 파란색(클래스 B)으로 분류돼야 하는 데이터 셋이 있다고 가정해보자. 이 경우, 3개의 가설을 제안할 수 있다. 첫째, 왼쪽부터 시작하는 중간 라인 분류기는 1개의 샘플을 오분류하는 반면, 상대적으로 아래 및 위에 있는 라인 분류기는 13개와 23개의 샘플을 오분류한다.

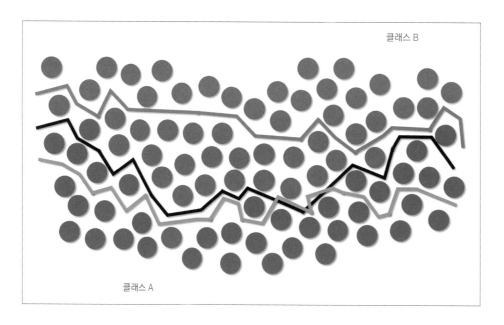

물론 첫 번째 가설이 최적이며 채택해야 한다. 하지만 잠재하는 과적합을 결정할 수 있는 필수 개념을 이해하는 것이 필요하다. n차원의 이진 분류 문제에 대해 생각해보자. 같은 클래스에 속해 있는 요인만을 포함하는 2개의 부분 공간으로 구분하는 하이퍼플레인이 존재한다면, 데이터셋 X는 선형으로 분리 가능하다고 한다. 선형 제약 조건이 없다면 일반적인 하이퍼플레인을 이용해 무한 개의 대체 하이퍼플레인을 만들 수 있다. 하지만 파라미터 모델은 주기가 없고 근사하는 함수만을 채택한다. 해당 함수가 데이터셋을 분류하는 성능은 파라미터의 수에 따라 결정되며, 때로는 매우 복잡한 과정을 거친다.

다음 예제를 고려해보자.

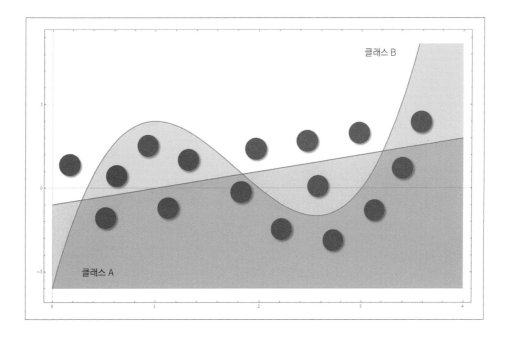

파란색 분류기는 선형이며, 빨간색 분류기는 3차의 함수 형태를 갖는다. 언뜻 보기에는 비선형 접근법이 오목한 비선형^{concavities} 특징으로 인해 더 많은 표현력을 갖는다. 따라서 보다 나은 성능을 제공하는 것처럼 보인다. 하지만 앞의 그림의 오른쪽에서 마지막 4개 샘플에 의해 정의된 경향에 따라 새로운 샘플을 추가하면 표본이 완전히 잘못 분류된다.

선형 함수가 전체적으로 좋지만 0과 4 사이의 초기 진동 변화, 3차 함수는 데이터를 거의 완벽하게 분류할 수 있지만, 선형적인 경향을 잃어버린다. 따라서 다음과 같은 두 가지 가능성이 있다.

- 모델링에 실제로 적용할 데이터의 분포가 훈련용 샘플과 동일할 것이라고 예상한다면, 낮은 수준의 분류기로 인해 포기한 미세한 변동까지 예측 또는 분류하기 위해서는 상대적으로 복잡한 모델을 개발하는 것이 좋다. 이 경우 선형(상대적으로 낮은 수준) 모델은 적절한 표현 수준을 찾아낼 수 없기 때문에 부적합^{underfitting}하다.

- 모델링이 분석할 데이터가 지역적으로는 다르게 분포할 수 있지만 전체 경향이 동일하다면, 보다 정확한 일반화 능력과 상대적으로 높은 잔여 오분류 오차를 갖는 모델을 만드는 것이 바람직하다. 훈련 데이터에만 초점을 맞춘 복잡한 모델을 사용하면 과적합의 위험에 빠질 수 있다.

부적합과 과적합

머신 러닝 모델의 목적은 입력 요소를 출력 요소와 연관시키는 미지의 함수를 추정하는 것이다. 일반적으로 훈련 집합이 모집단을 대표한다고는 하지만 모든 모집단 요소를 포함할 수는 없다. 이러한 문제는 일대일 연관성으로 해결할 수 있다. 이와 마찬가지로, 가능한 기본 함수의 분석적 표현을 알지 못하기 때문에 훈련시킬 때 최적합 모델을 만드는 것에 대해 생각할 필요가 있다. 하지만 미지의 입력값에 대한 일반화를 고려해둘 필요도 있다. 불행히도 이상적인 조건은 항상 쉽게 찾아낼 수 없으며 두 가지 위험을 모두 고려해야 한다.

- **부적합**^{underfitting}: 모델이 동일한 훈련 집합으로 표시된 동적 특성을 감지할 수 없음을 의미한다. 이유는 모델의 적합 능력이 너무 제한적이기 때문일 것이다.

- **과적합**^{overfitting}: 모델이 과도한 적합 능력을 갖고 있으며 훈련 집합에서 제공한 경향만을 고려해 일반화 능력이 떨어진다. 제공된 모든 샘플을 거의 완벽하게 예측이나 분류할 수 있지만 미지의 입력값이 제공되면 예측 오차가 매우 커지는 문제가 있다.

다음 그림은 부적합, 일반 적합$^{normal\ fitting}$, 과적합을 사용한 보정 예제다.

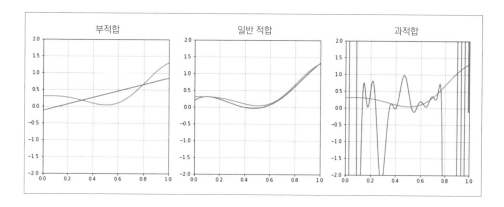

부적합과 과적합을 피하는 것이 매우 중요하다. 부적합은 예측 오류를 고려해 감지하기 쉽지만 과적합은 완벽한 적합의 결과로 간주될 수 있으므로 감지하기 어렵다.

3장, '특징 선택과 특징 엔지니어링'에서 소개할 교차 검증$^{cross-validation}$ 및 다른 기술은 훈련 단계에서 사용하지 않은 테스트 샘플에 대한 모델의 성능이 어떠한지 보여준다. 이러한 방법을 이용하면 보다 넓은 의미에서 일반화 능력을 평가할 수 있다. 사용 가능한 모든 값으로 모델링 작업을 하지 않더라도 항상 원래의 분포를 반영하는 서브 집합을 사용해야 한다는 점을 알아두자.

일반화 능력을 확보하려면 항상 잔차$^{residual\ error}$가 필요하며, 훈련 샘플에 대한 검증 정확도$^{validation\ accuracy}$가 99.999...%인 모델은 거의 확실하게 과적합이므로 한 번도 경험하지 못한 입력 샘플이 제공되면 올바르게 예측할 수 없다.

오류 측정

일반적으로 지도학습으로 작업할 때 비음수 오류 측정값 e_m은 2개의 인수(기대 및 예측 출력)를 사용하고 전체 데이터셋(n개의 샘플로 구성됨)에 대한 총 오류값을 계산할 수 있다.

$$Error_H = \sum_{i=1}^{n} e_m(\tilde{y}_i, y_i)$$

여기서 $e_m \geq 0 \quad \forall \tilde{y}_i, y_i$이다.

이 값은 파라미터 집합을 통한 가설 H에 의존하므로 오차를 최소화하는 것은 최적의 가설을 찾는 것이다. 많은 최적화 문제의 어려움을 고려해볼 때 이것이 가장 좋은 대안은 아니지만 수용 가능한 근삿값이다. 많은 경우에 있어 평균 제곱 오차[mean squared error, MSE]를 고려하는 것이 좋다.

$$Error_H = \frac{1}{n} \sum_{i=1}^{n} (\tilde{y}_i - y_i)^2$$

초깃값[initial value]은 n개 변수로 이뤄진 함수 표면에 대한 시작점이다. 일반화 훈련 알고리즘은 전역 최솟값[Global Min]이나 전역 최솟값에서 매우 가까운 지점을 찾아야 한다. 횟수가 너무 많은 반복 위험과 과적합 위험을 방지할 수 있는 허용 오차[tolerance]가 항상 존재한다. 이 값은 최적화 문제를 통해 최소화해야 하기 때문에 손실 함수[loss function]라고도 한다. 최대화가 보다 쉬운 경우, 상응하는 손실 함수는 역수가 된다.

또 다른 유용한 손실 함수는 영-일-손실[zero-one-loss]이라고 하며, 이진 분류와 일-대-나머지[one-vs-rest] 다중 클래스 전략에 효과적으로 사용할 수 있다.

$$L_{0/1H}(\tilde{y}_i, y_i) = \begin{cases} 0 \text{ 일 때} & \tilde{y}_i = y_i \\ 1 \text{ 일 때} & \tilde{y}_i \neq y_i \end{cases}$$

이 함수는 암시적으로 지표이며, 오분류될 확률에 근거해 손실 함수에 쉽게 적용할 수 있다.

일반적이며 연속인 손실 함수의 해석은 잠재적인 에너지 관점에서 표현할 수 있다.

$$Energy_H = \frac{1}{2} \sum_{i=1}^{n} e_m(\tilde{y}_i, y_i)^2$$

예측기predictor는 거친 표면 위에 있는 공과 같다. 공은 에너지(=오차)가 높은 임의의 점에서 시작해 에너지가 낮은(=널, null) 안정적인 평형점stable equilibrium에 도달할 때까지 움직여야 한다. 다음은 몇 가지 상황에 대한 개념도다.

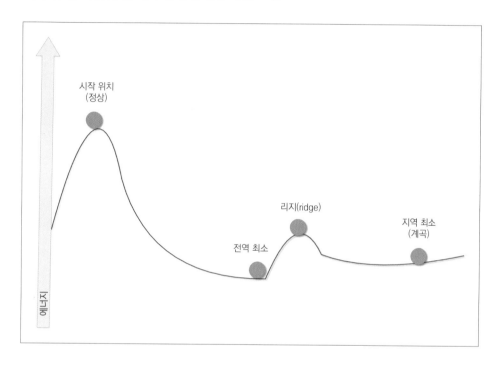

출발점은 물리적인 상황과 마찬가지로 외부 간섭 없이 안정적이므로 프로세스를 시작하려면 초기 운동 에너지가 필요하다. 그러나 보유 에너지가 강하면, 공이 하강한 후 전체 최저점에서 멈추지 않는다. 잔여 운동 에너지kinetic energy로 인해 해당 능선ridge을 빠져나와 다른 계곡(국소 최소)에 도달한다. 다른 에너지원이 없다면, 공은 평원 계곡에 갇혀 더 이상 움직일 수 없게 된다. 이 문제를 해결하고 국소 최소를 피하기 위해 많은 기술이 개발됐다. 그러나 잔여 에너지(또는 오류)의 수준이 수용 가능한지 또는 다른 전략을 채택하는 것이 보다 나은지를 이해하기 위해서는 항상 모든 상황을 신중하게 분석해야 한다. 3장, '특징 선택과 특징 엔지니어링'에서 몇 가지 방법을 소개한다.

PAC 학습

많은 경우 머신 러닝이 치밀하게 진행되는 것처럼 보이지만, 어떠한 개념에 대한 학습 가능성 여부를 공식적으로 결정할 수 있는 방법이 있다고 할 수 있을까? 1984년 컴퓨터 과학자인 발리안트[L. Valiant]는 컴퓨터로 문제를 학습할 수 있는지를 판단하기 위해 수학적 접근 방식을 제안했다. 이 기술은 PAC로 "probably approximately correct"의 약어다.

원래 공식은 특별한 가설에 근거한다. 이 가설에 대해서는 다음 논문을 참고하자.

Valiant L., A Theory of the Learnable, Communications of the ACM, Vol. 7, No. 11, Nov. 1984

알고리즘 A가 일련의 개념을 학습해야 하는 분류 문제의 경우, 상당한 정확도 손실 없이 생각할 수 있다. 특히 하나의 개념은 동일한 출력 요소를 결정하는 입력 패턴 X의 하위 집합이다. 따라서 파라미터 측면에서 개념 학습은 특정 클래스[class]에 한정된 손실 함수를 최소화하는 것이다. 이에 비해 가능한 모든 개념(동일한 분야에 속함)의 학습은 전역 손실 함수를 최소화하는 것이다.

주어진 문제에 대해 이론적으로 무한히 많은 가설을 설정할 수 있으며 확률적 절충이 필요하다. 이러한 이유로 인해 제한된 수의 입력 요소에 따라 다항 시간[polynomial time][1]으로 생성된 높은 확률로 양호한 근삿값을 수용한다.

따라서 알고리즘 A가 과정 $O(n^k)$로 가설 H를 찾을 수 있다면, 모든 개념(PAC를 학습할 수 있도록 하는)에 대해 클래스 C를 학습할 수 있으며 결과적으로 A가 확률 p로 모든 패턴을 최대 허용 오차인 m_e에서 정확하게 분류할 수 있다. 이러한 내용은 X에 대한 모든 통계 분포와 p와 m_e에만 의존하는 최솟값 이상이어야 하는 다수의 훈련 샘플에 대해 유효해야 한다.

계산 복잡성에 대한 제약은 중요한 문제로, 상당히 복잡한 문제에서도 해당 알고리즘을

---

1 만약 어떤 상수 k에 대해 $T(n) = O(n^k)$와 같이 입력 크기에 어떤 다항 표현의 상한을 갖고 수행되는 알고리즘이 있다면, 그 알고리즘은 다항 시간을 갖는다고 할 수 있다. 어떤 알고리즘의 시간 복잡도(time complexity)는 입력 데이터의 수에 의한 다항식으로 표현되는 알고리즘이다. – 옮긴이

합리적인 시간 내에 효율적으로 학습할 수 있어야 한다. 데이터셋이 너무 크거나 최적화 시작점이 허용 가능한 최솟값에서 너무 떨어져 있다면 계산량이 급증하게 돼 시간이 기하급수로 증가한다. 또한 차원의 저주^{curse of dimensionality} 여부를 검토해야 한다. 이 현상은 훈련 또는 예측 시간이 차원에 비례(항상 선형이 아닌)하는 모델에서 자주 발생한다. 입력 차원이 작을 경우 합리적으로 운용한다고 해도 특징^{feature}의 수가 증가하면 모델 성능이 급격히 감소한다. 더욱이 많은 경우 완벽한 예측이나 분류 성능을 위해서는 대량의 데이터가 필요하고 훈련 데이터가 충분하지 않으면 근사하지 못하는 문제가 발생한다. 이를 휴즈 현상^{Hughes phenomenon}이라고 한다. 이러한 현상 때문에 다항 시간 알고리즘^{polynomial-time algorithms}을 찾는 것은 머신 러닝 문제의 성공 여부를 결정하기 때문에 상당한 의미를 갖는다고 할 수 있다. 따라서 이를 위해 상당한 노력을 해야 한다. 3장, '특징 선택과 특징 엔지니어링'에서는 정보의 손실 없이 데이터셋의 차원을 효율적으로 줄이는 데 사용하는 기술을 소개한다.

▌ 통계적 학습 접근

두 가지 파라미터를 이용한 초기(단순함을 넘어서는) 분류에서 스팸 필터링 알고리즘을 설계한다고 가정해보자.

파라미터 스팸	이메일(X_1)	정규 이메일(X_2)
p_1-차단 목록 단어 포함 수 > 5개	80	20
p_2-메시지 길이 < 20 문자	75	25

200개의 이메일 메시지(X)를 수집했고, 스팸 여부를 결정하기 위해 p_1 항과 p_2 항으로 표현된 확률적 가설을 찾아내야 한다고 가정해보자(간단하게 p_1과 p_2는 상호 배타적이라고 가정해보자).

$$P(spam|h_{p1}, h_{p2})$$

또한 두 항에 대해 조건부 독립을 가정해보자. 조건부 독립이란 h_{p1}과 h_{p2}가 각각 별도로 발생하는 경우와 같이 스팸 메일에 관련된 분포를 갖고 있음을 의미한다.

예를 들어 규칙(가설)이 "차단 목록blacklist에 단어가 5개 이상인 경우" 또는 "메시지 길이가 20자 미만인 경우"라면 "스팸 확률이 높음"으로 생각할 수 있다(예: 50% 이상). 확률을 설정해놓지 않으면 실제 스팸 방지 필터와 같이 데이터셋이 변경될 때 일반화하기 어렵다. 또한 사용자가 무엇을 유지하고 버릴지를 결정하는 데 도움이 되는 분할 임곗값(예: 녹색, 노란색 및 빨간색 신호)을 결정해야 한다.

가설은 데이터셋 X를 통해 결정하므로 다음과 같이 이산형 형태로 작성할 수도 있다.

$$P(spam|X) = \sum_i P(spam|h_{pi})P(h_{pi}|X)$$

이 예에서는 각 항term의 확률값을 쉽게 결정할 수 있다. 일반적으로 베이즈 공식을 사용한다(6장, '나이브 베이즈'에서 설명한다).

$$P(h_{pi}|X) \propto P(X|h_{pi})P(h_{pi})$$

비율proportionality은 정규화 요인으로만 작동하는 한계 확률marginal probability $P(X)$의 도입을 방지하는 데 필요하다(이산형 랜덤 변수에서 가능한 모든 확률 결과의 합이 1이어야 함을 알아두자).

위 방정식에서 첫 번째 항term은 우도likelihood라는 요소로 곱한 한계marginal Apriori 확률로 결정되기 때문에 사후 확률posteriori이라 한다.

이러한 접근을 이해하기 위해 간단히 정상적인fair 동전 던지기 예를 들어보자. 모든 사람은 앞면이 나올 한계 확률이 0.5와 같다는 것을 알고 있지만, 누가 이것을 결정했을까? 이러한 결정은 논리와 확률 공리 이론에 근거한 결과다.

똑똑한 물리학자라면 몇 가지 고려하지 않은 요인 때문에 0.5가 아니라고 할 수 있다.

동전을 100번 던진 후, 결과를 관찰하면 놀랍게도 앞면과 뒷면 발생 비율이 약간 다르다 (예: 0.46).

여러분이라면 추정값을 어떻게 수정할 수 있을까? 우도라는 용어는 실제 실험이 Apriori 가설이 얼마나 정확한지 입증하고, 실제 상황을 반영하는 또 다른 확률(후천적)을 결정하는지를 측정한다.

따라서 우도는 고정 확률의 문제를 극복하고 동적으로 추정 결과를 수정하는 데 도움이 된다.

6장, '나이브 베이즈'에서는 나이브 베이즈^{naive Bayes} 알고리즘에 대해 상세히 소개하고, scikit-learn으로 몇 가지 예를 구현해본다. 여기서는 유명한 통계적 학습 접근 방법 두 가지를 소개한다. 자세한 내용은 『Artificial Intelligence: A Modern Approach』를 참고하자.

MAP 학습

올바른 가설을 선택할 때는 베이지안 접근법이 최상의 선택 중 하나다. 이유는 모든 요소를 고려하고 조건부 독립성을 가정하더라도 일부 요소가 부분적으로 종속일 수 있으며, 베이지안 접근법은 완벽하게 작동하기 때문이다. 그러나 모든 조건을 항상 고려해야 하기 때문에 확률 측면에서 복잡도^{complexity}가 증가한다. 예를 들어, 실제 동전은 매우 짧은 원통형이므로 동전 던지기에서 서 있을 확률도 고려해야 한다. 예를 들어 던진 동전이 서 있을 확률이 0.001이라고 한다면, $P(앞면) = P(뒷면) = (1.0 - 0.001)/2.0$과 $P(서 있음) = 0.001$의 세 가지 가능한 결과가 있다. 후자는 분명히 일어나지 않더라도 베이즈 학습에서는 이것을 고려해야 한다.

한 가지 대안은 사후 확률의 관점에서 가장 가능성 있는 가설을 선택하는 것이다.

$$h_{MAP} : P(h_{MAP}|X) = max_i\{ P(h_{pi}|X) \}$$

이 접근법은 MAP^maximum a posteriori 라고 하며, 일부 가설이 발생할 가능성이 거의 없을 때 시나리오를 간략화할 수 있다. 예를 들어 동전 던지기에서, MAP 가설은 P(짝수)를 버린다. 그러나 MAP도 중요한 단점을 갖고 있다. 즉, Apriori 확률에 영향을 받는다. Apriori도 사후 확률을 최대화해야 한다는 것을 알아두자. 러셀과 노르빅이 지적(『Artificial Intelligence: A Modern Approach』)했듯이 이 방법은 추론 과정의 민감한 부분이다. 항상 특정한 선택을 하며 나머지는 배제해 버리는 이론적 배경이 있기 때문이다. 데이터에만 의존하기 위해서는 다른 접근 방식이 필요하다.

최대-우도 학습

베이즈 공식에서 우도를 필터링 용어로 정의했다. 일반적으로 다음과 같은 형식을 취한다.

$$L\left(h_{pi}|X\right) = P(X|h_{pi})$$

첫 번째 항은 데이터셋 X가 주어졌을 때 가설의 실제 우도값이다. 이 공식에서는 Apriori 확률이 더 이상 존재하지 않는다. 따라서 해당 공식을 최대화하는 것이 이론적으로 우대 가설을 채택함을 의미하는 것이 아니며, 발생 가능성이 낮은 가설을 고려하는 것도 아니다. 많은 알고리즘에서 사용하는 기대-최대화^expectation-maximization 라는 매우 일반적인 접근법은 다음과 같이 크게 두 부분으로 나뉜다. 이 예제는 로지스틱 회귀에서 살펴본다.

- 모델 파라미터를 기반으로 하는 로그 우도^log-likelihood 표현식을 결정(적절하게 최적화 됨)하는 것
- 잔여 오차가 충분히 작을 때까지 최대화

일반적으로 L이라는 로그 우도는 그레이디언트 계산을 단순화할 수 있는 유용한 기법이다. 일반적인 우도는 다음과 같이 표현할 수 있다.

$$L(h_i|X) = \prod_k P(X|h)$$

모든 파라미터가 h_i의 내부에 있기 때문에 그레이디언트는 매우 관리하기 어려운 복잡한 표현식이 된다. 목표는 우도값을 최대화하는 것이지만 모두를 최소화하는 것이 더 쉽다.

$$max_i\, L(h_i|X) = min_i\, \frac{1}{L(h_i|X)} = min_i\, \frac{1}{\prod_i P(X|h_i)}$$

자연 로그를 적용해 단조로운^{monotonic} 수식으로 변경하면 다음과 같다.

$$max_i \log L(h_i|X) = min_i -\log L(h_i|X) = min_i \sum_i -\log P(X|h_i)$$

마지막 항^{term}은 대부분의 최적화 알고리즘에서 쉽게 유도하고 사용할 수 있는 합계다. 이 프로세스를 통해 사전 분포$^{prior\ distribution}$에 대한 강력한 설정^{statement} 없이 최대 우도$^{maximun\text{-}likelihood,\ ML}$를 제공하는 파라미터 집합을 찾을 수 있다. 이 접근법은 매우 기술적으로 보이지만 해당 논리는 매우 간단하고 직관적이다. 이 방법을 이해하려면, 『Artificial Intelligence』에서 소개한 가우시안 혼합 기법의 연습문제를 풀어보자.

평균이 0이고 표준 편차가 2.0(독립 샘플로 구성된 백색 잡음$^{quasi\text{-}white\ noise}$)인 가우시안 분포$^{Gaussian\ distribution}$에서 추출한 점^{point} 100개를 고려해보자.

```
import numpy as np

nb_samples = 100
X_data = np.random.normal(loc=0.0, scale=np.sqrt(2.0), size=nb_samples)
```

도표는 다음과 같다.

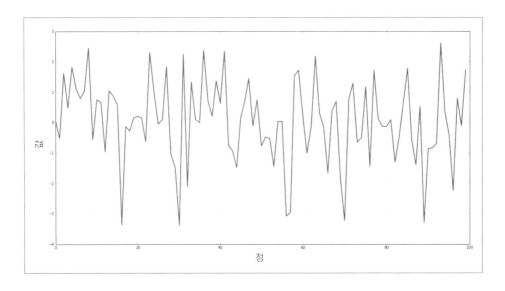

이 경우, 해당 그래프가 어떻게 생성됐는지 이미 알고 있기 때문에 깊은 탐색^{exploration}은 필요하지 않다. 그러나 가설 공간으로 그래프만 고려해 가장 적합한 가우시안 패밀리^{gaussian family}로 제한한 후에 평균과 분산에 대한 최상의 값을 찾는다.

우선, 지수 함수로 간단한 로그 우도를 계산할 필요가 있다.

$$L(\mu, \sigma^2 | X) = \log P(X | \mu, \sigma^2) = \sum_i \log \frac{1}{\sqrt{2\pi\sigma^2}} e^{-\frac{(x_i - \mu)^2}{2\sigma^2}}$$

간단한 파이썬 구현은 다음과 같다. 사용 편의를 위해 평균(0)과 분산(1)을 모두 포함하는 단일 배열만 있다.

```
def negative_log_likelihood(v):
    l = 0.0
    f1 = 1.0 / np.sqrt(2.0 * np.pi * v[1])
    f2 = 2.0 * v[1]
```

```
    for x in X_data:
        l += np.log(f1 * np.exp(-np.square(x - v[0]) / f2))

    return -l
```

다음으로 최적화 방법(경사 하강 또는 다른 수치 최적화 알고리즘numerical optimization algorithm)을 사용해 최솟값(평균과 분산 항의 최솟값)을 찾아야 한다. 예를 들어 scipy 최소화 함수를 사용하면 다음과 같은 결과를 얻을 수 있다.

```
from scipy.optimize import minimize

>>> minimize(fun=negative_log_likelihood, x0=[0.0, 1.0])

  fun: 172.33380423827057
  hess_inv: array([[ 0.01571807, 0.02658017],
      [ 0.02658017, 0.14686427]])
    jac: array([ 0.00000000e+00, -1.90734863e-06])
  message: 'Optimization terminated successfully.'
      nfev: 52
        nit: 9
      njev: 13
      status: 0
    success: True
          x: array([ 0.04088792, 1.83822255])
```

다음은 음의 로그 우도 함수의 그래프다. 이 함수의 전역 최솟값은 특정 분포에 대한 최적 우도에 해당한다. 이 알고리즘의 첫 번째 단계는 항상 현실적인 기댓값을 결정하는 것이기 때문에 해당 문제가 완전히 해결됐다고 볼 수 없다. 우도 함수는 확률이 낮을 때 쉽게 0에 근사하므로 잘못된 분포에 매우 민감하게 반응한다. 이러한 이유 때문에 Apriori 분포가 필요한 MAP 학습보다 최대 우도 학습이 상대적으로 바람직하다. 가장 적합한 방법을 선택하지 않으면 목적 달성에 실패할 수 있다.

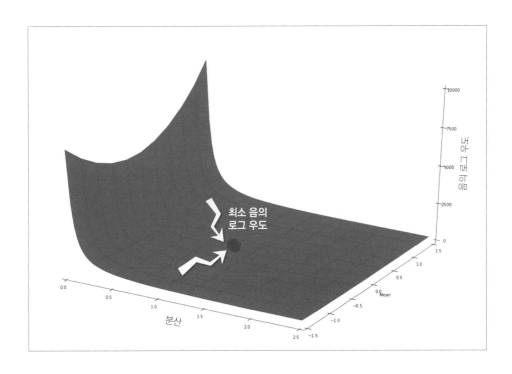

이 접근 방식은 실제로 관리하기 쉬운 특정 분포군에 적용됐다. 하지만 모델이 더 복잡한 경우에도 완벽하게 작동한다. 물론 1개 이상의 적용 가능한 군이 동일한 데이터셋을 생성할 수 있으므로 우도가 결정되는 방법에 대해 초기에 알고 있어야 한다. 모든 경우에 있어 "오캄Occam의 면도날"과 같은 간단한 가설이 최상의 선택이다. 가장 간단한 가설을 가장 먼저 고려해야 한다. 이 가설이 적합하지 않으면, 모델이 보다 복잡해질 수 있다. 경험상 가장 쉬운 해결책은 간단한 모델을 구하는 것이다. 파라미터의 수를 늘리거나 복잡한 모델을 사용하면 노이즈가 추가되고 과적합될 가능성이 높아진다.

SciPy(https://www.scipy.org)는 파이썬에서 사용 가능한 고수준의 과학 및 데이터지향 라이브러리다. SciPy는 NumPy, Pandas 및 기타 유용한 프레임워크를 갖고 있다. 파이썬 과학 컴퓨팅에 대해 더 알고 싶다면 요한슨(Johansson R.)의 『Numerical Python』(Apress, 2018)이나 란다우(Landau R. H.), 페레즈(Pàez M. J.), 보데이아누(Bordeianu C. C.)의 『Computational Physics』(Wiley –VCH, 2015)을 참고하자.

정보 이론의 요소

정보를 전송하거나 교환하는 측면에서 머신 러닝 문제를 분석할 수도 있다. 간략화하기 위해 종종 실제 가정이라고 할지라도 n개의 서로 다른 통계 분포에서 추출한 n개의 특징으로 분석 데이터셋이 구성돼 있다고 가정해보자. 따라서 n개의 확률 밀도 함수 $p_i(x)$는 다른 n개의 $q_i(x)$ 함수를 통해 근사시킨다. 머신 러닝 과제에서 2개의 분포가 어떻게 다른지와 원본 데이터를 근사시킬 때 손실되는 정보의 양을 이해하는 것이 중요하다.

가장 좋은 방법은 엔트로피entropy를 이용하는 것이다.

$$H(X) = -\sum_{x \in X} p(x)log_2 p(x)$$

이 값은 X의 불확실성에 비례하며 비트bits 단위로 측정한다. 로그에 밑base이 있는 경우는 이를 변경할 수 있다. 일반적으로 낮은 엔트로피가 바람직하다. 이는 특정 특징이 보다 많은 정보를 갖고 있어 예측 및 분류가 상대적으로 쉽기 때문이다. 예를 들어, 동전 던지기((앞/뒷면 두 가지 가능한 결과)에서는 $H(X) = 1$비트)이다. 하지만 동일한 확률로도 결과의 수가 증가하면, $H(X)$도 다른 값의 수가 더 많아지며 따라서 변동이 증가한다. 자연 로그를 이용해 가우시안 분포를 증명할 수 있다.

$$H(X) = \frac{1}{2}(1 + \ln(2\pi\sigma^2))$$

수식에 따르면 엔트로피는 분산에 비례한다. 분산은 단일 특징이 전달하는 정보량의 척도다. 3장, '특징 선택과 특징 엔지니어링'에서 분산 임곗값으로 특징을 선택하는 방법에 대해 설명한다. 일반적으로 가우시안 분포를 따르므로 이러한 방법은 특징 필터링에서 일반적으로 사용된다. 낮은 분산은 정보 수준이 낮음을 의미하며, 해당 모델에서 관련된 특징을 모두 제외한다.

다음 그림은 nats에 표현된 가우시안 분포에 대한 $H(X)$ 플롯이다. nats는 자연 대수를 사용하는 경우 해당 단위 측정값이다.

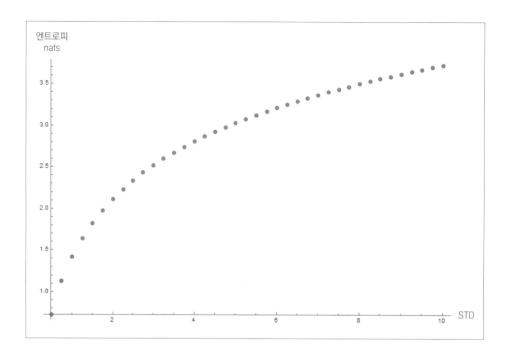

예를 들어, 데이터셋이 몇 개의 특징으로 구성돼 있고 특징의 분산이 8과 10 사이이며, 표준편차가 $STD < 1.5$인 경우, 제한된 범위 내의 정보 손실을 감내하고 일부를 정리할 수 있다. 이 개념은 대용량 데이터셋을 효율적으로 정제하고 처리해야 하는 실제 문제에서 매우 중요하다.

$$H(P, Q) = - \sum_{x \in X} p(x) log_2 q(x)$$

만약 다른 확률 분포 $q(x)$로 추정하는 목표 확률 분포 $p(x)$를 갖고 있다면, p와 q 사이의 교차 엔트로피cross-entropy가 유용한 척도가 된다. 분석 대상 문제는 수치 계산을 사용해 해결해야 하므로 이산 정의를 사용한다.

로그 기저가 2인 경우, Q에 최적화된 코드를 사용할 때 P에서 가져온 이벤트를 디코딩하기 위해 필요한 비트 수를 측정한다. 많은 머신 러닝 문제에는 소스 분포가 있으며, 예상할 수 있는 샘플의 클래스를 정확하게 식별할 수 있다. 오류가 널^{null}이면, $P = Q$이고, 교차 엔트로피는 최소 엔트로피 $H(P)$에 해당한다. Q로 작업할 때 널 오류$^{null\ error}$가 거의 불가능하기 때문에 예측에서 시작해 올바른 클래스를 결정하기 위해 $H(P, Q)$ 비트의 자원을 사용해야 한다. 분석의 목표는 엔트로피를 최소화하는 것이므로 자원을 지불하지 않을 경우 예측 결과를 임곗값 이하로 낮추는 것이다. 다시 말해, 이진 출력과 시그모이드 함수에 대해 생각해보자. 단계 함수(0.6 → 1, 0.1 → 0, 0.4999 → 0 등)를 사용해 올바른 클래스를 식별하기 위해 지불할 수 있는 최대 자원인 0.5의 임곗값을 갖고 있는 것이다. 이 자원을 사용할 수 없다면 분류기는 원래의 분포를 알지 못하기 때문에 허용 가능한 잡음에 영향을 받지 않는 임곗값(항상 달성 가능한 최솟값)으로 교차 엔트로피를 줄여야 한다.

머신 러닝이 어떻게 실행되고 있는지를 이해하기 위해서는 Y에 대한 지식이 주어질 때 X의 불확실도에 해당하는 조건부 엔트로피를 도입하는 것이 좋다.

$$H(X|Y) = - \sum_{x \in X, y \in Y} p(x, y) log_2 \frac{p(x, y)}{p(y)}$$

이 개념을 통해 상호 정보$^{mutual\ information}$를 설명할 수 있다. 상호 정보는 두 변수가 공유하는 정보의 양으로서 Y에 대한 지식이 주어졌을 때 X에 대한 불확도^{uncertainty}를 감소시키는 것이다.

$$I(X;Y) = H(X) - H(X|Y)$$

X와 Y가 독립적일 때는 어떤 정보도 공유하지 않는다. 그러나 머신 러닝 과제에서는 원래 특징과 예측 간에 매우 긴밀한 종속성이 있으므로 두 분포가 공유하는 정보를 최대화해야 한다. 조건부 엔트로피가 충분히 작다면(Y는 X를 매우 잘 나타낼 수 있기 때문에), 상호 정보는 학습하고자 하는 정보의 양을 측정하는 마진 엔트로피 $H(X)$에 가깝게 된다.

MDL$^{Minimum\ Description\ Length}$이라는 정보 이론에 근거한 학습법은 러셀, 노르빅의 『Artficial Intelligence』를 읽어보기 바란다.

❚ 참고 문헌

- Russel S., Norvig P., Artificial Intelligence: A Modern Approach, Pearson Valiant L., A Theory of the Learnable, Communications of the ACM, Vol. 27, No. 11(Nov. 1984)

- Hastie T., Tibshirani R., Friedman J., The Elements of Statistical Learning: Data Mining, Inference and, Prediction, Springer

- Aleksandrov A.D., Kolmogorov A.N, Lavrent'ev M.A., Mathematics: Its contents, Methods, and Meaning, Courier Corporation

❚ 요약

2장에서는 머신 러닝의 몇 가지 주요 개념을 소개했다. 몇 가지 기본적인 수학 정의에서 시작해 데이터 형식, 표준, 기능에 대해 알아봤다. 이 표기법은 다른 모든 장은 물론, 이와 관련된 간행물에도 사용한다. 또한 scikit-learn이 다중-클래스 문제[multi-class problems]와 어떻게 잘 작동하는지, 어떤 전략이 다른 전략보다 선호되는지를 설명했다.

다음 단계에서는 학습 능력에 관한 몇 가지 기본적인 개념을 소개할 것이다. 답을 찾으려는 질문은 알고리즘을 통해 문제를 학습할 수 있는지 여부와 달성 가능한 최대 정확도가 얼마인지를 어떻게 결정할 수 있는가다. PAC 학습은 알고리즘의 경계를 정의할 때 채택할 수 있는 일반적이지만 강력한 방법이다. 실제로 PAC 학습 가능 문제는 적절한 알고리즘으로 관리할 수 있을 뿐 아니라 다항식 시간으로 계산할 만큼 빠르다.

다음으로 몇 가지 일반적인 통계 학습 개념, 특히 MAP 및 최대 우도 학습 방법을 소개했다. 전자는 사후 확률을 최대화하는 가설을 선택하지만 후자는 우도에 따라 데이터에 가장 적합한 가설을 찾아낸다. 이 전략은 Apriori 확률에 영향을 받지 않으며 많은 다른 상황에서 구현하기 쉽기 때문에 머신 러닝 문제에서 가장 많이 적용하는 전략 중 하나다. 또한 에너지 함수로 손실 함수를 물리적으로 해석했다. 훈련 알고리즘의 목표는 항상 오류 표면error surface의 가장 깊은 계곡에 위치하는 전역 최소점을 찾는 것이다. 2장의 후반부에서는 정보 이론에 대한 간략한 소개와 정보 획득 및 엔트로피 측면에서 문제를 재해석할 수 있는 방법을 소개했다. 모든 머신 러닝법은 예측에서 시작해 원하는 결과를 찾아내는 데 필요한 정보의 양을 최소화하면서 실행해야 한다.

3장, '특징 선택과 특징 엔지니어링'에서는 거의 모든 머신 러닝 과정의 첫 단계인 특징 엔지니어링의 기본 개념을 설명한다. 다양한 종류의 데이터(수치 및 범주형)를 관리하는 방법과 정보의 손실 없이 차원을 축소하는 방법을 설명한다.

03

특징 선택과
특징 엔지니어링

특징 엔지니어링은 머신 러닝 파이프 라인의 첫 번째 단계이며, 기존 데이터셋을 정제하고 신호-잡음 비율을 높이며 차원을 줄이기 위해 채택된 모든 기술이다. 대부분의 알고리즘은 입력 데이터에 대한 강력한 가정을 하고 있으며, 원시 데이터셋을 사용할 때 성능에 부정적인 영향을 미칠 수 있다. 더욱이 데이터는 거의 등방성isotropic이 아니다. 상관관계가 있는 또 다른 요소는 추가 정보를 제공하지 않지만, 샘플의 일반적인 동작을 결정하는 기능이 있다. 따라서 데이터셋을 명확하게 파악하고 특징의 수를 줄이거나 가장 적합한 알고리즘만 선택하는 데 사용하는 유명한 알고리즘을 알아두는 것이 중요하다.

▌ scikit-learn 토이 데이터셋

scikit-learn은 테스트용으로 사용할 수 있는 몇 가지 내장 데이터셋을 제공한다. 이 데이터셋은 sklearn.datasets 패키지에서 사용할 수 있으며 일반적인 구조를 갖고 있다. 데이터 인스턴스 변수는 전체 입력 집합 X를 포함하며 타깃은 분류용인 레이블이나 회귀용인 목푯값을 갖는다. 예를 들어 예측용으로 사용하기 위한 보스톤 주택 가격 데이터셋이 있다고 가정해보자.

```
from sklearn.datasets import load_boston

>>> boston = load_boston()
>>> X = boston.data
>>> Y = boston.target

>>> X.shape
(506, 13)
>>> Y.shape
(506,)
```

이 경우에는 13개의 특징과 1개의 목푯값을 가진 506개의 샘플 데이터가 있다. 이 책에서는 이 데이터를 회귀를 위해 사용하고 분류를 위해 숫자 데이터셋(load_digits())을 이용할 것이다. 또한 scikit-learn은 처음부터 더미 데이터셋을 만들기 위한 함수를 제공한다. 예를 들면 군집 알고리즘에 유용한 make_classification(), make_regression(), make_blobs()과 같은 함수를 제공한다. 이 함수는 사용하기 쉽고 많은 경우에 있어 복잡한 데이터셋을 적재하지 않고 모델을 테스트하기에 가장 좋은 선택이다.

 좀 더 자세한 정보는 http://scikit-learn.org/stable/datasets/를 참고하자.

> **ℹ** scikit-learn에서 제공하는 MNIST 데이터셋은 명백한 이유로 제한돼 있다. 만약 여러분이 원래 데이터로 실험하고 싶다면, 레춘(Y. LeCun), 코테스(C. Cortes), 버게스(C. Burges)가 관리하는 웹 사이트 (http://yann.lecun.com/exdb/mnist/)를 참고하자. 이 웹 사이트에서 훈련용과 테스트용 데이터셋으로 분리된 7만 개의 자필 숫자 데이터를 다운로드할 수 있다.

▌ 훈련 및 테스트 집합 만들기

데이터셋이 충분히 클 경우에는 훈련과 테스트 집합으로 나누는 것이 좋다. 전자는 모델 훈련, 후자는 성능 테스트에 사용된다. 다음 그림은 이러한 과정의 개략적 표현이다.

이러한 작업을 수행하는 데는 두 가지 기본 규칙이 있다.

- 두 데이터셋 모두 원래 분포를 반영해야 한다.
- 연속 요소들 간의 상관 관계를 회피하기 위해 분할 단계 이전에 원본 데이터셋을 랜덤으로 섞어야 한다.

scikit-learn에서는 train_test_split ( ) 함수를 사용해 이를 수행할 수 있다.

```
from sklearn.model_selection import train_test_split

>>> X_train, X_test, Y_train, Y_test = train_test_split(X, Y,
test_size=0.25, random_state=1000)
```

test_size 및 training_size 파라미터를 사용해 테스트/훈련 집합에 입력할 요소의 백분율을 설정할 수 있다. 이 경우 비율은 훈련이 75%, 테스트가 25%이다. 또 다른 주요 파라미터는 NumPy RandomState 생성기 또는 정수 시드[seed]를 허용하는 random_state 다. 많은 경우 실험 재현성을 확보하는 것이 중요하므로 사용한 것과 다른 시드와 랜덤 분할은 사용하지 않아야 한다.

항상 동일한 번호를 사용하기 바란다(0 또는 완전히 생략할 수도 있음). 또는 모든 필수 기능에 전달할 수 있는 전역 RandomState를 정의한다.

```
from sklearn.utils import check_random_state

>>> rs = check_random_state(1000)
<mtrand.RandomState at 0x12214708>

>>> X_train, X_test, Y_train, Y_test = train_test_split(X, Y,
test_size=0.25, random_state=rs)
```

이런 식으로 시드를 동일하게 유지하면 모든 실험이 동일한 결과가 되므로 다른 과학자가 본인의 환경에서도 쉽게 재현해볼 수 있다.

NumPy 난수 생성에 대한 자세한 내용은 https://docs.scipy.org/doc/numpy/reference/generated/numpy.random.RandomState.html을 참조하라.

▌ 범주형 데이터 관리

많은 분류 문제에서 대상 데이터셋은 모든 알고리즘으로 즉시 처리할 수 없는 범주형 레이블로 구성된다. 인코딩이 필요하며 scikit-learn은 적어도 두 가지의 유효한 옵션을 제공한다. 각각 2개의 특징을 갖는 10개의 범주형 샘플로 구성된 아주 작은 데이터셋을 생각해보자.

```
import numpy as np

>>> X = np.random.uniform(0.0, 1.0, size=(10, 2))
>>> Y = np.random.choice(('Male','Female'), size=(10))
>>> X[0]
array([ 0.8236887, 0.11975305])
>>> Y[0]
'Male'
```

첫 번째 옵션은 사전지향 접근 방식을 채택한 LabelEncoder 클래스를 사용하며, 각 범주 레이블을 progress_라는 인스턴스 배열의 인덱스인 정수와 연결한다.

```
from sklearn.preprocessing import LabelEncoder

>>> le = LabelEncoder()
>>> yt = le.fit_transform(Y)
>>> print(yt)
[0 0 0 1 0 1 1 0 0 1]

>>> le.classes_array(['Female', 'Male'], dtype='|S6')
```

역변환은 간단한 방법으로 구할 수 있다.

```
>>> output = [1, 0, 1, 1, 0, 0]
>>> decoded_output = [le.classes_[i] for i in output]
['Male', 'Female', 'Male', 'Male', 'Female', 'Female']
```

이 접근 방법은 간단하며, 많은 경우에 있어 잘 작동한다. 하지만 한 가지 단점은 모든 레이블이 순차적 숫자로 변환돼야 한다는 것이다. 따라서 실수를 대상으로 작업하는 분류기는 의미에 대한 고려 없이 거리 기준으로 유사도를 인지한다.

이러한 이유로 인해 데이터를 이진화하는 원-핫 인코딩^{one-hot encoding}을 사용하는 것이 바람직하다. 이진화는 해당 레이블에 대해 LabelBinarizer 클래스를 사용해 실행할 수 있다.

```
from sklearn.preprocessing import LabelBinarizer

>>> lb = LabelBinarizer()
>>> Yb = lb.fit_transform(Y)
array([[1],
       [0],
       [1],
       [1],
       [1],
       [1],
       [0],
       [1],
       [1],
       [1]])

>>> lb.inverse_transform(Yb)
array(['Male', 'Female', 'Male', 'Male', 'Male', 'Male', 'Female', 'Male',
       'Male', 'Male'], dtype='|S6')
```

이 경우에 각 범주형 레이블은 양수로 변경된 후, 특징 1개만 1이고 나머지 특징은 0으로 구성된 벡터로 변환된다. 예를 들어 메인 클래스에 해당하는 1개의 피크값을 갖는 소프트맥스 분포를 사용하면 해당 클래스에 대해 널이 아닌 요소를 채워 이산형 벡터로 쉽게 변환할 수 있다. 예를 들면 다음과 같다.

```
import numpy as np
```

```
>>> Y = lb.fit_transform(Y)
array([[0, 1, 0, 0, 0],
    [0, 0, 0, 1, 0],
    [1, 0, 0, 0, 0]])

>>> Yp = model.predict(X[0])
array([[0.002, 0.991, 0.001, 0.005, 0.001]])

>>> Ypr = np.round(Yp)
array([[ 0., 1., 0., 0., 0.]])

>>> lb.inverse_transform(Ypr)
array(['Female'], dtype='|S6')
```

범주형 특징에 대한 또 다른 접근법은 딕셔너리 목록과 같이 구조화돼 있을 때 채택할 수 있다. 꼭 필요한 것은 아니며, 일부 특징에 대해서만 값을 가질 수 있다. 예제는 다음과 같다.

```
data = [
  { 'feature_1': 10.0, 'feature_2': 15.0 },
  { 'feature_1': -5.0, 'feature_3': 22.0 },
  { 'feature_3': -2.0, 'feature_4': 10.0 }
]
```

이 경우에 scikit-learn은 클래스 DictVectorizer와 FeatureHasher을 제공한다. 이 두 클래스는 모든 머신 러닝 모델에 사용할 수 있는 실수로 구성된 희소 행렬을 생성한다. FEatureHasher는 제한된 메모리를 소비하고 MurmurHash3를 채택했다. 좀 더 상세한 내용은 https://en.wikipedia.org/wiki/MurmurHash를 참고하자. 두 방법에 대한 코드는 다음과 같다.

```
from sklearn.feature_extraction import DictVectorizer, FeatureHasher

>>> dv = DictVectorizer()
```

```
>>> Y_dict = dv.fit_transform(data)

>>> Y_dict.todense()
matrix([[ 10., 15., 0., 0.],
        [ -5., 0., 22., 0.],
        [  0., 0., -2., 10.]])

>>> dv.vocabulary_
{'feature_1': 0, 'feature_2': 1, 'feature_3': 2, 'feature_4': 3}

>>> fh = FeatureHasher()
>>> Y_hashed = fh.fit_transform(data)

>>> Y_hashed.todense()
matrix([[ 0., 0., 0., ..., 0., 0., 0.],
        [ 0., 0., 0., ..., 0., 0., 0.],
        [ 0., 0., 0., ..., 0., 0., 0.]])
```

모든 경우에 있어 원본 scikit-learn 문서를 읽고 가능한 모든 옵션과 파라미터를 알아두기 바란다. 범주형 특징을 대상으로 작업할 때 원-핫 인코딩을 적용하려면 OneHotEncoder 클래스를 사용해 데이터셋을 필터링해야 한다.

일반적으로 범주형 특징은 LabelEncoder를 이용해 양수로 변환한다. 다음 예제에서 첫 번째 특징은 '남성^{male}'과 '여성^{female}'을 나타내는 이진 형태의 지표다.

```
from sklearn.preprocessing import OneHotEncoder

>>> data = [
    [0, 10],
    [1, 11],
    [1, 8],
    [0, 12],
    [0, 15]
]
```

```
>>> oh = OneHotEncoder(categorical_features=[0])
>>> Y_oh = oh.fit_transform(data)
>>> Y_oh.todense()
matrix([[ 1.,  0., 10.],
        [ 0.,  1., 11.],
        [ 0.,  1.,  8.],
        [ 1.,  0., 12.],
        [ 1.,  0., 15.]])
```

이러한 접근 방식은 값의 수를 늘리는 문제(이진 버전 형태를 기하급수적으로 늘리는 점)가 있으므로 모든 범주형 데이터는 SciPy 구현에 근거한 희소 행렬을 사용한다.

자세한 내용은 https://docs.scipy.org/doc/scipy-0.18.1/reference/sparse.html을 참조하자.

█ 누락된 특징 관리

때로는 데이터셋에 누락된 특징을 포함할 수 있으므로 몇 가지 옵션을 고려해야 한다.

- 전체 행 제거
- 누락된 특징을 예측하기 위한 서브 모델링 만들기
- 다른 알려진 값을 이용한 자동 입력 방법 사용하기

첫 번째 옵션은 가장 과감한 옵션이며, 데이터셋이 상당히 크고 누락된 특징의 수가 많으며, 예측이 위험한 경우에만 고려한다. 두 번째 옵션은 각 특징에 대한 모델을 훈련시키기 위한 지도 전략을 결정해야 하기 때문에 훨씬 어렵다. 장단점을 고려하면 세 번째 옵션이 최선의 선택일 수 있다. scikit-learn은 평균(기본 선택), 중앙값 또는 빈도(가장 빈번한 항목이 누락된 항목 모두에 사용됨)에 따른 전략을 사용해 누락된 값을 채우는 클래스를 제공한다.

다음 코드는 세 가지 접근법을 사용하는 예제다. 누락된 특징 항목의 기본값은 NaN이다. 하지만 파라미터 missing_values를 이용해 다른 값으로 설정할 수 있다.

```
from sklearn.preprocessing import Imputer

>>> data = np.array([[1, np.nan, 2], [2, 3, np.nan], [-1, 4, 2]])

>>> imp = Imputer(strategy='mean')
>>> imp.fit_transform(data)
array([[ 1. , 3.5, 2. ],
       [ 2. , 3. , 2. ],
       [-1. , 4. , 2. ]])
>>> imp = Imputer(strategy='median')
>>> imp.fit_transform(data)
array([[ 1. , 3.5, 2. ],
       [ 2. , 3. , 2. ],
       [-1. , 4. , 2. ]])

>>> imp = Imputer(strategy='most_frequent')
>>> imp.fit_transform(data)
array([[ 1., 3., 2.],
       [ 2., 3., 2.],
       [-1., 4., 2.]])
```

▌데이터 스케일링 및 정규화

일반적인 데이터셋(여기서는 항상 숫자라고 가정)은 서로 다른 분포에서 가져올 수 있는 다른 값으로 구성돼 있으며, 다른 분포를 갖거나 때로는 이상값도 있다. 머신 러닝 알고리즘은 이러한 다양한 상황을 구별할 수 없기 때문에 처리하기 전에 항상 데이터셋을 표준화하는 것이 좋다. 일반적인 문제는 0이 아닌 평균과 1보다 큰 분산을 갖는 경우에 발생한다. 다음 그림에서는 원시 데이터셋과 해당 데이터의 스케일을 조정scaled하고 중심화centered한 결과를 비교한다.

76

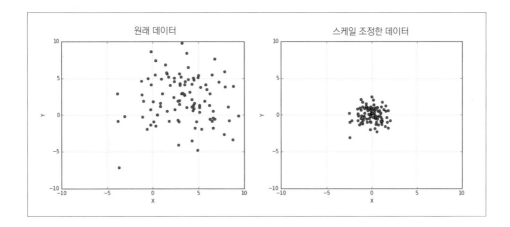

이 결과는 StandardScaler 클래스를 사용해 실행할 수 있다.

```
from sklearn.preprocessing import StandardScaler

>>> ss = StandardScaler()
>>> scaled_data = ss.fit_transform(data)
```

크기 조정 프로세스에 with_mean=True/False 및 with_std=True/False 파라미터를 사용해 평균 및 표준 편차를 모두 포함해야 하는지 여부를 지정할 수 있다. 기본 설정은 모두 활성화돼 있다. 백분율 범위를 선택하는 데 보다 강력한 스케일링 특징이 필요한 경우, 이상값에 대한 제어와 분위 수 범위를 선택할 수 있는 강력한 스케일링이 필요하다면 RobustScaler 클래스를 사용한다. 다음은 서로 다른 분위 수를 갖는 몇 가지 예제다.

```
from sklearn.preprocessing import RobustScaler

>>> rb1 = RobustScaler(quantile_range=(15, 85))
>>> scaled_data1 = rb1.fit_transform(data)

>>> rb1 = RobustScaler(quantile_range=(25, 75))
>>> scaled_data1 = rb1.fit_transform(data)
```

```
>>> rb2 = RobustScaler(quantile_range=(30, 60))
>>> scaled_data2 = rb2.fit_transform(data)
```

결과는 다음과 같다.

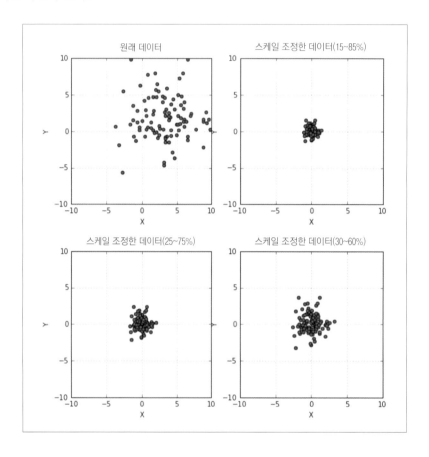

또 다른 옵션으로는 주어진 범위에 속하지 않는 요소를 제거(이전)하거나 최대 절댓값을
고려해 데이터의 크기를 조정(후자)하는 MinMaxScaler 및 MaxAbsScaler가 있다.

scikit-learn은 샘플에 대한 정규화 클래스인 Normalizer도 제공한다. 이 클래스는 데이
터셋의 각 요소에 최대, l1 및 l2의 노름norms을 적용할 수 있다. 유클리드 공간에서는 다
음과 같이 정의한다.

$$\text{최대 노름: } \|X\|_{max} = \frac{X}{|max_i\{X\}|}$$

$$L1 \text{ 노름: } \|X\|_{L1} = \frac{X}{\sum_i |x_i|}$$

$$L2 \text{ 노름: } \|X\|_{L2} = \frac{X}{\sqrt{\sum_i |x_i|^2}}$$

모든 정규화의 예제는 다음과 같다.

```
from sklearn.preprocessing import Normalizer

>>> data = np.array([1.0, 2.0])

>>> n_max = Normalizer(norm='max')
>>> n_max.fit_transform(data.reshape(1, -1))
[[ 0.5,   1.   ]]

>>> n_l1 = Normalizer(norm='l1')
>>> n_l1.fit_transform(data.reshape(1, -1))
[[ 0.33333333, 0.66666667]]

>>> n_l2 = Normalizer(norm='l2')
>>> n_l2.fit_transform(data.reshape(1, -1))
[[ 0.4472136 , 0.89442719]]
```

▌ 특징 선택 및 필터링

많은 특징을 가진 비정규화한 데이터셋은 모든 특징의 독립성 및 분산에 비례하는 정보를 갖는다. 랜덤 가우시안 분포로 생성된 세 가지 특징을 갖는 작은 데이터셋을 생각해보자.

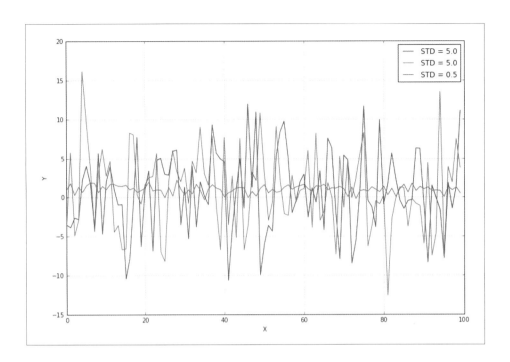

추가 분석을 하지 않아도 분산이 가장 적은 중심선은 거의 일정하고 유용한 정보를 제공하지 않는다. 2장, '머신 러닝의 핵심 요소'의 내용을 기억한다면 분산이 가장 적은 중심선의 $H(X)$는 매우 작은 반면, 다른 두 경우는 상대적으로 더 많은 정보를 제공한다. 따라서 분산 임곗값$^{variance\ threshold}$은 기여도(변동성 측면에서 정보)가 사전 정의한 수준 이하인 모든 요소를 제거하기 위한 유용한 방법이다. scikit-learn은 이러한 문제를 쉽게 해결할 수 있는 VarianceThreshold 클래스를 제공한다. 앞에서 제공한 데이터셋에 VarianceThreshold 클래스를 적용하면 다음과 같다.

```
from sklearn.feature_selection import VarianceThreshold

>>> X[0:3, :]

array([[-3.5077778 , -3.45267063, 0.9681903 ],
       [-3.82581314, 5.77984656, 1.78926338],
       [-2.62090281, -4.90597966, 0.27943565]])
```

```
>>> vt = VarianceThreshold(threshold=1.5)
>>> X_t = vt.fit_transform(X)

>>> X_t[0:3, :]
array([[-0.53478521, -2.69189452],
       [-5.33054034, -1.91730367],
       [-1.17004376, 6.32836981]])
```

세 번째 기능은 분산이 사전에 설정한 임곗값(이 경우 1.5) 미만이므로 완전히 제거됐다.

카이-제곱이나 ANOVA와 같은 F-테스트와 p-값을 기반으로 특정 기준에 따라 최상의 특징을 선택하는 데 사용할 수 있는 많은 단변량 방법이 있다.

상세한 소개는 이 책의 범위를 벗어나므로 프리드먼[Freedman D.], 피사니[Pisani R.], 퍼베스[Purves R.]이 저술한 『Statistics』(Norton & Company)를 읽어보라.

SelectKBest(가장 높은 K 높은 점수 기능 선택) 및 SelectPercentile(특정 백분위 수에 속한 기능의 하위 집합만 선택) 클래스를 사용하는 기능 선택의 두 가지 예는 다음과 같다. 적절한 점수 기능을 신중하게 선택해 회귀 및 분류 데이터셋에 적용할 수 있다.

```
from sklearn.datasets import load_boston, load_iris
from sklearn.feature_selection import SelectKBest, SelectPercentile, chi2,
f_regression

>>> regr_data = load_boston()
>>> regr_data.data.shape
(506L, 13L)

>>> kb_regr = SelectKBest(f_regression)
>>> X_b = kb_regr.fit_transform(regr_data.data, regr_data.target)
>>> X_b.shape
(506L, 10L)

>>> kb_regr.scores_
array([ 88.15124178, 75.2576423 , 153.95488314, 15.97151242,
```

```
         112.59148028, 471.84673988, 83.47745922, 33.57957033,
          85.91427767, 141.76135658, 175.10554288, 63.05422911,
         601.61787111])

>>> class_data = load_iris()
>>> class_data.data.shape
(150L, 4L)

>>> perc_class = SelectPercentile(chi2, percentile=15)
>>> X_p = perc_class.fit_transform(class_data.data, class_data.target)

>>> X_p.shape
(150L, 1L)

>>> perc_class.scores_
array([ 10.81782088, 3.59449902, 116.16984746, 67.24482759])
```

 모든 scikit-learn 점수 함수 및 사용법에 대한 자세한 내용은 http://scikit-learn.org/ stable/modules/feature_selection.html#univariate-feature-selection을 참조하라.

주성분 분석

대부분의 경우 입력 데이터셋 X의 차원이 높기 때문에 관련 머신 러닝 알고리즘의 복잡성도 커진다. 일반적으로 정보는 모든 특징에 걸쳐 균일하게 분포되기 어렵고 2장, '머신 러닝의 핵심 요소'에서 설명한 것처럼 최종 결과에 크게 기여하지 않는 낮은 엔트로피 특징과 함께 높은 엔트로피 특징이 있을 것이다. 일반적으로 유클리드 공간을 고려하면 다음과 같은 이점이 있다.

$$X = \{\bar{x}_1, \bar{x}_2, \ldots, \bar{x}_n\} \text{ 여기서 } \bar{x}_i \in \mathbb{R}^m \text{이고 } \bar{x}_i = x_{i1}\overrightarrow{e_1} + x_{i2}\overrightarrow{e_2} + \cdots + x_{im}\overrightarrow{e_m}$$

따라서 각 점은 m개의 선형 독립인 벡터로 구성된 직교 정규 기저^{orthonormal basis}를 사용해 표현된다. 이제 데이터셋 X를 고려할 때 당연히 "정보의 급격한 손실 없이 m을 줄일 수 없을까?"라는 질문이 제기된다. 다음을 고려해보자.

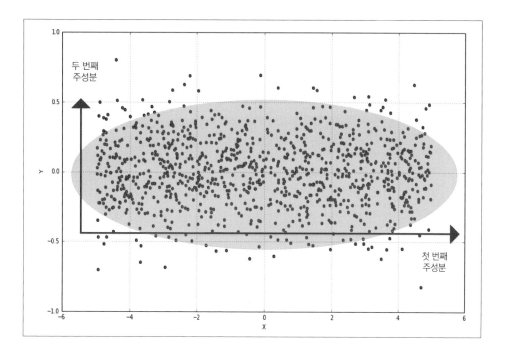

어떤 분포에서 $X = (x, y)$가 생성됐는지는 중요하지 않지만, 분명히 수평 성분의 분산이 수직 성분의 분산보다 높다. 이것은 앞에서 설명한 것처럼 첫 번째 성분이 제공하는 정보량이 더 많다는 것을 의미한다. 예를 들어 x축을 수직으로 유지하면서 가로 방향으로 늘리고 상하 방향으로 고정시키면, 해당 분포는 깊이가 낮고 중요도가 낮은 세그먼트와 유사해진다.

각 성분이 얼마나 많은 정보를 표현하는지와 이들 간의 상관 관계를 평가하기 위한 유용한 도구는 공분산 행렬^{covariance matrix}이다. 데이터셋의 평균이 0인 경우 상관 행렬을 사용할 수 있다.

$$C = \begin{pmatrix} \sigma_1{}^2 & \cdots & \sigma_{1m} \\ \vdots & \ddots & \vdots \\ \sigma_{m1} & \cdots & \sigma_m{}^2 \end{pmatrix}$$

여기서 $\sigma_{ij} = \frac{1}{m} \sum_k (x_{ki} - E[X_i]) (x_{kj} - E[X_j])$이다.

C는 대칭이고 양의 반확정적^{semidefinite}이므로 모든 고윳값은 음수가 아니다. 각 값은 무엇을 의미하는 것일까? 이전 예제에 대한 공분산 행렬은 다음과 같다.

$$C = \begin{pmatrix} 8.31 & -0.02 \\ -0.02 & 0.06 \end{pmatrix}$$

예상대로 수평 분산은 수직 분산보다 약간 높다. 또한 다른 값은 0에 가깝다. 해당 정의를 기억하고 단순화하기 위해 평균 항을 제거하면, 이 값은 성분의 결합 간 상호-상관 관계$^{\text{cross-correlation}}$가 된다. 이 예제에서 X와 Y는 상호-상관 관계가 없다(직각임). 하지만 실제 사례에서는 잔차 상호-상관 관계를 나타내는 특징이 될 수 있다. 정보 이론의 관점에서 볼 때, Y를 알면 이미 알고 있는 X에 대한 정보를 얻을 수 있으므로 실제로 2배의 정보를 공유하는 경우가 된다. 따라서 목표는 X의 차원을 줄이면서 X의 상관 관계를 제거하는 것이다.

이러한 작업은 C의 정렬된 고윳값과 $g < m$ 값을 고려해 실행할 수 있다.

$\Lambda = \{\lambda_1 \geq \lambda_2 \geq \cdots \lambda_m\}$이고 $\Lambda_g \subseteq \Lambda$일 때 $(\Lambda_g) \leq \dim(\Lambda)$이라고 하자.

$W = (\vec{w}_{\lambda 1}, \vec{w}_{\lambda 2}, \ldots, \vec{w}_{\lambda q})$이며 결과 $\bar{y}_R = W \bar{y}$이다. 여기서 $\bar{y}_R \in \mathbb{R}^g$이 성립한다.

따라서 원래의 특징 벡터를 새로운 (하위) 공간에 투영할 수 있다. 각 성분은 전체 분산의 일부를 전달하고 새로운 공분산 행렬은 서로 다른 특징 간의 상관 관계에서 쓸모 없는 정보 공유를 줄이기 위해 역상관^{decorrelated}된다. scikit-learn에는 PCA 클래스가 있다. 이 클래스는 매우 쉽게 모든 작업을 처리할 수 있다.

```
from sklearn.datasets import load_digits
from sklearn.decomposition import PCA

>>> digits = load_digits()
```

몇 개의 랜덤 MNIST 자필 숫자 그림은 다음과 같다.

각 이미지는 64개의 부호 없는 int(8비트) 숫자(0, 255)의 벡터이므로 구성 요소의 초기 수는 실제로 64다. 그러나 검정 픽셀의 총량이 종종 우세하며, 10개의 숫자를 쓰는 데 필요한 기본 사인은 유사하다. 따라서 여러 구성 성분에 대해 상호-상관이 높고 분산이 낮다고 가정하는 것이 타당하다. 36가지 주성분에 대해 시도해본 결과는 다음과 같다.

```
>>> pca = PCA(n_components=36, whiten=True)
>>> X_pca = pca.fit_transform(digits.data / 255)
```

성능 향상을 위해 모든 정숫값은 [0, 1] 범위로 정규화하고 파라미터 whiten는 True로 설정해 각 구성 요소의 분산을 1로 조정한다. 공식 scikit-learn 문서에 따르면, 이 과정은 효율적으로 수행돼야 하는 많은 알고리즘에서 등방성^{isotropic} 분포가 필요할 때 좋다. 인스턴스 변수 explain_variance_ratio_를 통해 설명된 분산 비율을 알 수 있으며, 이 값은 각 단일 구성 요소에 의해 수행되는 전체 분산의 부분을 나타낸다.

```
>>> pca.explained_variance_ratio_
array([ 0.14890594, 0.13618771, 0.11794594, 0.08409979, 0.05782415,
        0.0491691 , 0.04315987, 0.03661373, 0.03353248, 0.03078806,
        0.02372341, 0.02272697, 0.01821863, 0.01773855, 0.01467101,
        0.01409716, 0.01318589, 0.01248138, 0.01017718, 0.00905617,
        0.00889538, 0.00797123, 0.00767493, 0.00722904, 0.00695889,
        0.00596081, 0.00575615, 0.00515158, 0.00489539, 0.00428887,
        0.00373606, 0.00353274, 0.00336684, 0.00328029, 0.0030832 ,
        0.00293778])
```

다음은 MNIST 숫자에 대한 플롯이다. 왼쪽 그래프는 분산 비율을 나타내고 오른쪽 그래프는 누적 분산을 나타낸다. 그래프에 근거해 정보 측면에서 첫 번째 구성 성분이 왜 가장 중요한 구성 요소인지와 다음 구성 요소는 분류기가 폐기할 수 있는 세부 정보를 제공하는지를 이해할 수 있다.

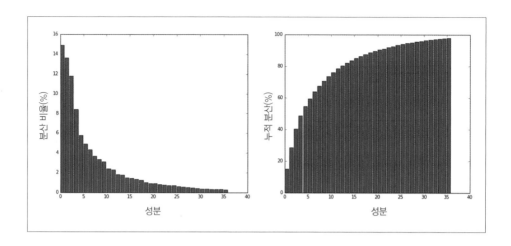

예상대로 전체 분산에 대한 기여도는 다섯 번째 성분부터 크게 줄어들기 때문에 정보의 손실 없이 원래의 차원을 줄일 수 있다. 따라서 잘못된 클래스를 학습하는 알고리즘을 유도할 수 있다. 앞의 그래프에서 0과 1 사이의 백색화^{whitening}와 정규화^{normalization}를 통해 처음 36개의 성분으로 동일한 자필 숫자를 재작성했다. 원본 이미지를 얻으려면 모든 신규 벡터를 역변환$^{inverse-transform}$해 원래 공간에 투영해야 한다.

```
>>> X_rebuilt = pca.inverse_transform(X_pca)
```

결과는 다음과 같다.

이 과정은 잡음^{noise}과 원치 않는 기여^{contribution}와 관련된 잔류 분산을 제거해 초기 이미지의 노이즈를 부분적으로 제거한다. 거의 모든 자필^{calligraphy}은 인식을 위한 일부 구조 요소를 왜곡시켜 버린다.

또한 다른 성분(설명된 분산 데이터를 사용함)과 n_components = 'mle'(최상의 차원을 자동 선택함, Minka T.P, Automatic Choice of Dimensionality for PCA, NIPS 2000:598–604)를 시도해보자.

> scikit-learn은 SVD(Singular Value Decomposition)로 PCA 문제를 해결한다. 이 방법은 데이비드 풀의 『선형대수학』(수학교재편찬위원회, 2016)을 참고하자. 파라미터 값을 'auto', 'full', 'arpack', 'randomized'으로 설정해 svd_solver의 알고리즘을 제어한다. Apack는 정리된 SVD를 구현한다. 랜덤화는 많은 단일 벡터를 버리고 실제 성분의 수가 현저하게 작은 고차원 데이터셋으로도 매우 우수한 성능을 얻을 수 있는 근사 알고리즘을 기반으로 한다.

음수 미포함 행렬 분해

데이터셋이 음수가 없는 요소로 구성돼 있다면, 표준 PCA 대신 음수 미포함 행렬 분해 non-negative matrix factorization, NNMF를 사용할 수 있다. 이 알고리즘은 프로베니우스 노름 Frobenius norm에 근거해 손실 함수를 최적화한다.

$$L = \frac{1}{2} \|X - WH\|_{Frob}^2$$

여기서 $\|A\|_{Frob}^2 = \sqrt{\sum_i \sum_j |a_{ij}|^2}$이 성립한다.

$dim(X) = n \times m$이면 $dim(W) = n \times p$이고 $dim(H) = p \times m$이다. p는 요청된 성분의 수 (n_components 파라미터)와 같다. 이 파라미터는 일반적으로 초기 차원인 n과 m보다 작다.

최종 재구성은 순전히 부가적additive이지만, 음수negative를 갖는 요소가 있는 이미지나 텍스트에 대해 특히 효율적이라는 것이 입증됐다. 다음 코드는 아이리스iris 데이터셋(음수가 아닌)을 대상으로 하는 예제다. init 파라미터는 데이터 행렬이 처음 처리되는 방법을 결정하는 다른 여러 값(문서 참조)을 가정할 수 있다. 랜덤 선택은 척도만 적용되고 SVD가 수행되지 않은 양수non-negative 행렬에 대한 것이다.

```
from sklearn.datasets import load_iris
from sklearn.decomposition import NMF
```

```
>>> iris = load_iris()
>>> iris.data.shape
(150L, 4L)

>>> nmf = NMF(n_components=3, init='random', l1_ratio=0.1)
>>> Xt = nmf.fit_transform(iris.data)

>>> nmf.reconstruction_err_
1.8819327624141866

>>> iris.data[0]
array([ 5.1, 3.5, 1.4, 0.2])
>>> Xt[0]
array([ 0.20668461, 1.09973772, 0.0098996 ])
>>> nmf.inverse_transform(Xt[0])
array([ 5.10401653, 3.49666967, 1.3965409 , 0.20610779])
```

다른 요인 분해^{factorization} 방법과 함께 NNMF는 추천 시스템 및 토픽 모델링과 같은 고급 기술에 사용한다.

 NNMF는 파라미터 초기화와 정규화에 매우 민감하므로 자세한 내용은 원본 설명서(http://scikit-learn.org/stable/modules/generated/sklearn.decomposition.NMF.html)를 읽어보라.

희소 PCA

scikit-learn은 특정 문제를 해결할 수 있는 다양한 주성분 분석^{principal component analysis, PCA} 변형 방법을 제공한다. 이와 관련된 문서를 읽어보자. 여기서는 희소 PCA에 대해 언급한다. 이 분석 방법은 주성분을 추출하는 동안 자연스럽게 데이터의 희소성을 사용할 수 있도록 한다. 여러분이 손으로 쓴 숫자나 다른 이미지를 고려하면, 초기 차원은 상당히 높을 수 있다. 예를 들어 10×10 이미지는 100개의 특징을 갖는다. 그러나 표준 PCA를 적용해 모든 샘플을 동일한 구성 요소로 재구축할 수 있다고 가정해보면 가장 중요한 평균 특징만을 선택한다. 단순화하면 다음과 같다.

$$y_R = c_1 y_{R1} + c_2 y_{R2} + \cdots + c_g y_{Rg}$$

다른 측면에서 보면, 항상 제한된 수의 성분을 사용할 수 있지만, 밀도가 높은 투영 행렬 projection matrix에 의해 주어진 제한은 없다. 이러한 기능은 0이 아닌 요소의 수가 매우 적은 희소 행렬(또는 벡터)을 사용해 실행할 수 있다. 이런 방식으로 각 요소는 특정 성분을 사용해 재구축할 수 있다. 대부분의 경우 특정 성분은 가장 중요하다. 일반적으로 이러한 특정 성분은 고밀도 PCA에 의해 제거되는 요소를 포함한다. 이전 표현식은 다음과 같다.

$$y_R = (c_1 y_{R1} + c_2 y_{R2} + \cdots + c_g y_{Rg)} + (0 \cdot y_{Rg+1} + 0 \cdot y_{Rg+2} + \cdots + 0 \cdot y_{Rm})$$

여기서 널이 아닌 성분은 첫 번째 블록에 배치됐으며 다른 모든 0항이 분리됐다. 널이 아닌 성분은 이전 식과 동일한 순서를 갖지 않는다. 선형 대수학의 관점에서 벡터 공간은 이제 원래의 차원을 갖는다. 그러나 sciky.parse가 제공하는 희소 행렬의 기능을 사용하면 scikit-learn은 기존 PCA보다 이 문제를 효율적으로 해결할 수 있다.

다음은 희소 주성분 분석Sparse PCA을 수행하는 코드로 파라미터인 성분n_components을 60으로 설정했다. 여기서 희소성의 양은 $L1$-표준 정규화L1-norm regularization를 통해 조정할 수 있다. 알파 파라미터의 값이 높을수록 보다 많은 희소 결과가 나타난다. 이 접근법은 분류 알고리즘에서 매우 일반적으로 사용되며 4장, '선형 회귀'에서 설명한다.

```
from sklearn.decomposition import SparsePCA

>>> spca = SparsePCA(n_components=60, alpha=0.1)
>>> X_spca = spca.fit_transform(digits.data / 255)

>>> spca.components_.shape
(60L, 64L)
```

SciPy 희소 행렬에 대한 자세한 내용은 https://docs.scipy.org/doc/scipy-0.18.1/ reference/sparse.html을 참고하라.

커널 PCA

7장, '지지 벡터 머신'에서 커널 메서드에 대해 소개하겠지만, 비선형으로 분리 가능한 데 이터셋에 대해 PCA를 수행하는 KernelPCA 클래스를 소개한다. 이 접근법은 간단하지 않 지만 해당 로직을 이해하기 위해 각 샘플을 선형으로 분리할 수 있는 특정 공간으로 투영 하는 것을 고려해본다. 이 공간의 구성 요소는 첫 번째, 두 번째, ... 주성분principal components에 해당하며 커널 PCA 알고리즘은 개별 주성분에 샘플 투영을 실행한다.

blob 내부에 원으로 구성된 데이터셋을 살펴보자.

```
from sklearn.datasets import make_circles

>>> Xb, Yb = make_circles(n_samples=500, factor=0.1, noise=0.05)
```

그래픽으로 표현하면 다음과 같다. 이 경우 기존의 PCA 방법은 기존 구성 요소의 비선형 종속성을 감지할 수 없다. 투영 결과가 원본 데이터셋과 동일하다는 것을 확인할 수 있 다. 그러나 샘플을 살펴보고 극좌표(모든 점을 투영할 수 있는 공간)를 사용하면, 반지름만 고 려해 두 집합을 쉽게 구분할 수 있다.

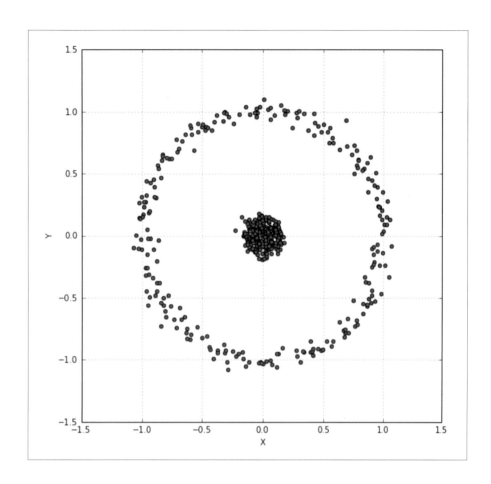

데이터셋의 구조를 고려할 때 방사형 기저 함수 커널^{radial basis function kernel}을 사용해 PCA
의 동작을 살펴보는 것이 가능하다. 감마의 기본값은 1.0/특징 개수이므로(지금은 이 파라
미터가 가우시안 분산에 반비례하다고 간주함) 외부 원을 캡처하려면 이 파라미터를 증가시켜
야 한다. 값이 1.0이면 충분하다.

```
from sklearn.decomposition import KernelPCA

>>> kpca = KernelPCA(n_components=2, kernel='rbf',
fit_inverse_transform=True, gamma=1.0)
>>> X_kpca = kpca.fit_transform(Xb)
```

인스턴스 변수 X_transformed_fit_는 새로운 공간에 데이터셋을 투영^{projection}한 결과를 갖는다. 투영 결과를 표시하면 다음과 같다.

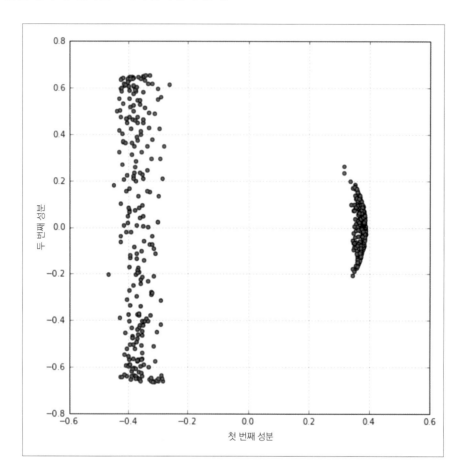

플롯은 기대했던 것과 같은 분리 결과를 보여준다. 중앙 blob에 속한 포인트는 중심으로 부터의 거리에 더 민감하기 때문에 곡선 분포를 한다는 것을 알 수 있다.

커널 PCA는 데이터셋이 구성 성분의 함수(특히 방사형 기저나 다항식)가 될 수 있는 요소로 구성된 것으로 생각해볼 때 강력한 도구다. 다만 이 경우에 있어 이들 사이의 선형 관계 를 결정할 수는 없다.

▌ 원자 추출 및 딕셔너리 학습

딕셔너리 학습은 원자의 희소 딕셔너리(주성분과 유사함)에서 시작해 샘플을 재구성할 수 있는 기술이다. 2009년 29회 국제 머신 러닝 학회 프로시딩에서 마이랄[Mairal J.], 배치[Bach F.], 폰스[Ponce J.], 스피로[Sapiro G.], 코딩[Coding S.]이 발표한 "Online Dictionary Learning for Sparse Coding"에서 scikit-learn이 채택한 동일한 온라인 전략 방법을 읽어볼 수 있다. 이 방법은 더블 최적화 문제로 요약할 수 있다.

$$X = \{\bar{x}_1, \bar{x}_2, \dots, \bar{x}_n\}$$

여기서 $\bar{x}_i \in \mathbb{R}^m$이다.

입력 데이터셋과 목표는 각 샘플에 대한 딕셔너리 D와 가중값 집합을 찾아내는 것이다.

$$\boldsymbol{D} \in \mathbb{R}^{m \times k} \quad \text{그리고} \quad A = \{\bar{\alpha}_1, \bar{\alpha}_2, \dots, \bar{\alpha}_m\}$$

여기서 $\bar{\alpha}_n \in \mathbb{R}^k$이다.

훈련 과정 후에 입력 벡터는 다음과 같이 계산할 수 있다.

$$\bar{x}_i = \boldsymbol{D}\bar{\alpha}_i$$

D와 알파벡터 모두를 포함하는 최적화 문제는 다음 손실 함수의 최소화로 표현할 수 있다.

$$L(\boldsymbol{D}, A) = \frac{1}{2} \sum_i \|x_i - D\bar{\alpha}_i\|_2^2 + c \|\bar{\alpha}_i\|_1$$

여기서 파라미터 c는 희소 정도를 제어한다. 희소 정도는 $L1$ 정규화의 강도에 비례한다. 이 문제는 안정된 점에 도달할 때까지 최소 제곱 변수를 교대로 적용해 해결할 수 있다.

scikit-learn에서 DictionaryLearning 클래스로 이러한 알고리즘을 구현할 수 있다(일반적인 MNIST 데이터셋을 사용함). 여기서 n_components는 원자 수와 같다.

```
from sklearn.decomposition import DictionaryLearning

>>> dl = DictionaryLearning(n_components=36, fit_algorithm='lars',
transform_algorithm='lasso_lars')
>>> X_dict = dl.fit_transform(digits.data)
```

각 성분을 표시하면 다음과 같다.

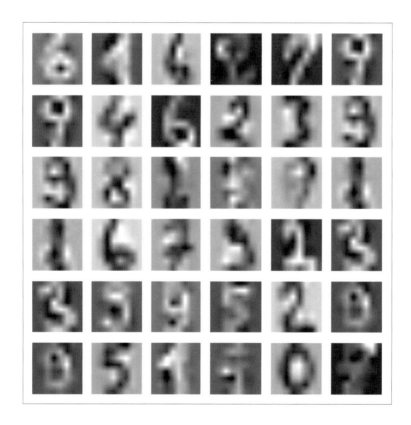

> ℹ️ 이 프로세스는 로우-엔드 시스템에서 매우 많은 시간이 소모된다. 따라서 이러한 경우에는 샘플 수를 20개나 30개로 제한하는 것이 좋다.

▌참고 문헌

- Freedman D., Pisani R., Purves R., Statistics, Norton & Company
- Gareth J., Witten D., Hastie T., Tibshirani R., An Introduction to Statistical Learning: With Application in R, Springer
- Poole D., Linear Algebra, Brooks Cole
- Minka T.P, Automatic Choice of Dimensionality for PCA, NIPS 2000: 598-604
- Mairal J., Bach F., Ponce J., Sapiro G., Online Dictionary Learning for Sparse Coding, Proceedings of the 29th International Conference on Machine Learning, 2009

▌요약

특징 선택은 머신 러닝 파이프 라인에서 첫 단계이며 때로는 가장 중요한 단계다. 모든 특징은 목적에 유용하지 않으며 그중 일부는 다른 표기법을 사용해 표현되기 때문에 추가 작업 전에 데이터셋을 사전에 처리해야 하는 경우가 있다.

랜덤 셔플shuffle을 사용해 데이터를 훈련과 테스트 집합으로 분할하는 방법과 누락된 요소를 관리하는 방법을 살펴봤다. 또한 범주형 데이터나 레이블을 관리하는 데 사용하는 기술을 설명했다. 이러한 범주형 데이터나 레이블은 어떤 특징이 개별 값을 갖는 집합만 사용하는 경우, 매우 일반적이다.

다음으로 차원 문제$^{problem\ of\ dimensionality}$를 분석했다. 일부 데이터셋은 상호 연관성이 있는 많은 특징을 포함하므로 새로운 정보는 제공하지 않지만 계산 복잡성을 증가시키며 모델의 전반적인 성능은 감소시킨다. PCA는 총 분산의 가장 큰 양^{amount}을 갖는 하위 집합만을 선택하는 방법이다. 이 접근법은 변화와 함께 특징을 역상관^{decorrelate}시키고 정확도 측면에서 큰 손실 없이 차원을 축소시킨다. 딕셔너리 학습은 각 샘플을 다시 빌드하는 데 필요한 정보와 함께 데이터셋에서 제한된 수의 빌딩 블록을 추출하는 데 사용되는 기술이다. 이 방법은 데이터셋이 유사한 요소(이미지, 문자 또는 숫자)의 다양한 버전으로 구성돼 있는 경우 특히 유용하다.

4장, '선형 회귀'에서는 연속형 종속 변숫값을 예측하는 데 가장 많이 사용하며, 간단한 지도학습 방법인 선형 회귀에 대해 설명한다. 또한 몇 개의 한계점을 극복하는 방법과 동일한 알고리즘을 사용해 비선형 문제를 해결하는 방법에 대해서도 알아본다.

04

선형 회귀

선형 모델은 가장 단순한 파라메트릭 방법이며, 본질적으로 많은 비선형 문제가 이러한 모델로 쉽게 해결될 수 있기 때문에 잘 알아둬야 한다. 회귀 분석은 목적 변수가 연속형이고 적용 분야가 예측이므로 선형 모델을 데이터에 어떻게 근사시킬 수 있는지, 강점과 약점은 무엇인지, 대안을 선택하는 것이 바람직한지를 이해해야 한다. 4장의 마지막 부분에서는 비선형 데이터를 효율적으로 분석하는 방법을 소개한다.

▌ 선형 모델

실수 벡터의 데이터셋을 생각해보자.

$$X = \{\bar{x}_1, \bar{x}_2, ..., \bar{x}_n\}$$

여기서 $\bar{x}_i \in \mathbb{R}^m$이다.

각 입력 벡터는 실제 값 y_i와 연관돼 있다.

$$Y = \{y_1, y_2, ..., y_n\}$$

여기서 $y_n \in \mathbb{R}$이다.

선형 모델은 규칙을 기반으로 한 회귀 분석 과정을 통해 출력값을 추정하는 것이 가능하다는 가정에 근거한 분석 방법이다.

$$\tilde{y} = \alpha_0 + \sum_{i=1}^{m} \alpha_i x_i$$

여기서 $A = \{\alpha_0, \alpha_1, ..., \alpha_m\}$이다.

다시 말해 데이터셋과 다른 모든 미지의 점이 하이퍼플레인에 놓여 있고, 최대 오차는 훈련 품질과 원래의 데이터셋의 적응성에 비례한다는 가정이 있다. 가장 일반적인 어려운 문제 중 하나는 데이터셋이 비선형이고 다른 모델(예: 신경망 또는 커널 지지 벡터 머신)을 고려해야 하는 경우다.

▌ 2차원 예제

−6과 6 사이의 경계에 속한 점에 균일한 노이즈를 추가해 만든 작은 데이터셋을 생각해보자. 원래 방정식은 $y = x + 2 + n$이다. 여기서 n은 노이즈다.

다음 그림은 후보 회귀 함수를 갖는 플롯이다.

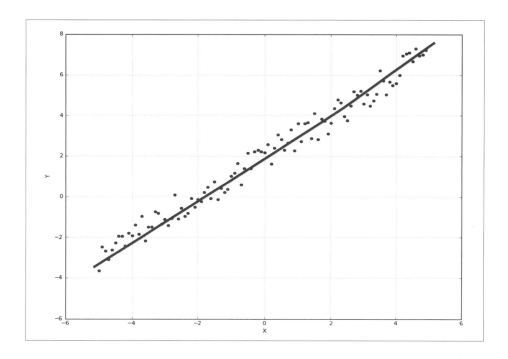

평면을 대상으로 분석할 때, 알아내야 하는 회귀 변수는 단지 2개의 파라미터(기울기, 절편)다.

$$\tilde{y} = \alpha + \beta x$$

모델에 근사시키려면 최상의 파라미터를 찾아야 하고, 보통 최소 제곱법을 사용한다. 최소화해야 하는 손실 함수는 다음과 같다.

$$L = \frac{1}{2}\sum_{i=1}^{n} \|\tilde{y}_i - y_i\|_2^2$$

위 식의 $\tilde{y}$에 $\alpha + \beta x$를 대입한 결과는 다음과 같다.

$$L = \frac{1}{2}\sum_{i=1}^{n} (\alpha + \beta x_i - y_i)^2$$

분석적 접근 방식을 통해 전역 최솟값을 찾으려면 다음 방법을 사용해야 한다.

$$\begin{cases} \dfrac{\partial L}{\partial \alpha} = \displaystyle\sum_{i=1}^{n} (\alpha + \beta x_i - y_i) = 0 \\ \dfrac{\partial L}{\partial \beta} = \displaystyle\sum_{i=1}^{n} (\alpha + \beta x_i - y_i) x_i = 0 \end{cases}$$

따라서 다음 두 변수를 모두 포함하는 벡터를 사용한다.

```python
import numpy as np

def loss(v):
    e = 0.0
    for i in range(nb_samples):
        e += np.square(v[0] + v[1]*X[i] - Y[i])
    return 0.5 * e
```

기울기^{gradient}는 다음과 같이 정의한다.

```python
def gradient(v):
    g = np.zeros(shape=2)
    for i in range(nb_samples):
        g[0] += (v[0] + v[1]*X[i] - Y[i])
        g[1] += ((v[0] + v[1]*X[i] - Y[i]) * X[i])
    return g
```

이제 SciPy를 사용해 최적화 문제를 해결한다.

```python
from scipy.optimize import minimize

>>> minimize(fun=loss, x0=[0.0, 0.0], jac=gradient, method='L-BFGS-B')
fun: 9.7283268345966025
   hess_inv: <2x2 LbfgsInvHessProduct with dtype=float64>
```

```
       jac: array([ 7.28577538e-06, -2.35647522e-05])
   message: 'CONVERGENCE: REL_REDUCTION_OF_F_<=_FACTR*EPSMCH'
      nfev: 8
       nit: 7
    status: 0
   success: True
         x: array([ 2.00497209, 1.00822552])
```

예상대로 회귀 분석을 통해 데이터셋의 노이즈를 제거했고, 원래의 방정식 $y = x + 2$를 재구성해 분석했다.

scikit-learn을 이용한 고차원 선형 회귀

scikit-learn은 n차원 공간에서 작동하는 LinearRegression 클래스를 제공한다. 이 클래스를 이용해 Boston 데이터셋의 선형 회귀 분석을 한다.

```
from sklearn.datasets import load_boston

>>> boston = load_boston()

>>> boston.data.shape
(506L, 13L)
>>> boston.target.shape
(506L,)
```

분석 대상 데이터는 13개의 입력 특징과 1개의 출력을 갖는 506개의 샘플이다. 다음 그림은 첫 12개 특징의 플롯이다.

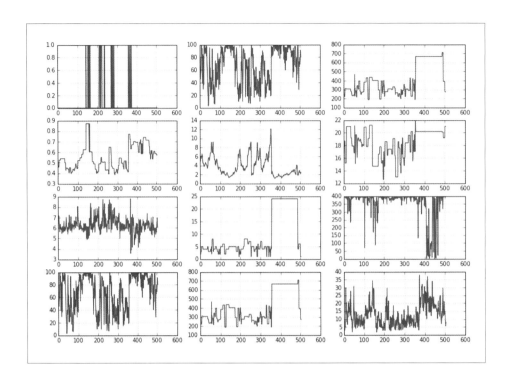

 데이터셋을 사용해 작업할 때는 데이터를 조작하기 위해 테이블 뷰를 사용하는 것이 좋다. 판다스(pandas)는 이 작업을 위한 완벽한 프레임워크이며, `pandas.DataFrame(boston.data, columns = boston.feature_names)` 명령으로 데이터 프레임을 만들고 주피터를 사용해 시각화할 수 있다. 자세한 내용은 헤이트(Heydt M.)가 저술한 『Pandas로 하는 데이터 과학 2/e』(에이콘출판, 2018)을 참고하라.

분석 데이터에는 다양한 척도와 이상값(3장, '특징 선택과 특징 엔지니어링'에서 학습한 방법을 사용해 제거할 수 있음)이 있으므로 분석 전에 정규화하는 것이 좋다. 또한 테스트 목적으로 원본 데이터셋을 훈련용(90%) 및 테스트용(10%) 집합으로 분리한다.

```
from sklearn.linear_model import LinearRegression
from sklearn.model_selection import train_test_split

>>> X_train, X_test, Y_train, Y_test = train_test_split(boston.data,
boston.target, test_size=0.1)

>>> lr = LinearRegression(normalize=True)
>>> lr.fit(X_train, Y_train)
LinearRegression(copy_X=True, fit_intercept=True, n_jobs=1, normalize=True)
```

원래 데이터셋이 충분히 크지 않은 경우, 훈련 및 테스트 집합으로 분리하면 모델을 훈련[fit] 시키는 데 사용할 수 있는 샘플 수가 줄어든다. k-폴드[fold] 교차 검증은 이 문제를 다른 전략으로 해결한다. 전체 데이터셋은 훈련을 위해 항상 k-1 폴드를 사용하고 모델을 검증하기 위해 나머지 1개의 폴드를 사용해 k-폴드로 분할한다. K 반복은 항상 다른 유효성 검사를 사용해 실행한다. 다음 그림은 3-폴드/반복을 수행한 예제다.

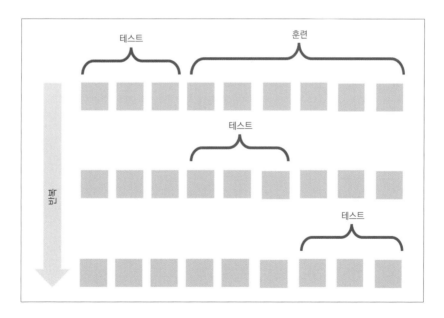

이 방법으로 최종 점수는 모든 값의 평균으로 결정될 수 있으며, 모든 샘플은 $k-1$번 훈련을 위해 선택된다.

scikit-learn은 회귀 모델의 정확성을 확인할 수 있도록 테스트 데이터를 이용해 모델을 평가하는 내부 메서드 score(X, y)를 제공한다.

```
>>> lr.score(X_test, Y_test)
0.773719960006718879
```

전반적인 정확도는 약 77%로 원래 데이터셋의 비선형성을 고려하면 수용 가능한 결과다. 하지만 train_test_split(이 사례의 경우처럼)에 의한 하위 분할의 영향을 받을 수도 있다. 그 대신, k-폴드 교차 검증을 위해 모든 분류기와 함께 작동하는 cross_val_score() 함수를 사용할 수 있다. 점수 파라미터는 테스트 목적으로 채택할 평기 항목을 결정하기 때문에 매우 중요하다. LinearRegression은 일반적으로 최소 제곱으로 작동하므로 평균 제곱 오차를 사용한다. 이 값은 실제 값(상대 값이 아님)으로 계산한 누적합이다.

```
from sklearn.model_selection import cross_val_score

>>> scores = cross_val_score(lr, boston.data, boston.target, cv=7,
scoring='neg_mean_squared_error')
array([ -11.32601065, -10.96365388, -32.12770594, -33.62294354,
        -10.55957139, -146.42926647, -12.98538412])

>>> scores.mean()
-36.859219426420601
>>> scores.std()
45.704973900600457
```

회귀 분석에 사용된 또 다른 매우 중요한 측정 지표를 결정 계수(coefficient of determination 또는 R^2)라고 한다. 이 값은 데이터셋으로 설명되는 예측에 대한 분산의 양이다. 잔차로 다음과 같은 양을 정의할 수 있다.

$$\forall\, i \in (0, n)\ \ r_i = x_i - \tilde{x}_i$$

잔차는 표본과 예측의 차이다. 따라서 R^2는 다음과 같이 정의한다.

$$R^2 = 1 - \frac{\sum_i r_i^2}{\sum_i (x_i - E[X])^2}$$

R^2 값이 1에 가까울수록 거의 완벽한 회귀 모델이 되며, 0(또는 음수)에 설명력이 낮은 모델을 의미한다. 교차 검증cross-validaiton을 사용하면 이 측정 방법을 매우 쉽게 사용할 수 있다.

```
>>> cross_val_score(lr, X, Y, cv=10, scoring='r2')
0.75
```

회귀 분석 표현

모델(하이퍼플레인)의 표현식을 구하면 LinearRegression은 2개의 인스턴스 변수인 intercept_과 coef_를 제공한다.

```
>>> print('y = ' + str(lr.intercept_) + ' ')
>>> for i, c in enumerate(lr.coef_):
        print(str(c) + ' * x' + str(i))

y = 38.0974166342
-0.105375005552 * x0
0.0494815380304 * x1
0.0371643549528 * x2
3.37092201039 * x3
-18.9885299511 * x4
3.73331692311 * x5
0.00111437695492 * x6
```

```
-1.55681538908 * x7
0.325992743837 * x8
-0.01252057277 * x9
-0.978221746439 * x10
0.0101679515792 * x11
-0.550117114635 * x12
```

다른 모델의 경우, 예측은 메서드 predict(X)를 통해 실행할 수 있다. 시험삼아 훈련 데이터에 가우시안 노이즈를 일부 추가하고 회귀 분석을 해 파라미터 값을 예측할 수 있다.

```
>>> X = boston.data[0:10] + np.random.normal(0.0, 0.1)

>>> lr.predict(X)
array([ 29.5588731 , 24.49601998, 30.0981552 , 28.01864586,
        27.28870704, 24.65881135, 22.46335968, 18.79690943,
        10.53493932, 18.18093544])

>>> boston.target[0:10]
array([ 24. , 21.6, 34.7, 33.4, 36.2, 28.7, 22.9, 27.1, 16.5,
18.9])
```

모델 예측이 이상적으로 수행되지 않는 데는 무엇보다도 비선형성이나 이상값과 같은 문제가 있다고 할 수 있다. 일반적으로 선형 회귀 모델은 완전한 솔루션이 아니다. 해스티[Hastie T.], 티브시라니[Tibshirani R.], 프리드먼[Friedman J.]이 저술한 『The Elements of Statistical Learning』(Springer, 2016)을 읽어보면 회귀 분석의 장단점에 대해 상세하게 알 수 있다. 이 경우에는 낮은 순위의 X 행렬로 이어지는 공선성[collinearities]이 문제였다. 이와 같이 노이즈에 민감한 조건은 분석을 어렵게 하는 행렬을 만들기 때문에 일부 파라미터를 추정하는 데 문제가 된다. 이러한 문제 발생의 위험을 줄이고 보다 견고한 솔루션을 제공하려는 목적으로 다음과 같은 방법이 개발됐다.

▌ 릿지, 라소 및 엘라스틱 넷

릿지 회귀는 제곱한 *L2* 노름^{norm}을 제한하기 위해 최소 제곱 손실 함수에 추가 수축 벌점을 부과한다.

$$L(\overline{w}) = \|X\overline{w} - \overline{y}\|_2^2 + \alpha\|\overline{w}\|_2^2$$

이 경우 X는 모든 샘플을 열^{column}로 표현한 행렬, w는 가중값 벡터가 된다. 추가 항인 계수 α는 손실 함수가 다중 공선성이나 불량 조건으로 인해 w가 무한한 값을 갖지 않도록 한다. 이 경우 α 값이 크면 강력한 정규화^{regularization}와 가중값 w는 작은 값을 갖게 된다. 다음 그림은 릿지 벌점$^{Ridge\ penalty}$을 이용한 결과다.

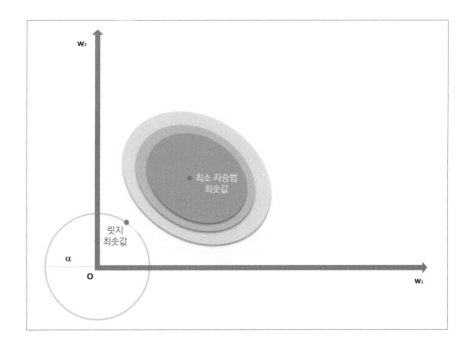

회색 표면은 손실 함수를 나타낸다. 여기서는 간단히 2개의 가중값으로만 작업한다. 원의 중심 O는 릿지 조건에 의해 부과된 경계다. 최솟값은 상대적으로 작은 w 값을 가지며 터무니 없는 이상값 추정을 방지해준다.

다음은 LinearRegression과 Ridge를 교차 유효성^{cross validation} 검사로 비교한 내용이다.

```
from sklearn.datasets import load_diabetes
from sklearn.linear_model import LinearRegression, Ridge

>>> diabetes = load_diabetes()

>>> lr = LinearRegression(normalize=True)
>>> rg = Ridge(0.001, normalize=True)

>>> lr_scores = cross_val_score(lr, diabetes.data, diabetes.target, cv=10)
>>> lr_scores.mean()
0.46196236195833718

>>> rg_scores = cross_val_score(rg, diabetes.data, diabetes.target, cv=10)
>>> rg_scores.mean()
0.46227174692391299
```

때로는 적합한 알파(릿지 계수) 값을 찾는 것을 바로 수행할 수 없는 경우도 있다. scikit-learn은 RidgeCV 클래스를 제공하며, 그리드 검색을 자동으로 수행해 가장 좋은 추정치를 반환한다.

```
from sklearn.linear_model import RidgeCV

>>> rg = RidgeCV(alphas=(1.0, 0.1, 0.01, 0.005, 0.0025, 0.001, 0.00025),
normalize=True)
>>> rg.fit(diabetes.data, diabetes.target)

>>> rg.alpha_
0.0050000000000000001
```

라소 회귀 분석기는 잠재적으로 많은 수의 널 계수를 결정하기 위해 w의 $L1$ 노름에 벌점을 부과한다.

$$L(\overline{w}) = \frac{1}{2n}\|X\overline{w} - \overline{y}\|_2^2 + \alpha\|\overline{w}\|_1$$

희소성[sparsity]은 벌점항[penalty term]의 결과다. 수학적 증명은 생략한다.

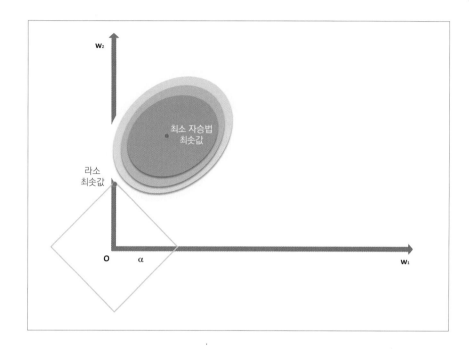

이 경우, 다른 모든 가중값이 0인 반면, 컴포넌트가 널이 아닌 정점[vertices]이 존재한다. 정점과의 교차 확률은 가중값 벡터(w)의 차원에 비례하므로 라소 회귀 모델[Lasso Regressor]을 훈련시키면 일반적으로 희소 모델을 발견한다.

다음은 당뇨병 데이터셋[diabetes.data]을 라소 모델로 분석한 내용이다.

```
from sklearn.linear_model import Lasso

>>> ls = Lasso(alpha=0.001, normalize=True)
>>> ls_scores = cross_val_score(ls, diabetes.data, diabetes.target, cv=10)
>>> ls_scores.mean()
0.46215747851504058
```

라소의 경우 최상의 알파 파라미터에 대한 그리드 검색을 실행할 수 있다. 이 경우 사용 가능한 클래스는 LassoCV고, 분석 로직은 릿지와 유사하다. 라소는 scipy.sparse 클래스를 통해 생성된 희소 데이터에서 효율적으로 실행할 수 있으므로 부분 근사^{fitting}가 필요 없는 상대적으로 큰 모델을 훈련시킬 수 있다.

```
from scipy import sparse

>>> ls = Lasso(alpha=0.001, normalize=True)
>>> ls.fit(sparse.coo_matrix(diabetes.data), diabetes.target)
Lasso(alpha=0.001, copy_X=True, fit_intercept=True, max_iter=1000,
   normalize=True, positive=False, precompute=False, random_state=None,
   selection='cyclic', tol=0.0001, warm_start=False)
```

> ⓘ 방대한 양의 데이터로 작업할 때, 일부 모델은 메모리 용량 문제로 모델을 훈련시킬 수 없는 문제가 발생한다. scikit-learn은 릿지, 라소, 선형 회귀(Linear Regression)와 매우 유사한 방식으로 작동하는 확률 경사 하강과 같은 몇 가지 모델을 제공한다. 이 모델은 `partial_fit( )` 메서드도 제공한다. `Partial_fit( )` 메서드는 파이썬 생성기를 통해 훈련을 연속 실행할 수 있다. 상세한 내용은 http://scikit-learn.org/stable/modules/linear_model.html#stochastic-gradient-descent-sgd를 참조하자.

마지막 대안은 일래스틱 넷^{ElasticNet}이다. 이 방법은 라소와 릿지를 하나의 모델로 결합한 방법으로 2개의 벌점 요인^{penalty factors}을 갖는다. 벌점 요인중 하나는 *L1* 노름에 비례하며, 나머지 하나는 *L2* 노름에 비례한다. 일래스틱 넷의 결과 모델은 순수 라소처럼 희소하지만 릿지가 제공한 것과 동일한 정규화 기능을 갖는다. 일래스틱 넷의 손실 함수는 다음과 같다.

$$L(\overline{w}) = \frac{1}{2n} \|X\overline{w} - \overline{y}\|_2^2 + \alpha\beta \|\overline{w}\|_1 + \frac{\alpha(1-\beta)}{2} \|\overline{w}\|_2^2$$

일레스틱 넷 클래스는 알파 파라미터가 l1_ratio(앞의 수식에서 베타)와 함께 작동하는 기능을 제공한다. 일레스틱 넷의 주된 특징은 *L1* 및 *L2* 노름의 균형 있는 동작을 통해 상호 상관 관계가 있는 특징을 선택적으로 배제하는 것을 방지해준다.

다음은 일레스틱 넷과 ElasticNetCV 클래스를 모두 사용한 예제다.

```
from sklearn.linear_model import ElasticNet, ElasticNetCV

>>> en = ElasticNet(alpha=0.001, l1_ratio=0.8, normalize=True)
>>> en_scores = cross_val_score(en, diabetes.data, diabetes.target, cv=10)
>>> en_scores.mean()
0.46358858847836454

>>> encv = ElasticNetCV(alphas=(0.1, 0.01, 0.005, 0.0025, 0.001),
l1_ratio=(0.1, 0.25, 0.5, 0.75, 0.8), normalize=True)
>>> encv.fit(dia.data, dia.target)
ElasticNetCV(alphas=(0.1, 0.01, 0.005, 0.0025, 0.001), copy_X=True,
cv=None,
        eps=0.001, fit_intercept=True, l1_ratio=(0.1, 0.25, 0.5, 0.75, 0.8),
        max_iter=1000, n_alphas=100, n_jobs=1, normalize=True,
        positive=False, precompute='auto', random_state=None,
        selection='cyclic', tol=0.0001, verbose=0)

>>> encv.alpha_
0.001
>>> encv.l1_ratio_
0.75
```

▌ 랜덤 샘플 합의-기반 견고한 회귀

일반적으로 선형 회귀 문제는 이상값 때문에 발생한다. 보통 최소 제곱 접근법은 이상값을 포함해 문제를 해결하므로 계수를 편향된 값으로 추정한다. 다음은 이러한 문제를 보여주는 사례다.

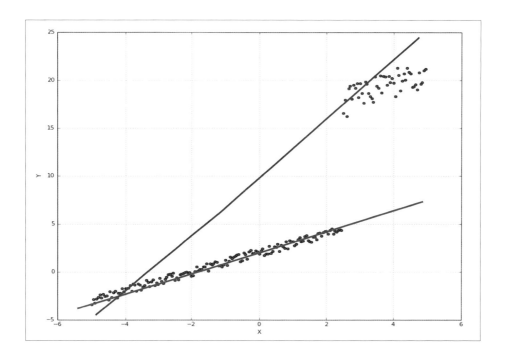

기울기가 적은 선은 이상값을 고려하지 않은 회귀 분석 결과이고 나머지 하나는 이상값을 모두 고려한 회귀 분석 결과다. 이와 같은 문제를 피하기 위한 접근법 중 하나로 랜덤 샘플 합의^{RANdom SAmple Consensus, RANSAC}라는 방법이 있다. 이 방법은 데이터셋을 인라이어 inliers와 아웃 라이어^{outliers}로 구분해 회귀 분석을 수행하는 작업을 반복적으로 수행한다. 이 모델은 내부 계산이나 is_data_valid( )를 이용해 유효한 샘플만으로 훈련시킨다. 모델을 훈련시킨 이후에 모든 샘플을 인라이어와 아웃라이어로 재평가한다. 사전에 설정해놓은 반복 횟수에 도달하거나 원하는 점수를 달성하면 프로세스를 종료한다.

다음은 이전 그림에 표시된 데이터셋에 적용한 선형 회귀 분석 내용이다.

```
from sklearn.linear_model import LinearRegression

>>> lr = LinearRegression(normalize=True)
>>> lr.fit(X.reshape((-1, 1)), Y.reshape((-1, 1)))
>>> lr.intercept_
array([ 5.500572])
>>> lr.coef_
array([[ 2.53688672]])
```

알다시피 아웃라이어가 존재하기 때문에 기울기가 높다. 따라서 결과 회귀식은 $y = 5.5 + 2.5x$이다. 이제 RANSAC을 이용해 같은 선형 회귀 분석을 실행해보자.

```
from sklearn.linear_model import RANSACRegressor

>>> rs = RANSACRegressor(lr)
>>> rs.fit(X.reshape((-1, 1)), Y.reshape((-1, 1)))
>>> rs.estimator_.intercept_
array([ 2.03602026])
>>> es.estimator_.coef_
array([[ 0.99545348]])
```

분석 결과 회귀식은 $y = 2 + x$다. 이 결과는 초기 데이터에서 이상값을 제외한 데이터셋을 대상으로 분석한 결과다.

 RANSAC에 대한 상세한 정보는 다음 웹 사이트를 참고하자.
http://scikit-learn.org/stable/modules/generated/sklearn.linear_model.RANSACRegressor.html
또 다른 강력한 회귀 방법은 다음 웹 사이트를 참고하자.
http://scikit-learn.org/stable/modules/linear_model.html#robustness-regression-outliers-and-modeling-errors.

▌ 다항회귀

다항회귀$^{\text{Polynomial regression}}$는 데이터셋에 강한 비선형 특성이 있는 경우에도 선형 모델을 사용할 수 있는 트릭에 기반을 둔 방법이다. 이 아이디어는 기존의 변수들을 이용해 계산한 여분의 변수를 추가하는 방법이다. 다음 수식에서는 다항식 조합만을 사용했다.

$$\tilde{y} = \alpha_0 + \sum_{i=1}^{m} \alpha_i x_i + \sum_{j=m+1}^{k} \alpha_j f_{Pj}(x_1, x_2, \dots, x_m)$$

여기서 f_{pj}는 다항 함수다.

예를 들어, 두 변수에 대해 초기 벡터(m 차원)를 상대적으로 높은 차원($k > m$)으로 변환해 2차 문제로 확장할 수 있다.

$$\bar{x} = (x_1, x_2) \implies \bar{x}_t = (x_1, x_2, x_1^2, x_2^2, x_1 x_2)$$

이 경우 해당 모델은 겉으로는 선형이지만 내부적으로는 비선형성을 반영할 수 있다. scikit-learn으로 구현하기 위해 다음과 같은 데이터셋을 분석해보자.

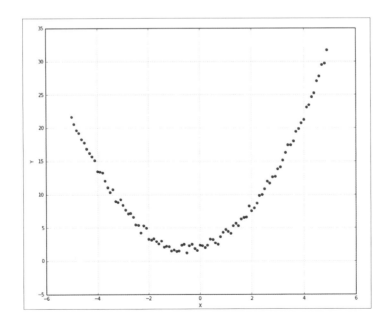

그림으로 표현한 데이터셋은 비선형이며, 선형 회귀로는 2차원 변화 패턴을 예측하기가 어렵다. 실제로 선형 회귀로 분석한 결과는 다음과 같다.

```
from sklearn.linear_model import LinearRegression

>>> lr = LinearRegression(normalize=True)
>>> lr.fit(X.reshape((-1, 1)), Y.reshape((-1, 1)))
>>> lr.score(X.reshape((-1, 1)), Y.reshape((-1, 1)))
0.10888218817034558
```

예상대로 성능이 좋지 않다. 따라서 2차 회귀를 사용해야 해당 문제를 쉽게 해결할 수 있다. 이를 위해 scikit-learn에서 제공하는 PolynomialFeatures 클래스를 사용한다. PolynomialFeatures는 파라미터 degree에 따라 원본 집합을 확장된 집합으로 변환한다.

```
from sklearn.preprocessing import PolynomialFeatures

>>> pf = PolynomialFeatures(degree=2)
>>> Xp = pf.fit_transform(X.reshape(-1, 1))

>>> Xp.shape
(100L, 3L)
```

예상대로 초기 x_1 좌표는 2차와 혼합 항을 포함하는 삼중 항으로 대체됐다. 대체된 점을 대상으로 해 선형 회귀 모델을 훈련시킨 결과는 다음과 같다.

```
>>> lr.fit(Xp, Y.reshape((-1, 1)))
>>> lr.score(Xp, Y.reshape((-1, 1)))
0.99692778265941961
```

스코어는 상당히 높으며 특징 항의 수를 증가시킨 점이 유일한 희생이라고 할 수 있다. 일반적으로 이러한 방법은 사용이 가능하다. 하지만 허용된 임계값 이상으로 특징 항의 수가 증가한다면, 차원 축소나 극단적인 해결책인 비선형 모델(예: SVM-Kernel)을 고려하는 것이 좋다. 일반적으로 SelectFromModel 클래스를 이용해 중요도에 따라 scikit-learn이 최상의 특징을 선택하도록 하는 것이 바람직하다. 사실, 특징의 수가 증가하면 모든 특징이 동일한 중요도를 갖게 될 확률이 떨어진다. 그 이유는 상관 관계와 주요/비주요 경향이 공존하기 때문이다. 이러한 결과는 회귀 분석에서 노이즈처럼 작동하므로 하이퍼플레인 기울기를 최적화할 수 없게 한다. 더욱이 다항식 확장을 사용하면 선형 분리에 사용될 수 없는 약한 특징들이 다항식 함수에 포함돼 강한 특징의 수가 감소한다.

다음은 이전 보스턴 데이터셋의 예제를 사용해 분석한 결과다. 파라미터인 임곗값은 최소 중요도 수준을 설정하는 데 사용했다. 임계값 파라미터가 없는 경우에 SelectFromModel 클래스는 최대한 많은 수의 특징을 제거해 효율성을 극대화한다.

```
from sklearn.feature_selection import SelectFromModel

>>> boston = load_boston()

>>> pf = PolynomialFeatures(degree=2)
>>> Xp = pf.fit_transform(boston.data)
>>> Xp.shape
(506L, 105L)

>>> lr = LinearRegression(normalize=True)
>>> lr.fit(Xp, boston.target)
>>> lr.score(Xp, boston.target)
0.91795268869997404

>>> sm = SelectFromModel(lr, threshold=10)
>>> Xt = sm.fit_transform(Xp, boston.target)
>>> sm.estimator_.score(Xp, boston.target)
0.91795268869997404

>>> Xt.shape
(506L, 8L)
```

임계값 파라미터인 threshold를 '10'으로 설정해 최상의 특징만 선택한 후 일관성 있는 차원 축소로 점수를 동일하게 유지한다. 분석 결과 특징 8개만 예측에 중요하다. 모든 처리 후에 초기 데이터셋으로 복귀하려면 역변환$^{inverse\_transform}$을 사용하면 된다.

```
>>> Xo = sm.inverse_transform(Xt)
>>> Xo.shape
(506L, 105L)
```

이소토닉 회귀

낮은 수준 변동(예: 잡음)을 표현할 수 있는 비감소 데이터셋에 대한 회귀 분석 방법을 알아둬야 할 필요가 있다. 데이터의 변화 패턴이 거의 일정하다는 것을 전제로 할 경우 선형 회귀 분석은 매우 좋은 예측력을 제공하는 반면, 노이즈 제거기와 같이 작동해 상세한 변화를 감지해낼 수 없는 결과를 만들어낸다. scikit-learn은 이러한 문제에 대응하기 위해 IsotonicRegression 클래스를 제공한다. 이 클래스는 대상 함수를 최소화하는 부분 보간 함수를 만들어낸다.

$$L = \sum_i w_i(y_i - \hat{y}_i)^2$$

여기서 $y_0 \leq y_1 \leq \cdots \leq y_n$이다.

toy 데이터셋을 사용해 분석한 결과는 다음과 같다.

```
>>> X = np.arange(-5, 5, 0.1)
>>> Y = X + np.random.uniform(-0.5, 1, size=X.shape)
```

다음은 데이터셋 그래프다. 누구든지 선형 회귀 모델링을 쉽게할 수 있다. 하지만 고차원의 비선형 함수가 없어 경사면에 있는 국부적인 변화를 예측하기 힘든 문제점이 있다.

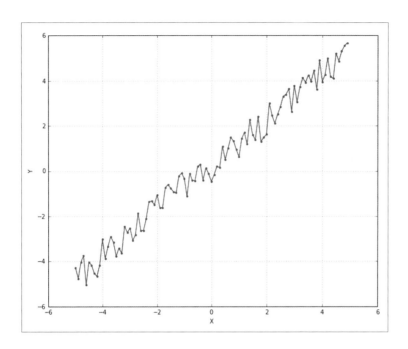

IsotonicRegression 클래스는 y_{min}과 y_{max}(손실 함수의 y_0와 y_n 변수에 해당)를 알아야 한다.
이 경우에는 −6과 10으로 설정한다.

```
from sklearn.isotonic import IsotonicRegression

>>> ir = IsotonicRegression(-6, 10)
>>> Yi = ir.fit_transform(X, Y)
```

분석한 결과는 3개의 인스턴스 변숫값이다.

```
>>> ir.X_min_
-5.0
>>> ir.X_max_
4.8999999999999648
>>> ir.f_
<scipy.interpolate.interpolate.interp1d at 0x126edef8>
```

마지막 변수(`ir.f_`)는 앞에서 설정한 영역 $[x_{min},\ x_{max}]$에서 계산할 수 있는 보간 함수다. 예는 다음과 같다.

```
>>> ir.f_(2)
array(1.7294334618146134)
```

이 함수(녹색 선) 그래프를 원본 데이터셋과 함께 표현하면 다음과 같다.

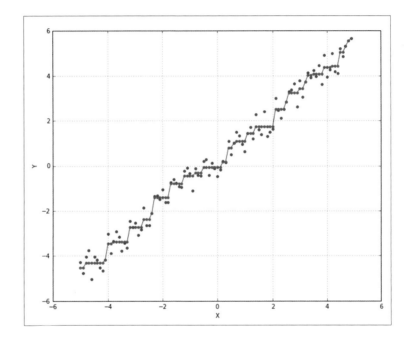

> ℹ️ SciPy의 보간법에 대한 자세한 내용은 https://docs.scipy.org/doc/scipy–0.18.1/
> reference/interpolate.html을 참조하자.

참고 문헌

- Hastie T., Tibshirani R., Friedman J., The Elements of Statistical Learning: Data Mining, Inference, and, Prediction, Springer

요약

4장에서는 선형 모델의 중요한 개념을 소개하고 선형 회귀의 작동 방식을 설명했다. 특히 라소, 릿지 및 일래스틱 넷과 같은 기본 모델과 주요 변형 방법에 대해 설명했다. 데이터셋에 척도scale가 조정되지 않은 샘플이 있다면 데이터 자체를 변경하지 않고 가중값을 이용해 정규화 작업을 실행한다. 이러한 벌점penalty 부여 방법에는 몇 가지가 있다. 라소는 희소성을 조장하며, 릿지는 가중값이 원점을 중심으로 하는 원에 있어야 한다는 제약 조건하에서 최솟값을 찾는다. 릿지의 경우 정규화 강도를 높이거나 낮추기 위해 원의 반지름을 파라미터로 사용한다. 일래스틱 넷은 두 기술의 혼합이며, 가중값이 충분히 작고 특정 수준의 희소성이 달성되는 최솟값을 찾는 방법이다.

매우 강력한 방법으로 이상값을 처리할 수 있는 RANSAC과 모델에 가상 비선형 특징을 포함하고 똑같은 선형 접근 방식으로 분석할 수 있는 다항식 회귀와 같은 고급 기법에 대해서도 설명했다. 이 방법으로 초기 분석 대상 열과 다항식 조합을 포함하는 또 다른 데이터셋을 만들 수 있다. 생성된 데이터셋을 사용해 선형 회귀 모델을 학습한 후 좋은 성능 달성에 기여한 특징만 선별할 수 있다. 마지막으로 우리가 살펴봤던 방법은 이소토닉 회귀다. 이 방법은 보간 함수가 항상 감소하지 않을 때 특히 유용하다. 또한 일반 선형 회귀에 의해 평탄화돼 문제가 되는 작은 변동을 감지할 수 있는 장점을 갖고 있다.

5장, '로지스틱 회귀'에서는 분류를 위한 선형 모델에 대해 소개한다. 특히 로지스틱 회귀와 확률적 경사 하강 알고리즘에 중점을 두고 설명한다. 또한 분류 시스템의 정확성을 평가하기 위한 평가 기준과 최상의 하이퍼파라미터를 자동으로 찾는 기술을 설명한다.

로지스틱 회귀

5장은 선형 분류 문제를 분석하는 것으로 시작한다. 특히 로지스틱 회귀(이름에도 불구하고 분류 알고리즘) 및 확률적 경사 하강 접근법stochastic gradient descent approaches, SGD에 중점을 둔다. 이 전략이 너무 단순해 보일지 몰라도 여전히 많은 분류 작업에서 자주 선택하는 방법이다. 매우 중요한 철학적 원리인 오캄의 면도기Occam's razor를 생각해보자. 모든 문제에서 가장 먼저 고려해야 하는 것은 가장 단순한 해결 방법이며, 적합하지 않은 경우에만 복잡한 모델을 고려해야 한다는 철학이 오캄의 면도기가 의미하는 핵심이다. 5장의 두 번째 부분에서는 분류 작업을 평가하는 데 유용한 몇 가지 공통 메트릭에 대해 소개한다. 선형 모델에만 국한되지 않으므로 다양한 전략에 대해 이야기할 때도 이 방법을 이용한다.

▌ 선형 분류

두 클래스로 구성된 일반적인 선형 분류 문제를 생각해보자. 관련 예제는 다음과 같다.

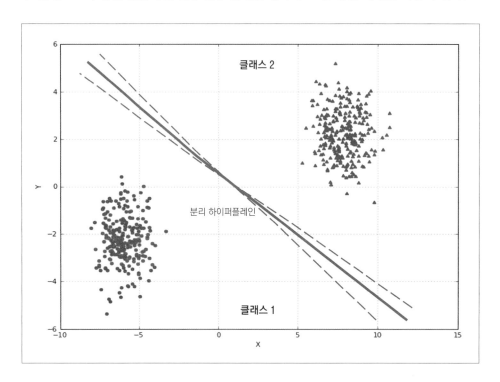

분석 목표는 두 클래스를 분리하는 최적의 하이퍼플레인을 찾는 것이다. 멀티클래스 문제에서는 일반적으로 일대다 전략이 채택되므로 이진 분류에만 초점을 맞춰 설명한다. 다음 데이터셋이 있다고 가정해보자.

$$X = \{\bar{x}_1, \bar{x}_2, \dots, \bar{x}_n\}$$

여기서 $\bar{x}_i \in \mathbb{R}^m$이다.

이 데이터셋은 다음 집합과 연관돼 있다.

$$Y = \{y_1, y_2, \ldots, y_n\}$$

여기서 $y_n \in \{0, 1\}$이다.

이제 m개의 연속 구성 요소로 구성된 가중값 벡터를 정의할 수 있다.

$$W = \{w_1, w_2, \ldots, w_m\}$$

여기서 $w_i \in \mathbb{R}$이다.

또한 양^{quantity} z를 정의할 수 있다.

$$\forall \bar{x} \in \mathbb{R}^m \ \ z = \bar{x} \cdot \bar{w} = \sum_i x_i w_i$$

x가 변수면 z는 하이퍼플레인 방정식에 의해 결정되는 값이다. 따라서 결정된 계수의 집합 w가 정확하다면, x와 z를 정의할 수 있다.

$$sign(z) = \begin{cases} +1 \ if \ x \in Class \ 1 \\ -1 \ if \ x \in Class \ 2 \end{cases}$$

이제 분류 오류를 줄이기 위해 w를 최적화하는 방법을 찾아야 한다. 특정 오류 임곗값과 함께 이러한 조합이 존재한다면, 문제가 선형으로 분리 가능하다고 말한다. 하지만 선형 분류기를 찾는 것이 불가능할 때, 해당 문제는 비선형적으로 분리 가능하다고 한다. 아주 간단하지만 유명한 예제로 논리 연산자 XOR이 있다.

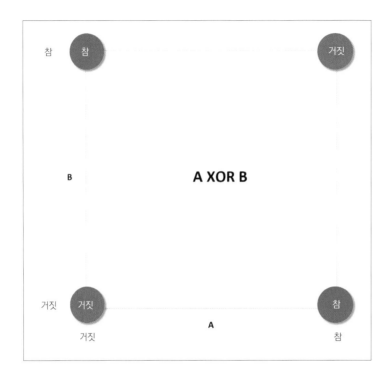

위에서 알 수 있는 바와 같이 모든 라인은 항상 잘못된 샘플을 포함한다. 이 문제를 해결하기 위해서는 비선형 기법이 필요하다. 그러나 실제 사례에서는 비선형 문제에 대한 선형 기법(종종 더 간단하고 빠름)을 사용해 가능한 오분류 오류를 허용한다.

로지스틱 회귀

회귀라고 부르지만 로지스틱 회귀는 표본이 클래스에 속할 확률을 기반으로 하는 분류 방법이다. 확률은 R에서 연속적이어야 하고 (0, 1) 사이에 있어야 하므로 항 z를 필터링하기 위해 임계 함수를 도입해야 한다. 로지스틱^{Logistic}이라는 이름은 시그모이드^{Sigmoid}또는 ^{Logistic} 함수를 사용한다는 점에 기인한다.

$$\sigma(z) = \frac{1}{1 + e^{-z}}$$

여기서 $\sigma(\bar{x}; \bar{w}) = \frac{1}{1 + e^{-\bar{x} \cdot \bar{w}}}$ 이 된다.

이 함수의 부분 그래프는 다음과 같다.

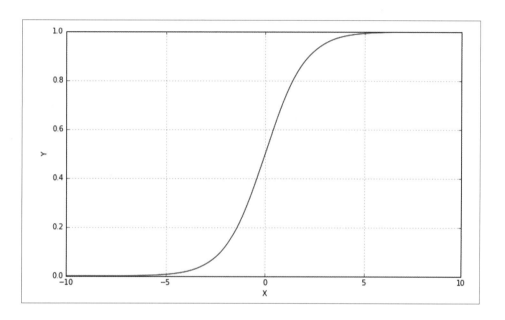

위에서 알 수 있는 바와 같이 함수는 세로 좌표 0.5에서는 $x = 0$, $x < 0$에서는 $y < 0.5$, $x > 0$에서는 $y > 0.5$와 교차한다. 또한 도메인은 R이고 0과 1에 2개의 점근선이 있다. 따라서 샘플이 클래스에 속할 확률을 다음과 같이 정의할 수 있다(지금부터 0과 1이라고 부른다).

$$P(y|\bar{x}) = \sigma(\bar{x}; \bar{w})$$

이 시점에서 최적의 파라미터를 찾는 작업은 출력 클래스가 주어질 때 로그 우도를 최대화하는 것과 같다.

$$L(\overline{w}; y) = \log P(y|\overline{w}) = \sum_i \log P(y_i|\bar{x}_i, \overline{w})$$

따라서 최적화 문제는 지표 표기법indicator notation을 사용해 손실 함수의 최소화로 나타낼 수 있다.

$$J(\overline{w}) = -\sum_i \log P(y_i|\bar{x}_i, \overline{w}) = -\sum_i (y_i \log \sigma(z_i) + (1 - y_i) \log(1 - \sigma(z_i)))$$

$y = 0$이면 첫 번째 항은 널, 두 번째 항은 $log(1-x)$가 되며, 이는 클래스 0의 로그 확률이다. 반면 $y = 1$이면 두 번째 항은 0, 첫 번째 항은 x의 로그 확률을 나타낸다. 이런 식으로 두 경우 모두 단일 표현식에 포함된다. 정보 이론의 관점에서, 이것은 목표 분포와 추정한 분포 사이의 교차 엔트로피를 최소화하는 것을 의미한다.

$$H(X) = -\sum_{x \in X} p(x)log_2 q(x)$$

특히 log_2가 채택되면, 함수는 예측된 값으로 원래의 분포를 부호화하도록 요구된 여분의 비트 수를 표현한다. $J(w) = 0$이면 두 분포가 동일하다는 것은 명백하다. 따라서 교차 엔트로피를 최소화하는 것은 대상 분포가 범주형일 때 예측 오차를 최적화하는 좋은 방법이다.

▌ 구현 및 최적화

scikit-learn은 최적화 알고리즘을 사용해 이 문제를 해결할 수 있는 `LogisticRegression` 클래스를 제공한다. 500개의 샘플로 구성된 장난감 데이터셋을 분석해보자.

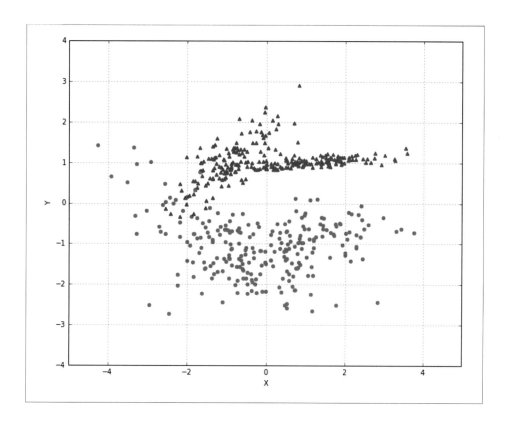

점dots은 클래스 0, 삼각형은 클래스 1에 속한다. 분류의 정확성을 즉시 테스트하기 위해
데이터셋을 학습과 테스트 집합으로 나누는 것이 좋다.

```
from sklearn.model_selection import train_test_split
>>> X_train, X_test, Y_train, Y_test = train_test_split(X, Y,
test_size=0.25)
```

이제 기본 파라미터를 사용해 해당 모델을 학습시킨다.

```
from sklearn.linear_model import LogisticRegression

>>> lr = LogisticRegression()
>>> lr.fit(X_train, Y_train)
LogisticRegression(C=1.0, class_weight=None, dual=False,
fit_intercept=True,
        intercept_scaling=1, max_iter=100, multi_class='ovr', n_jobs=1,
        penalty='l2', random_state=None, solver='liblinear', tol=0.0001,
        verbose=0, warm_start=False)

>>> lr.score(X_test, Y_test)
0.95199999999999996
```

다음과 같은 교차 검증을 통해 품질을 검사할 수도 있다(선형 회귀와 동일함).

```
from sklearn.model_selection import cross_val_score
>>> cross_val_score(lr, X, Y, scoring='accuracy', cv=10)
array([ 0.96078431, 0.92156863, 0.96  , 0.98  , 0.96  ,
          0.98  , 0.96  , 0.96  , 0.91836735, 0.97959184])
```

분류 작업은 아무런 추가 조치 없이 성공했으며(교차 검증에서도 확인됨), 해당 결과인 하이퍼플레인 파라미터도 확인할 수 있다.

```
>>> lr.intercept_
array([-0.64154943])

>>> lr.coef_
array([[ 0.34417875, 3.89362924]])
```

다음 그림에는 이 하이퍼플레인인 선의 표현이 있다. 여기서 분류가 어떻게 작동하는지 그리고 어떤 샘플이 잘못 분류됐는지를 볼 수 있다. 두 블록의 지역 밀도를 고려할 때, 이 상값 및 일부 경계선 샘플의 오분류가 발생했는지 쉽게 알 수 있다. 후자는 트레이드 오 프가 필요한 경우에도 하이퍼파라미터를 조정해 제어할 수 있다. 예를 들어, 분리선에 4 개의 오른쪽 점을 포함시키려면 오른쪽 부분의 일부 요소가 제외될 수 있다. 나중에 최적 의 솔루션을 찾는 방법을 살펴본다. 선형 분류기가 분리 하이퍼플레인을 쉽게 찾을 수 있 을 때(심지어 이상값을 제외하더라도) 문제는 선형적으로 모델링 가능하다고 말할 수 있다. 그렇지 않으면 보다 정교한 비선형 기술을 고려해야 한다.

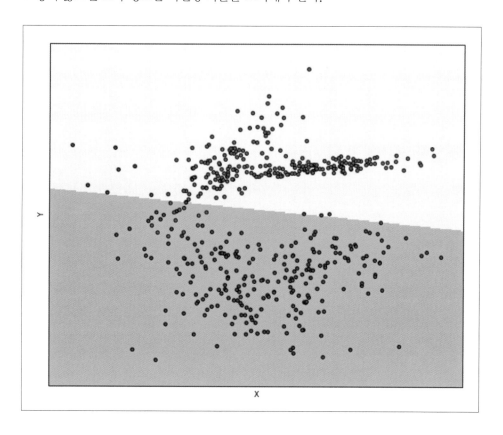

선형 회귀와 마찬가지로 가중값에 노름 조건을 부과할 수 있다. 특히 실제 함수는 다음과 같다.

$$\tilde{J}(\overline{w}) = \begin{cases} J(\overline{w}) + \alpha\|\overline{w}\|_1 \\ J(\overline{w}) + \alpha\|\overline{w}\|_2 \end{cases}$$

함수의 동작[behavior]은 4장, '선형 회귀'에서 설명한 것과 같다. 둘 다 축소한 결과를 내놓지만, $L1$은 희소성[sparsity]을 요구한다. 이것은 값이 $L1$ 또는 $L2$일 수 있는 파라미터 패널티와 역정규화 요인 (1/alpha)에 해당하는 C를 사용해 제어할 수 있다. 값이 클수록 강도를 낮추고, 값이 작을수록(특히 1 미만) 가중값을 원점에 더 가깝게 이동시킨다. 더욱이 $L1$은 정점[vertexes]을 선호한다(하나의 구성 요소를 제외한 모든 구성 요소가 널인 경우). 따라서 축소 후 실제 특징을 최적화하기 위해 `SelectFromModel`을 사용하는 것이 좋다.

▌ 확률적 경사 하강 알고리즘

로지스틱 회귀의 기본 사항을 소개한 후 여러 가지 손실 함수에 적용할 수 있는 매우 유명한 알고리즘을 구현한 `SGDClassifier` 클래스를 소개한다. 확률적 경사 하강 로직은 손실 함수의 그레이디언트에 기반을 두고 가중값 업데이트를 반복하는 것이다.

$$\overline{w}(k+1) = \overline{w}(k) - \gamma\nabla L(\overline{w})$$

그러나 전체 데이터셋을 고려하는 대신, 랜덤하게 추출한 여러 배치에 업데이트 절차를 적용한다. 앞의 공식에서, L은 2장, '머신 러닝 핵심 요소'에서 소개한 것처럼 최소화하려는 손실 함수다. 감마(scikit-learn에서 `eta0`)는 학습 속도이며, 상수이거나 학습 과정이 진행되는 동안 소멸될 수 있는 파라미터다. `learning_rate` 파라미터는 정규화 요소에 따라 내부적으로 계산된 기본값(최적)으로 남겨둘 수 있다.

가중값 수정이 중단되거나 변동이 설정 임곗값 아래로 떨어지면 프로세스가 종료돼야 한다. scikit-learn 구현은 n_iter 파라미터를 사용해 원하는 반복 횟수를 정의한다.

가능한 많은 손실 함수가 있지만, 5장에서는 로그 및 퍼셉트론만을 고려한다. 다른 손실 함수 중 일부는 6장, '나이브 베이즈'에서 소개한다. 로그는 로지스틱 회귀를 구현한 반면, 퍼셉트론(자율 클래스 퍼셉트론으로도 사용 가능)은 가중값 w의 단일 계층, 바이어스라는 고정 상수와 이진 출력 함수로 구성된 가장 단순한 신경망이다.

$$z = \bar{w} \cdot \bar{x} + b$$

두 클래스를 분류하는 출력 함수는 다음과 같다.

$$y = \begin{cases} 1 일 \; 때 & z > 0 \\ 0 일 \; 때 & z \leq 0 \end{cases}$$

퍼셉트론과 로지스틱 회귀의 차이점은 출력 함수(부호 대 시그모이드)와 훈련 모델(손실 함수 포함)이다. 실제로 퍼셉트론은 실제 값과 예측 사이의 평균 제곱 거리를 최소화해 학습시킨다.

$$L = \frac{1}{n} \sum_i \|y_i - \tilde{y}_i\|^2$$

퍼셉트론은 다른 선형 분류기와 마찬가지로 비선형 문제를 해결할 수 없다. 그러므로 예제에서는 내장 함수인 make_classification을 사용한다.

```
from sklearn.datasets import make_classification

>>> nb_samples = 500
>>> X, Y = make_classification(n_samples=nb_samples, n_features=2,
n_informative=2, n_redundant=0, n_clusters_per_class=1)
```

이 방법으로 2개의 클래스로 나뉜 500개의 샘플을 생성할 수 있다.

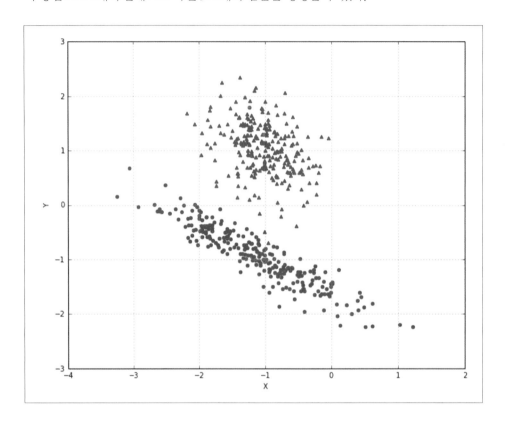

이 문제는 결정된 정확도 임곗값하에서 선형으로 해결할 수 있다. 따라서 퍼셉트론과 로지스틱 회귀에 대한 기대치는 동일하다. 로지스틱 회귀의 경우, 훈련 전략은 확률 분포의 우도를 최대화하는 데 초점을 둔다. 데이터셋을 고려할 때, 빨간색 샘플이 클래스 0에 속할 확률은 0.5보다 커야 한다. 이것은 $z = 0$일 때 0.5와 동일하므로 포인트가 분리 하이퍼플레인에 놓이는 경우와 같다. 그 반대의 경우도 마찬가지다. 반면, 퍼셉트론은 하이퍼플레인을 조정해 표본과 가중값 사이의 내적이 클래스에 따라 양수나 음수가 되도록 한다.

다음 그림은 바이어스가 0인 경우인 퍼셉트론의 기하학적 표현이다.

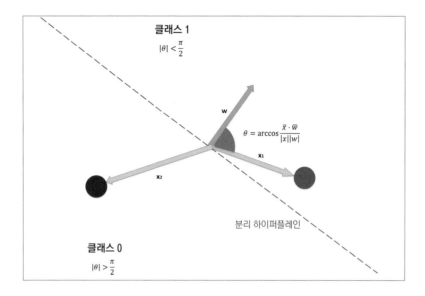

가중값 벡터는 분리 하이퍼플레인과 직각을 이루므로 내적의 부호만을 고려해 차이가 발생할 수 있다. *L1/L2* 제약이 없는 퍼셉트론 손실의 확률적 경사 하강의 예제는 다음과 같다.

```
from sklearn.linear_model import SGDClassifier

>>> sgd = SGDClassifier(loss='perceptron', learning_rate='optimal',
n_iter=10)
>>> cross_val_score(sgd, X, Y, scoring='accuracy', cv=10).mean()
0.98595918367346935
```

Perceptron 클래스를 직접 사용하면 동일한 결과를 얻을 수 있다.

```
from sklearn.linear_model import Perceptron

>>> perc = Perceptron(n_iter=10)
>>> cross_val_score(perc, X, Y, scoring='accuracy', cv=10).mean()
0.98195918367346935
```

▌그리드 검색을 통해 최적의 하이퍼파라미터 찾기

훈련 단계에서 학습한 파라미터에 영향을 미치기 때문에 호출되는 최상의 하이퍼파라미터를 찾아내는 일은 항상 쉽지 않으며, 시작하는 데 좋은 방법도 거의 없다. 경험(기본 요소)에 따르면 다양한 모델의 훈련 과정을 자동화하고 사용자에게 교차 검사를 사용해 최적의 값을 제공하는 GridSearchCV와 같은 효율적인 도구의 도움을 받아야 한다.

예를 들어 iris toy 데이터셋을 사용해 선형 회귀에 대한 최상의 패널티와 강점 요인을 찾는 방법을 설명한다.

```python
import multiprocessing

from sklearn.datasets import load_iris
from sklearn.model_selection import GridSearchCV

>>> iris = load_iris()

>>> param_grid = [
    {
        'penalty': [ 'l1', 'l2' ],
        'C': [ 0.5, 1.0, 1.5, 1.8, 2.0, 2.5]
    }
]

>>> gs = GridSearchCV(estimator=LogisticRegression(),
param_grid=param_grid,
    scoring='accuracy', cv=10, n_jobs=multiprocessing.cpu_count())

>>> gs.fit(iris.data, iris.target)
GridSearchCV(cv=10, error_score='raise',
        estimator=LogisticRegression(C=1.0, class_weight=None, dual=False,
fit_intercept=True,
        intercept_scaling=1, max_iter=100, multi_class='ovr', n_jobs=1,
        penalty='l2', random_state=None, solver='liblinear', tol=0.0001,
        verbose=0, warm_start=False),
    fit_params={}, iid=True, n_jobs=8,
```

```
        param_grid=[{'penalty': ['l1', 'l2'], 'C': [0.1, 0.2, 0.4, 0.5, 1.0,
1.5, 1.8, 2.0, 2.5]}],
        pre_dispatch='2*n_jobs', refit=True, return_train_score=True,
        scoring='accuracy', verbose=0)

>>> gs.best_estimator_
LogisticRegression(C=1.5, class_weight=None, dual=False,
fit_intercept=True,
        intercept_scaling=1, max_iter=100, multi_class='ovr', n_jobs=1,
        penalty='l1', random_state=None, solver='liblinear', tol=0.0001,
        verbose=0, warm_start=False)

>>> cross_val_score(gs.best_estimator_, iris.data, iris.target,
scoring='accuracy', cv=10).mean()
0.96666666666666679
```

값 리스트를 사용해 모델에서 지원하는 파라미터를 param 딕셔너리에 삽입할 수 있다. GridSearchCV는 병렬로 처리하고 최상의 추정기를 반환한다. 최상의 추정기 반환은 파라미터 추정기를 통해 지정된 동일한 분류기의 인스턴스 변수 best_estimator_를 통해 실행한다.

scikit-learn은 병렬 알고리즘으로 작업할 때 n_jobs 파라미터를 제공해 사용해야 하는 스레드 수를 지정할 수 있게 한다. n_jobs = multiprocessing.cpu_count()를 설정하면 현재 컴퓨터에서 사용 가능한 모든 CPU 코어를 유용하게 사용할 수 있다.

다음 예에서는 퍼셉트론 손실을 이용해 훈련시킨 SGDClassifier의 최상 파라미터를 찾는다. 데이터셋은 다음과 같다.

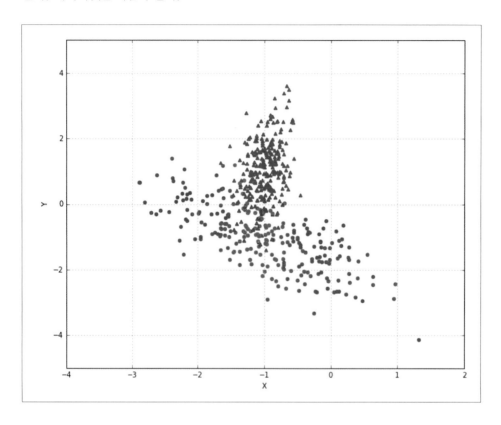

```
import multiprocessing

from sklearn.model_selection import GridSearchCV

>>> param_grid = [
    {
        'penalty': [ 'l1', 'l2', 'elasticnet' ],
        'alpha': [ 1e-5, 1e-4, 5e-4, 1e-3, 2.3e-3, 5e-3, 1e-2],
        'l1_ratio': [0.01, 0.05, 0.1, 0.15, 0.25, 0.35, 0.5, 0.75, 0.8]
    }
]
```

```
>>> sgd = SGDClassifier(loss='perceptron', learning_rate='optimal')
>>> gs = GridSearchCV(estimator=sgd, param_grid=param_grid,
scoring='accuracy', cv=10, n_jobs=multiprocessing.cpu_count())

>>> gs.fit(X, Y)
GridSearchCV(cv=10, error_score='raise',
estimator=SGDClassifier(alpha=0.0001, average=False,
class_weight=None, epsilon=0.1,
       eta0=0.0, fit_intercept=True, l1_ratio=0.15,
       learning_rate='optimal', loss='perceptron', n_iter=5, n_jobs=1,
       penalty='l2', power_t=0.5, random_state=None, shuffle=True,
       verbose=0, warm_start=False),
       fit_params={}, iid=True, n_jobs=8,
       param_grid=[{'penalty': ['l1', 'l2', 'elasticnet'], 'alpha': [1e-05,
0.0001, 0.0005, 0.001, 0.0023, 0.005, 0.01], 'l1_ratio': [0.01, 0.05, 0.1,
0.15, 0.25, 0.35, 0.5, 0.75, 0.8]}],
       pre_dispatch='2*n_jobs', refit=True, return_train_score=True,
       scoring='accuracy', verbose=0)

>>> gs.best_score_
0.89400000000000002

>>> gs.best_estimator_
SGDClassifier(alpha=0.001, average=False, class_weight=None, epsilon=0.1,
       eta0=0.0, fit_intercept=True, l1_ratio=0.1, learning_rate='optimal',
       loss='perceptron', n_iter=5, n_jobs=1, penalty='elasticnet',
       power_t=0.5, random_state=None, shuffle=True, verbose=0,
       warm_start=False)
```

분류 측정 방법

분류 작업은 여러 가지 방법으로 평가해 구체적인 목표를 달성할 수 있다. 물론 가장 중요한 척도는 정확도이며, 이는 다음과 같다.

$$정확도 = 1 - \frac{오분류\ 샘플\ 수}{총\ 샘플\ 수}$$

종종 scikit-learn에서 내장 accuracy_score ( ) 함수를 사용해 평가할 수 있다.

```
from sklearn.metrics import accuracy_score

>>> accuracy_score(Y_test, lr.predict(X_test))
0.94399999999999995
```

또 다른 매우 일반적인 접근법은 2장, '머신 러닝 핵심 요소'에서 $L_{0/1}$의 정규화 평균(1은 오분류에 할당됨)으로 정의한 0-1 손실 함수를 기반으로 한다. 다음 예제는 정규화 점수(0에 가까울수록 좋음)와 비정규화 점수(오분류의 실제 개수)를 보여준다.

```
from sklearn.metrics import zero_one_loss

>>> zero_one_loss(Y_test, lr.predict(X_test))
0.05600000000000005

>>> zero_one_loss(Y_test, lr.predict(X_test), normalize=False)
7L
```

유사하지만 반대되는 측정 방법은 다음과 같은 자카드 유사도 계수다.

$$A = \{\ y_i\ 여기서\ y_i는\ 실제\ 레이블이다.\}$$

$$B = \{\ \hat{y}_i\ 여기서\ \hat{y}_i는\ 예측\ 레이블이다.\}$$

$$J(A, B) = \frac{|A \cap B|}{|A \cup B|}$$

이 지표는 유사도를 측정하며, 0(최악의 성능)과 1(최상의 성능) 사이에 있다. 전자의 경우 교차가 널이며, 후자의 경우 오분류가 없기 때문에 교차와 결합이 동일하다. scikit-learn에서의 구현은 다음과 같다.

```
from sklearn.metrics import jaccard_similarity_score

>>> jaccard_similarity_score(Y_test, lr.predict(X_test))
0.94399999999999995
```

이러한 측정은 분류 알고리즘에 대한 좋은 통찰력을 제공한다. 많은 경우에 있어 상대적인 중요도가 다르기 때문에 서로 다른 종류의 오분류를 구별할 수 있어야 한다. 기존 표기법인 0-음성, 1-양성을 사용한다. 이에 근거한 오분류에 대한 정의는 다음과 같다.

- **진양성**True positive: 양성positive인 샘플을 양성으로 정확히 분류한다.
- **위양성**False positive: 음성negative인 샘플을 양성으로 오분류한다.
- **진음성**True negative: 음성negative인 샘플을 음성으로 정확히 분류한다.
- **위음성**False negative: 양성positive인 샘플을 음성으로 오분류한다.

위양성 및 위음성은 유사한 오류로 간주할 수 있다. 하지만 의학적 예측에 대해 생각해보자. 검사 결과가 양성인 경우에 해당하는 위양성은 추가 검사를 통해 쉽게 검사 결과에 대한 진위를 발견할 수 있다. 이에 반해 위음성은 종종 무시되며 이러한 의사 결정에 따른 반향 효과repercussions가 있다. 이러한 이유로 인해 혼동 행렬confusion matrix의 개념을 도입하는 것이 좋다.

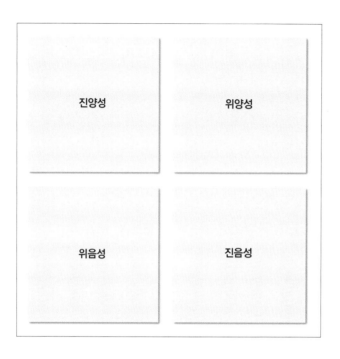

진양성	위양성
위음성	진음성

scikit-learn에서는 내장 함수를 사용해 혼동 행렬confusion matrix을 만들 수 있다. 레이블 Y가 있는 데이터셋 X를 대상으로 일반적인 로지스틱 회귀 모델링을 실행해보자.

```
>>> X_train, X_test, Y_train, Y_test = train_test_split(X, Y,
test_size=0.25)
>>> lr = LogisticRegression()
>>> lr.fit(X_train, Y_train)
LogisticRegression(C=1.0, class_weight=None, dual=False,
fit_intercept=True,
        intercept_scaling=1, max_iter=100, multi_class='ovr', n_jobs=1,
        penalty='l2', random_state=None, solver='liblinear', tol=0.0001,
        verbose=0, warm_start=False)
```

이제 혼동 행렬을 계산하면 분류기의 작동 결과를 즉시 확인할 수 있다.

```
from sklearn.metrics import confusion_matrix

>>> cm = confusion_matrix(y_true=Y_test, y_pred=lr.predict(X_test))
cm[::-1, ::-1]
[[50 5]
 [ 2 68]]
```

scikit-learn은 역축^{inverse axle}을 채택하기 때문에 마지막 작업이 필요하다. 많은 책에서 혼동 행렬은 대각선에 참값을 가지므로 축을 뒤집는 것이 좋다.

 실수를 피하기 위해 http://scikitlearn.org/stable/modules/generated/sklearn.metrics.confusion_matrix.html를 방문해 진양성, 위양성, 진음성, 위음성을 확인하자.

5개의 위음성과 2개의 위양성을 갖는다. 필요할 경우 추가 분석을 통해 오분류된 항목을 감지해 이를 처리하는 방법을 결정할 수 있다. 예를 들어 분산이 이미 설정한 임곗값을 초과하는 경우 이를 이상값으로 간주해 제거한다.

또 다른 유용한 직접 측정 방법은 다음과 같다.

$$정확도 = \frac{진양(TP)}{진양(TP) + 위양(NP)}$$

이것은 음성으로 오분류되지 않도록 샘플의 양성을 결정하는 특징을 포착하는 기능과 직접 연결된다. 다음은 scikit-learn으로 구현한 결과다.

```
from sklearn.metrics import precision_score

>>> precision_score(Y_test, lr.predict(X_test))
0.96153846153846156
```

혼동 행렬을 뒤집지 않고 동일한 측정 결과를 얻으려면, pos_label = 0 파라미터를 모든 평가 점수 함수에 추가해야 한다.

잠재적인 모든 양성 중에서 진양성 샘플을 검출하는 능력은 또 다른 측정법을 사용해 평가할 수 있다.

$$리콜(recall) = \frac{진양(TP)}{진양(TP) + 위음(FN)}$$

다음은 scikit-learn으로 구현한 결과다.

```
from sklearn.metrics import recall_score

>>> recall_score(Y_test, lr.predict(X_test))
0.90909090909090906
```

위음(횟수율에 영향을 미침) 수가 위양(정확도에 영향을 미침) 수보다 상대적으로 높기 때문에 96%의 정확도로 90%의 리콜이 있다는 것은 놀라운 일이 아니다. 정확도^{precision}와 리콜 사이의 가중 조화 평균은 다음과 같다.

$$F_{Beta} = (\beta^2 + 1) \frac{정확도 \cdot 리콜}{(\beta^2\ 정확도) + 리콜}$$

1과 같은 베타 값은 F_1 점수를 결정한다. F_1은 두 측정값 사이의 완전한 균형도다. 베타가 1보다 작으면 정확도, 1보다 크면 리콜^{recall}이 중요하다. 다음은 scikit-learn을 사용해 실제로 구현한 결과다.

```
from sklearn.metrics import fbeta_score

>>> fbeta_score(Y_test, lr.predict(X_test), beta=1)
```

```
0.93457943925233655

>>> fbeta_score(Y_test, lr.predict(X_test), beta=0.75)
0.94197437829691033

>>> fbeta_score(Y_test, lr.predict(X_test), beta=1.25)
0.92886270956048933
```

> ℹ️ scikit-learn은 F_1 점수를 계산하기 위해 f1_score( ) 함수를 제공한다. 이 함수는 beta = 1
> 인 fbeta_score( )와 같다.

가장 높은 점수는 정확도(더 높은 점수)에 보다 많은 중요도를 부여해 달성된다. 반면, 최소 점수는 리콜 우위에 해당한다. 따라서 FBeta는 높은 정밀도와 제한된 수의 위음성 사이의 절충안으로서 정확도에 대한 간략한 그림을 마련하는 데 사용한다.

▌ROC 곡선

ROC 곡선^{receiver operating characteristics}은 예측 결과에 점수를 할당하는 여러 분류 기준을 비교하는 데 유용한 도구다. 일반적으로 이 점수는 확률로 해석될 수 있으므로 0과 1 사이의 범위를 갖는다. 해당 평면은 다음과 같다.

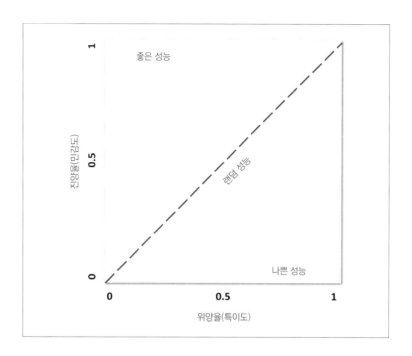

x축은 증가하는 위양성율을 나타내며, 특이도[specificity]라고도 한다. 반면, y축은 진양성율을 나타내며 민감도[sensitivity]라고도 한다. 점선으로 표시된 그레이디언트는 완벽한 랜덤 분류기를 나타내므로 이 임곗값 아래의 모든 곡선은 랜덤한 선택보다 성능이 떨어진다. 반면, 위에 있는 곡선은 더 나은 성능을 보여준다. 물론, 최상의 분류기는 세그먼트 [0, 0] − [0,1]과 [0,1] − [1, 1]로 분리된 ROC 곡선을 갖는다. 목표는 이러한 한계에 가능한 가까운 성능을 갖는 알고리즘을 찾는 것이다. scikit-learn을 사용해 ROC 커브를 만드는 방법을 보여주기 위해 모델을 훈련시켜 예측 점수를 결정한다. 예측은 decision_function( ) 또는 predict_proba( ) 메서드를 사용해 실행할 수 있다.

```
>>> X_train, X_test, Y_train, Y_test = train_test_split(X, Y,
test_size=0.25)

>>> lr = LogisticRegression()
>>> lr.fit(X_train, Y_train)
LogisticRegression(C=1.0, class_weight=None, dual=False,
```

```
fit_intercept=True,
         intercept_scaling=1, max_iter=100, multi_class='ovr', n_jobs=1,
         penalty='l2', random_state=None, solver='liblinear', tol=0.0001,
         verbose=0, warm_start=False)

>>> Y_scores = lr.decision_function(X_test)
```

이제 ROC 곡선을 계산할 수 있다.

```
from sklearn.metrics import roc_curve

>>> fpr, tpr, thresholds = roc_curve(Y_test, Y_scores)
```

출력은 증가하는 참과 거짓의 비율과 감소하는 임곗값으로 구성된다. 감소하는 임곗값은
일반적으로 곡선을 그리는 데 사용하지 않는다. 계속 진행하기 전에 0(최악의 성능)과 1(최
고의 성능) 사이의 값을 갖는 곡선 아래의 면적area under the curve, AUC을 계산하는 것이 좋으며
완전히 랜덤인 경우는 값이 0.5인 경우다.

```
from sklearn.metrics import auc

>>> auc(fpr, tpr)
0.96961038961038959
```

이미 AUC가 1에 가까워 대체로 성능이 좋음을 알고 있다. 이제 matplotlib를 사용해
ROC 곡선을 그릴 수 있다. 이 책은 특정 프레임워크에 한정해 설명하지 않고 몇 가지 예
제에서 찾을 수 있는 코드를 사용한다.

```
import matplotlib.pyplot as plt

>>> plt.figure(figsize=(8, 8))
>>> plt.plot(fpr, tpr, color='red', label='Logistic regression (AUC: %.2f)'
% auc(fpr, tpr))
```

```
>>> plt.plot([0, 1], [0, 1], color='blue', linestyle='--')
>>> plt.xlim([0.0, 1.0])
>>> plt.ylim([0.0, 1.01])
>>> plt.title('ROC Curve')
>>> plt.xlabel('False Positive Rate')
>>> plt.ylabel('True Positive Rate')
>>> plt.legend(loc="lower right")
>>> plt.show()
```

결과 ROC 곡선은 다음과 같다.

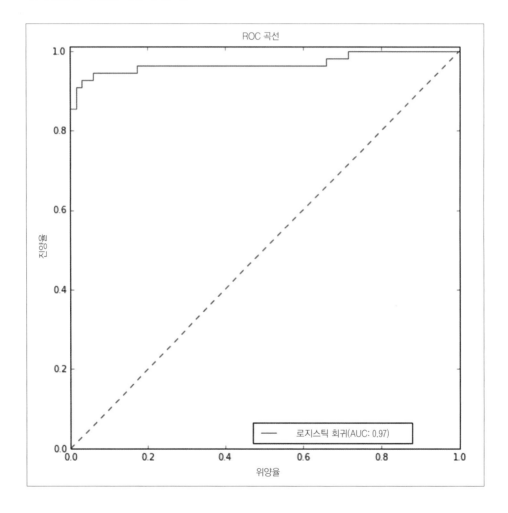

AUC로 확인한 바와 같이, ROC 곡선은 매우 우수한 성능을 나타낸다. 6장, '나이브 베이즈'에서는 ROC 곡선을 사용해 서로 다른 알고리즘을 시각적으로 비교한다. 연습으로 동일한 모델의 다른 파라미터를 적용해보고 ROC 곡선을 그려보면 어떤 설정이 적합한지 즉시 이해할 수 있다.

 좀 더 자세한 정보와 튜토리얼은 http://matplotlib.org를 살펴보라. 또한 살펴봐야 할 특별한 도구는 주피터(Jupyter, http://jupyter.org)다. 주피터는 대화형 노트북을 이용해 코드를 즉시 테스트하고 인라인 플롯으로 시각화할 수 있다.

▌ 요약

선형 모델은 분리 하이퍼플레인을 사용해 샘플을 분류한다. 정확도가 설정 임곗값을 초과하는 선형 모델을 찾는 것이 가능하다면 문제는 선형으로 분리 가능하다. 로지스틱 회귀 분석은 정확한 분류에 속하는 표본 확률을 최대화하는 원칙에 근거하는 가장 유명한 선형 분류기 중 하나다. 확률적 경사 하강 분류기는 채택된 손실 함수에 의해 결정된 일반적인 알고리즘이다. 데이터양이 너무 커서 메모리에 로드할 수 없을 때 SGD를 사용하면 부분 분류가 가능하다. 퍼셉트론은 SGD의 특별한 사례로서 XOR 문제를 해결할 수 없는 선형 신경망을 대표한다. 이러한 이유 때문에 다층 퍼셉트론Multi Layer Perceptron, MLP이 비선형 분류의 첫 번째 선택이 됐다. 그러나 일반적으로 성능은 로지스틱 회귀 모델과 유사하다.

파라미터를 최적화하거나 결과가 요구 사항을 충족시키지 못할 경우 해당 파라미터를 변경하기 위해 다양한 접근법을 사용해 모든 분류기 성능을 측정해야 한다. 5장에서 다양한 측정 방법, 특히 ROC 곡선을 살펴봤다. 이 곡선은 여러 분류기의 성능이 어떠한지를 보여준다.

6장, '나이브 베이즈'에서는 유명하고 강력한 알고리즘 계열인 나이브 베이즈 분류기에 대해 소개한다. 이 간단한 접근 방식 덕분에 확률과 결과의 품질만으로 스팸 필터링 시스템을 구축하고 복잡한 문제를 해결할 수 있다. 이 방법은 수십 년이 지난 현재에도 복잡한 솔루션보다 우수하거나 동등할 만큼 좋은 알고리즘이다.

06

나이브 베이즈

나이브 베이즈는 베이지안 이론으로 주어진 조건 집합을 이용해 결과 확률을 계산하는 강력하고 쉽게 훈련시킬 수 있는 분류기다. 즉, 조건부 확률이 반전inverted돼 해당 쿼리를 측정 가능한 값의 함수로 표현할 수 있다. 접근 방법은 간단하며 "naive"라는 용어는 해당 알고리즘이 제한되거나 약간 비효율적이기 때문이 아니라 논의하고자 하는 우연 요인에 대한 기본 가정 때문에 선정됐다. 나이브 베이즈는 다목적 분류기로, 다양한 상황에서 응용 사례를 찾아볼 수 있다. 나이브 베이시스의 성능은 분류 확률이 몇 가지 우연 요인 확률로 결정되는 상황에 특별히 좋다. 대표적인 예로는 자연어 처리를 들 수 있다. 이 경우는 텍스트의 일부가 사전의 특정 인스턴스로 간주될 수 있고 모든 용어의 상대 빈도가 소속 클래스를 추론할 수 있는 충분한 정보를 제공한다. 이 개념은 7장, '지지 벡터 머신'에서 논의한다. 이 예제에서는 독자가 다양한 상황에서 나이브 베이즈를 적용하는 방법을 이해할 수 있도록 하는 일반적인 내용을 대상으로 한다.

베이지안 이론

두 가지 사건 A와 B에 대해 곱의 법칙$^{\text{product rule}}$을 이용해 한계 확률 $P(A)$와 $P(B)$에 대해 조건부 확률 $P(A|B)$와 $P(B|A)$ 간의 상관 관계를 계산할 수 있다.

$$\begin{cases} P(A \cap B) = P(A|B)P(B) \\ P(B \cap A) = P(B|A)P(A) \end{cases}$$

교집합이 공통 요소^{commutative}를 대상으로 함을 고려하면 첫 번째 구성원은 동일하다. 따라서 베이즈의 정리를 유도해낼 수 있다.

$$P(A|B) = \frac{P(B|A)P(A)}{P(B)}$$

이 수식은 철학적인 의미가 매우 깊으며, 통계 학습의 기본 요소다. 우선, 한계 확률 $P(A)$를 고려해보자. 이는 일반적으로 $P(\text{스팸})$ 또는 $P(\text{비})$와 같은 대상 이벤트의 가능성을 결정하는 값이다. 다른 요소는 없기 때문에 이런 종류의 확률을 Apriori라고 한다. 왜냐하면 Apriori는 수학적 고려 사항이나 빈도 수에 의해 결정되기 때문이다. 예를 들어 매우 간단한 스팸 필터를 구현하고 100개의 이메일을 수집해 30개가 스팸, 70개가 정상이라고 가정해보자. 따라서 $P(\text{스팸}) = 0.3$이라고 할 수 있다.

그러나 몇 가지 기준을 사용해 평가한다고 가정해보자. 예를 들어 하나만 고려해보자. 이메일 텍스트는 50자보다 짧다. 따라서 질의^{query}는 다음과 같다.

$$P(Spam|Text < 50\ chars) = \frac{P(Text < 50\ chars|Spam)P(Spam)}{P(Text < 50\ chars)}$$

특정 조건이 주어지면 스팸일 가능성이 있기 때문에 첫 번째 조건은 $P(\text{스팸})$과 유사하다. 이러한 이유로, 이를 사후^{posteriori}라고 한다. 다시 말하면, 몇 가지 추가 요소를 알고 난 후에 추정할 수 있는 확률이다. 오른쪽에서 누락된 값을 계산해야 하지만 간단하다.

35개의 이메일이 50자보다 짧은 텍스트를 갖고 있으므로 P(텍스트<50자) = 0.35라고 가정해보자. 스팸 폴더만 보면 짧은 텍스트가 있는 스팸 이메일이 25개뿐이므로 P(텍스트<50자|스팸) = 25/30 = 0.83이 된다. 결과는 다음과 같다.

$$P(Spam|Text < 50\ chars) = \frac{0.83 \cdot 0.3}{0.35} = 0.71$$

따라서 매우 짧은 이메일을 받은 후 스팸일 확률은 71%이다. 이제 우리는 $P(Text < 50\ chars$|스팸)의 역할을 이해할 수 있다. 실제 데이터를 갖고 있을 때, 쿼리를 이용해 주어진 가설이 얼마나 큰지를 측정할 수 있다. 즉, Apriori 확률과 사후 확률 사이의 가중값인 (로지스틱 회귀와 비교) 우도비를 정의했다. 분모의 항은 정규화 요소로 작용하기 때문에 덜 중요하다.

$$P_{A-Posteriori} \propto Likelihood \cdot P_{A-Priori}$$

정규화 요소는 그리스 문자 알파로 표시되기 때문에 수식은 다음과 같다.

$$P(A|B) = \alpha P(B|A)P(A)$$

마지막 단계는 병행 조건이 더 많은 경우를 고려하는 것이다. 실제 문제에서 더 현실적이다.

$$P(A|C_1 \cap C_2 \cap ... \cap C_n)$$

일반적인 가정은 조건부 독립이라고 한다. 즉, 모든 원인에 의해 생성된 효과는 서로 독립적이다. 이렇게 하면 단순화한 표현식을 작성할 수 있다.

$$P(A|C_1 \cap C_2 \cap ... \cap C_n) = \alpha P(C_1|A)P(C_2|A) ... P(C_n|A)P(A)$$

나이브 베이즈 분류기

나이브 베이즈 분류기[naive Bayes classifier]는 여러 원인의 조건부 독립성을 가정하는 나이브 조건에 기반을 두고 사용한다. 나이브 베이즈는 특정 특징의 확률이 다른 특징과 상관 관계가 많은 상황에서는 받아들이기가 매우 어렵다. 예를 들어 스팸 필터링에서 50자 미만의 텍스트는 메일 내용에 이미지가 존재할 확률을 높여주며, 해당 도메인이 100만 명의 사용자에게 스팸 메일을 보낸 이력이 있어 이미 블랙리스트에 등록돼 있는 경우 특정 키워드를 찾게 될 확률이 높아진다. 달리 말하면, 어떤 원인의 존재는 나머지 다른 원인들의 존재와는 독립이라고 볼 수 없다. 하지만 The Optimality of Naive Bayes, AAAI 1, no. 2 (2004): 3의 저자인 장[Zhang H.]은 "특정 조건(매우 드문 일은 아니지만)하에서 서로 다른 원인 간의 종속성은 상호간 명확하다. 더욱이 나이브 베이즈 분류기는 나이브[Naive][2]의 의미를 침해하더라도 매우 높은 성능을 보여준다고 주장했다.

다음 데이터셋을 고려해보자.

$$X = \{\bar{x}_1, \bar{x}_2, \dots, \bar{x}_n\}$$

여기서 $\bar{x}_i \in \mathbb{R}^m$이다.

간략하게 모든 특징 벡터는 다음과 같이 표시한다.

$$\bar{x}_i = [x_1, x_2, \dots, x_m]$$

목표 데이터셋도 필요하다.

$$Y = \{y_1, y_2, \dots, y_n\}$$

여기서 $y_n \in (0, 1, 2, \dots P)$이다.

여기에서 각각의 y는 P개의 서로 다른 클래스 중 하나에 속한다. 조건 독립에 따른 베이

2　나이브 베이지 안에서 나이브(Naive)는 '순진하다'라는 뜻을 갖고 있다. 이런 수식어가 붙은 이유는 데이터셋의 모든 특징이 동등하고 독립적이라고 가정하기 때문이다. 예를 들어 비가 오는 날에는 시간보다 습도가 더 중요한 변수가 될 수 있지만 나이브 베이지 안에서는 이런 사실을 무시하기 때문에 나이브라고 한다. – 옮긴이

즈 정리를 고려하면 다음과 같다.

$$P(y|x_1, x_2, \ldots, x_m) = \alpha P(y) \prod_i P(x_i|y)$$

한계 Apriori 확률 $P(y)$와 조건부 확률 $P(x_i|y)$는 빈도 카운트를 통해 구한다. 그러므로 입력 벡터 x가 주어진다면, 예측 클래스는 사후 확률이 최댓값인 클래스다.

▌ scikit-learn에서 나이브 베이즈

scikit-learn은 베르누이^{Bernoulli}, 다항식^{multinomial}, 가우시안^{Gaussian}과 같은 다양한 확률 분포를 기반으로 3개의 나이브 베이즈를 제공한다. 첫 번째는 이진 분포이며, 특징이 존재하거나 부재할 때 유용하다. 두 번째는 이산 분포이며, 특징이 숫자로 표현돼야 할 때마다 사용한다(예: 자연어 처리에서 용어의 빈도가 될 수 있음). 세 번째는 피연산자의 평균과 분산으로 특징 지을 수 있는 연속 분포다.

베르누이 나이브 베이즈

X가 랜덤 변수고, 베르누이 분포를 한다면, 2개의 값(간단히 하기 위해 0과 1이라고 함)만을 취할 수 있다. 더욱이 확률은 다음과 같다.

$$P(X) = \begin{cases} p \, \text{일 때} & X = 1 \\ q \, \text{일 때} & X = 0 \end{cases}$$

여기서 $q = 1 - p$, $0 < p < 1$이다.

scikit-learn을 사용해 이 알고리즘을 시도하기 위해 더미 데이터셋을 생성한다. 베르누이 나이브 베이즈는 이진 특징 벡터가 필요하다. 따라서 BernoulliNB 클래스는 binarize 파라미터를 갖는다. 이 파라미터는 특징을 내부적으로 변환하는 데 사용할 임곗값을 설정할 수 있도록 한다.

```
from sklearn.datasets import make_classification

>>> nb_samples = 300
>>> X, Y = make_classification(n_samples=nb_samples, n_features=2,
n_informative=2, n_redundant=0)
```

다음 그림과 같은 2차원 데이터셋을 생성했다.

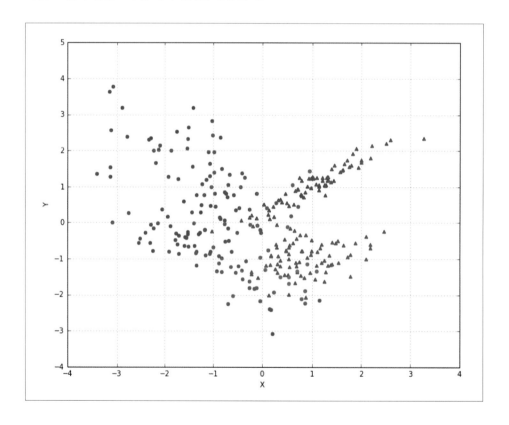

이진 임곗값으로 0.0을 사용하기로 결정했으므로 각 점은 사분면에서 어디에 위치하는 지에 따라 특징 지을 수 있다. 물론, 이것이 데이터셋에 대한 합리적 선택이지만, 베르누이 나이브 베이즈는 미리 정의한 임곗값으로 정확하게 분리할 수 있는 이진 특징 벡터나 연속값에 사용을 고려할 수 있다.

```
from sklearn.naive_bayes import BernoulliNB
from sklearn.model_selection import train_test_split

>>> X_train, X_test, Y_train, Y_test = train_test_split(X, Y,
test_size=0.25)

>>> bnb = BernoulliNB(binarize=0.0)
>>> bnb.fit(X_train, Y_train)
>>> bnb.score(X_test, Y_test)
0.85333333333333339
```

점수는 다소 좋지만, 이진 분류 작동 방식을 이해하려면 데이터가 내부적으로 어떻게 이진화됐는지를 살펴보는 것이 좋다.

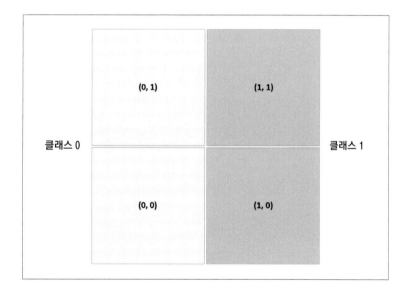

이제 나이브 베이즈 예측 결과를 확인해보자. 실행 결과는 다음과 같다.

```
>>> data = np.array([[0, 0], [0, 1], [1, 0], [1, 1]])
>>> bnb.predict(data)
array([0, 0, 1, 1])
```

결과는 기대했던 것과 같다.

다항 나이브 베이즈

다항 분포는 각 값(예: 용어의 발생 횟수 또는 상대 빈도)이 나타내는 특징 벡터를 모델링하는 데 적합하다. 특징 벡터가 n개의 원소를 갖고 각각 확률 p_k로 k개의 다른 값을 취할 수 있다고 가정해보자. 이 경우는 다음과 같다.

$$P(X_1 = x_1 \cap X_2 = x_2 \cap ... \cap X_k = x_k) = \frac{n!}{\prod_i x_i!} \prod_i p_i^{x_i}$$

조건부 확률 $P(x_i|y)$는 빈도수(최대 우도 접근법 적용에 해당)로 계산되지만, 이 경우 알파 파라미터(라플라스 평활화 계수)를 고려하는 것이 중요하다. 기본값은 1.0이며, 빈도가 0일 때 모델이 널 확률을 설정하지 못한다. 알파 값은 음수가 아닌 모든 값을 설정할 수 있다. 하지만 큰 값은 누락된 특징에 상대적으로 높은 확률을 배정하며, 이러한 선택은 모델의 안정성을 나쁘게 할 수 있다. 예제에서는 기본값 1.0을 사용한다.

분석용으로 2장, '머신 러닝 핵심 요소'에서 분석했던 DictVectorizer를 사용한다. 용어의 빈도를 계산하는 자동 도구가 있지만 이에 대해서는 나중에 소개한다. 2개의 레코드만 고려하자. 첫 번째 레코드는 도시, 두 번째 레코드는 외곽 지역을 나타낸다. 딕셔너리는 텍스트 설명에서 검색어를 추출한 것과 같이 가상의 빈도를 포함한다.

```
from sklearn.feature_extraction import DictVectorizer

>>> data = [
    {'house': 100, 'street': 50, 'shop': 25, 'car': 100, 'tree': 20},
    {'house': 5, 'street': 5, 'shop': 0, 'car': 10, 'tree': 500, 'river': 1}
]

>>> dv = DictVectorizer(sparse=False)
>>> X = dv.fit_transform(data)
```

```
>>> Y = np.array([1, 0])

>>> X
array([[ 100., 100., 0., 25., 50., 20.],
       [ 10., 5., 1., 0., 5., 500.]])
```

첫 번째 집합에서 'river'라는 용어가 누락됐으므로 작은 확률을 배정하기 위해 알파를 1.0 으로 유지하는 것이 좋다. 출력 클래스는 도심은 1, 외곽은 0이다. 이제 MultinomialNB 인스턴스를 학습시킬 수 있다.

```
from sklearn.naive_bayes import MultinomialNB

>>> mnb = MultinomialNB()
>>> mnb.fit(X, Y)
MultinomialNB(alpha=1.0, class_prior=None, fit_prior=True)
```

모델을 테스트하기 위해 river가 없는 더미 도심과 river가 없는 더미 외곽countryside을 만든다.

```
>>> test_data = data = [
    {'house': 80, 'street': 20, 'shop': 15, 'car': 70, 'tree': 10, 'river':
1},
    {'house': 10, 'street': 5, 'shop': 1, 'car': 8, 'tree': 300, 'river': 0}
]

>>> mnb.predict(dv.fit_transform(test_data))
array([1, 0])
```

예상했던 대로 예측이 정확하다. 나중에 자연어 처리의 일부 요소를 소개할 때, 상대적으로 큰 말뭉치corpora로 텍스트를 분류하기 위해 다항 나이브 베이즈를 사용할 것이다. 다항 분포가 발생 횟수를 기반으로 하더라도 빈도 또는 복잡한 함수를 사용해 성공적으로 사용할 수 있다.

가우시안 나이브 베이즈

가우시안 나이브 베이즈^{Gaussian naive Bayes}는 가우시안 분포를 사용해 확률을 모델링할 수 있는 연속값으로 작업할 때 유용하다.

$$P(x) = \frac{1}{\sqrt{2\pi\sigma^2}} e^{-\frac{(x-\mu)^2}{2\sigma^2}}$$

조건부 확률 $P(x_i|y)$도 가우시안 분포다. 따라서 최대 우도 접근법을 사용해 각각의 평균과 분산을 추정해야 한다. 이 작업은 매우 쉽다. 실제로 가우스의 특성을 고려하면 다음과 같다.

$$L(\mu; \sigma^2; x_i|y) = log \prod_k P(x_i^{(k)}|y) = \sum_k log \ P(x_i^{(k)}|y)$$

여기서 k 인덱스는 데이터셋의 샘플을 나타내고, $p(x_i|y)$는 가우스 자체가 된다. 이 표현식의 역함수를 최소화함으로써 $P(x_i|y)$와 연관된 각 가우스에 대한 평균과 분산을 구한다(『Artificial Intelligence: A Modern Approach』, 완전한 분석 설명이 있음). 그리고 다음으로 해당 모델을 훈련시킨다.

예를 들어, ROC 곡선을 사용해 가우시안 나이브 베이즈와 로지스틱 회귀를 비교한다. 데이터셋은 두 가지 특징을 갖는 300개의 샘플을 갖고 있다. 각 샘플은 개별 클래스에 속한다.

```
from sklearn.datasets import make_classification

>>> nb_samples = 300
>>> X, Y = make_classification(n_samples=nb_samples, n_features=2,
n_informative=2, n_redundant=0)
```

데이터셋은 다음과 같다.

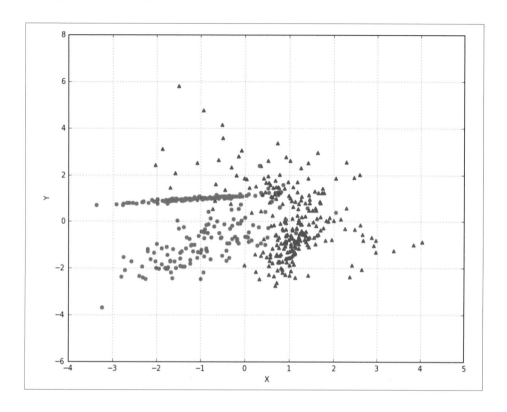

이제 두 모델을 모두 훈련시키고 ROC 곡선을 생성할 수 있다. 나이브 베이즈의 Y 점수는 predict_proba 메서드를 통해 얻을 수 있다.

```
from sklearn.naive_bayes import GaussianNB
from sklearn.linear_model import LogisticRegression
from sklearn.metrics import roc_curve, auc
from sklearn.model_selection import train_test_split

>>> X_train, X_test, Y_train, Y_test = train_test_split(X, Y,
test_size=0.25)

>>> gnb = GaussianNB()
>>> gnb.fit(X_train, Y_train)
```

```
>>> Y_gnb_score = gnb.predict_proba(X_test)

>>> lr = LogisticRegression()
>>> lr.fit(X_train, Y_train)
>>> Y_lr_score = lr.decision_function(X_test)

>>> fpr_gnb, tpr_gnb, thresholds_gnb = roc_curve(Y_test, Y_gnb_score[:, 1])
>>> fpr_lr, tpr_lr, thresholds_lr = roc_curve(Y_test, Y_lr_score)
```

5장에서와 동일한 방식으로 생성한 결과 ROC 곡선은 다음과 같다.

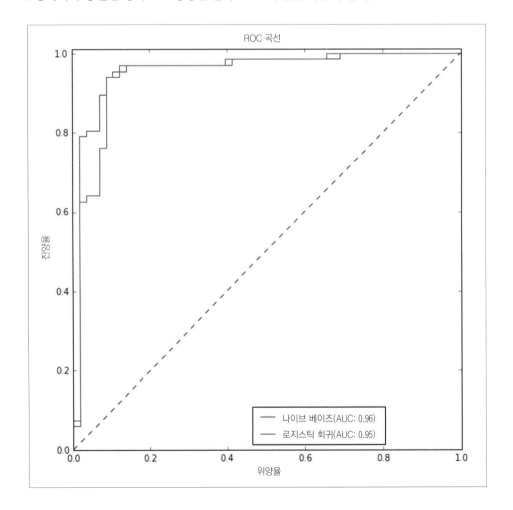

나이브 베이즈의 성능은 로지스틱 회귀보다 다소 좋다. 하지만 두 분류기는 비슷한 정확도와 곡선하 면적^{Area Under Curve, AUC}을 갖는다. 가우시안과 다차원 나이브 베이즈의 성능은 MNIST 데이터셋으로 비교해볼 수 있다.

각 샘플(10개의 클래스에 속함)은 부호 없는 정수(0~255)로 인코딩된 8×8 이미지다. 따라서 각 특징은 실제 개수를 나타내지는 않더라도 일종의 크기나 빈도로 간주될 수 있다.

```
from sklearn.datasets import load_digits
from sklearn.model_selection import cross_val_score

>>> digits = load_digits()

>>> gnb = GaussianNB()
>>> mnb = MultinomialNB()

>>> cross_val_score(gnb, digits.data, digits.target, scoring='accuracy',
cv=10).mean()
0.81035375835678214

>>> cross_val_score(mnb, digits.data, digits.target, scoring='accuracy',
cv=10).mean()
0.88193962163008377
```

다항 나이브 베이즈의 성능은 가우시안 변형보다 뛰어나다. 또한 다항 나이브 베이즈의 결과는 놀라운 수준이 아니다. 사실, 각 샘플은 64개의 기호로 이뤄진 딕셔너리에서 파생된 특징 벡터로 생각할 수 있다. 해당 값은 개별 발생 횟수가 되기 때문에 다항 분포가 해당 데이터를 보다 잘 분류 또는 예측할 수 있다. 반면, 가우시안의 경우 평균과 분산에 따라 다소 제한적이라고 할 수 있다.

▌ 참고 문헌

- Russel S., Norvig P., Artificial Intelligence: A Modern Approach, Pearson
- Zhang H., The Optimality of Naive Bayes, AAAI 1, no. 2 (2004): 3
- Papoulis A., Probability, Random Variables and Stochastic Processes, McGraw-Hill

▌ 요약

6장에서는 베이즈 정리와 본질적인 철학에서 시작해 일반적인 베이즈 방식을 사용했다. 이 알고리즘의 나이브니스는 모든 원인을 조건부 독립으로 가정하기 때문에 발생한다. 이것은 각 조합이 모든 조합에서 동일하며 특정 원인의 존재가 다른 조합의 확률을 변경할 수 없다는 것을 의미한다. 이는 너무 현실적이지 않다. 그러나 일부 가정하에서 내부 종속성이 서로 명확해지므로 결과 확률이 관계에 영향을 받지 않는 것으로 나타날 수 있다.

scikit-learn은 세 가지 베이즈 구현 기능을 제공한다. 즉 베르누이, 다항, 가우시안이다. 이러한 방법에서 유일한 차이점은 선택한 확률 분포에 있다. 첫 번째는 이진 알고리즘이며, 특히 특징을 제공할 수 있을 때 유용하다. 다항은 특징 벡터를 갖는 것으로 가정하며, 각 요소는 출현 횟수(빈도)를 나타낸다. 이 방법은 자연어 처리나 샘플이 공통 딕셔너리로 구성돼 있을 때 매우 효율적이다. 가우시안은 연속 분포를 기반으로 하므로 일반적인 분류 작업에 적합하다.

7장, '지지 벡터 머신'에서는 지지 벡터 머신을 소개한다. 이 알고리즘은 선형 및 비선형 문제를 해결하는 데 있어 성능이 매우 좋고 효율성이 높은 반면, 내부 로직은 간단하고 훈련 시간이 상대적으로 짧기 때문에 종종 복잡한 시나리오에 가장 먼저 적용해볼 수 있다.

07

지지 벡터 머신

7장에서는 지지 벡터 머신^{support vector machine, SVM}이라는 알고리즘을 사용하는 분류 방법을 소개한다. SVM은 선형 및 비선형 문제에 사용할 수 있기 때문에 다양한 상황에서 높은 성능을 발휘할 수 있어야 한다. SVM은 신경망과 함께 분리 하이퍼플레인을 쉽게 찾을 수 없는 문제에 대한 최상의 선택이다. 예를 들어, 오랜 시간 동안 SVM은 알고리즘의 복잡한 수정 없이 수학적 트릭을 사용해 매우 높은 비선형 동역학을 모델링할 수 있었기 때문에 MNIST 데이터셋 분류를 위한 최상의 선택이었다. 7장의 전반부에서는 선형 SVM의 기본 내용을 소개한다. 다음으로 비선형 문제에 사용해본다. 또한 파라미터의 수를 조정하고 회귀 문제에 대해 지지 벡터 알고리즘을 적용하는 몇 가지 기술을 소개한다.

선형 지지 벡터 머신

분류하고자 하는 특징 벡터로 이뤄진 데이터셋을 고려해보자.

$$X = \{\bar{x}_1, \bar{x}_2, ..., \bar{x}_n\}$$

여기서 $\bar{x}_i \in \mathbb{R}^m$이다.

단순히 이진 분류 문제를 푼다고 가정해보자. 다른 모든 경우에는 자동으로 일대다 전략을 사용할 수 있다. 더욱이 클래스 레이블을 -1과 1로 설정한다.

$$Y = \{y_1, y_2, ..., y_n\}$$

여기서 $y_n \in \{-1, 1\}$이다.

이진 분류 문제의 목표는 최상의 분리 하이퍼플레인^{separating hyperplane}을 찾는 것이다.

$$\bar{w}^T \bar{x} + b = 0$$

여기서 $\bar{w} = \begin{pmatrix} w_1 \\ \vdots \\ w_m \end{pmatrix}$ 그리고 $\bar{x} = \begin{pmatrix} x_1 \\ \vdots \\ x_m \end{pmatrix}$이다.

다음 그림은 이러한 하이퍼플레인의 2차원 표현이다.

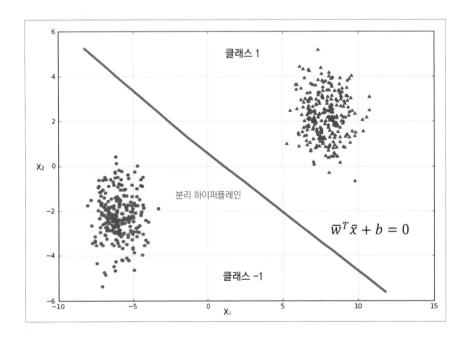

이 경우에 있어 분류기는 다음과 같이 쓸 수 있다.

$$\tilde{y} = f(\bar{x}) = sgn(\bar{w}^T \bar{x} + b)$$

실제 상황에서 두 클래스는 몇 개의 요소가 위치한 2개의 경계를 갖는 여백으로 분류할 수 있다. 이러한 요소를 지지 벡터$^{support\ vectors}$라고 한다. 좀 더 일반적인 수학 표현식을 위해 지지 벡터가 방정식으로 두 하이퍼플레인에 위치하도록 데이터셋을 다시 정규화하는 것이 좋다.

$$\begin{cases} \bar{w}^T \bar{x} + b = -1 \\ \bar{w}^T \bar{x} + b = \ \ 1 \end{cases}$$

다음 그림은 두 지지 벡터를 갖는 예제다. 파선은 원래 분리 하이퍼플레인이다.

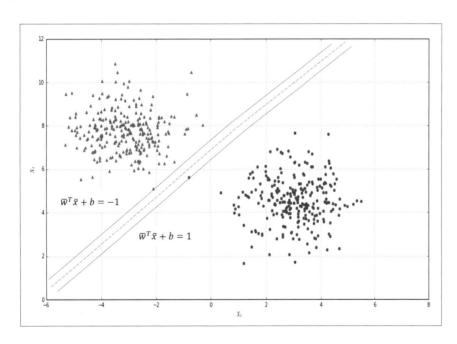

이 분석의 목표는 오분류 확률을 줄이기 위해 이 두 경계 하이퍼플레인 사이의 거리를 최대화하는 것이다. 오분류 확률은 거리가 짧을 때 상대적으로 크다. 또한 앞의 그림에서와 같이 2개의 잘 정의된 데이터가 없는 경우에도 크다.

경계가 평행하다는 것을 감안하면, 두 경계 사이의 거리는 두 지점을 연결하면서 수직인 세그먼트의 길이로 정의한다.

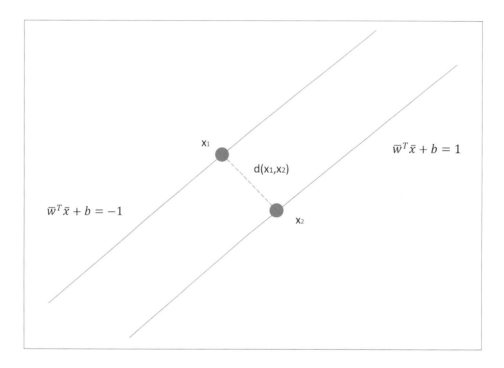

그러므로 점을 벡터로 생각하면 다음과 같다.

$$\bar{x}_2 - \bar{x}_1 = t\bar{w}$$

경계 하이퍼플레인 방정식을 고려하면 다음과 같다.

$$\bar{w}^T\bar{x}_2 + b = \bar{w}^T(\bar{x}_1 + t\bar{w}) + b = (\bar{w}^T\bar{x}_1 + b) + t\|\bar{w}\|^2 = 1$$

마지막 부분의 첫 번째 항은 −1과 같으므로 수식을 t에 대해 풀 수 있다.

$$t = \frac{2}{\|\bar{w}\|^2}$$

x_1과 x_2 사이의 거리는 세그먼트 t의 길이다. 따라서 다음과 같이 길이를 계산할 수 있다.

$$d(\bar{x}_1, \bar{x}_2) = t\|\bar{w}\| = \frac{2}{\|\bar{w}\|}$$

이제 데이터셋의 모든 점을 고려해 다음과 같은 제약 조건을 부과할 수 있다.

$$y_i(\bar{w}^T \bar{x}_i + b) \geq 1 \quad \forall \, (\bar{x}_i, y_i)$$

이것은 −1, 1을 클래스 레이블과 경계 여백으로 사용함으로써 보장된다. 방정식은 지지 벡터에 대해서만 적용되며, 다른 모든 점은 1보다 크다. 모델이 이러한 공백^{margin}을 초과하는 벡터를 고려하지 않는다는 것을 감안해야 한다. 많은 경우, SVM은 매우 견고한 모델을 만들수 있다. 하지만 이 점은 많은 데이터셋에서 상당한 제한이 될 수 있다. 다음 단락에서 동일한 최적화 기술을 유지하면서 문제점을 회피하기 위해 트릭을 사용할 것이다. 이 시점에서 SVM을 훈련시키기 위한 최소화 함수를 정의할 수 있다.

$$\begin{cases} \min \dfrac{1}{2}\|\bar{w}\| \\ y_i(\bar{w}^T\bar{x}_i + b) \geq 1 \end{cases}$$

이 함수는 2차 프로그래밍 문제의 경우 대상 노름[3]에서 제곱근을 제거해 더욱 단순화할 수 있다.

$$\begin{cases} \min \dfrac{1}{2}\|\bar{w}\| \\ y_i(\bar{w}^T\bar{x}_i + b) \geq 1 \end{cases}$$

---

3 벡터 공간의 원소들에 일종의 길이 또는 크기를 부여하는 함수로, 선형 대수학 및 함수 해석학 등의 분야에서 사용한다. 영 벡터의 노름은 0이며, 이외의 모든 벡터는 양의 실수 노름을 갖는다. – 옮긴이

scikit-learn 구현

보다 유연한 분리 하이퍼플레인을 가지려면 모든 scikit-learn 구현은 최소화 대상 함수에서 여유 변수slack variables를 포함하는 간단한 변형을 기반으로 해야 한다.

$$min \frac{1}{2} \overline{w}^T \overline{w} + C \sum_i \zeta_i$$

이 경우에 제약 조건은 다음과 같다.

$$y_i(\overline{w}^T \overline{x}_i + b) \geq 1 - \zeta_i$$

여유 변수를 도입하면 클래스에 속한 일부 벡터가 초공간의 반대편에서도 발견될 수 있고, 모델 훈련에 포함될 수 있도록 하는 유연한 마진을 만들 수 있다. 이 유연성의 강도strength는 파라미터 C를 사용해 설정할 수 있다. 0에 가까운 작은 값은 마진의 유연성을 떨어뜨린다. 이에 비해 1보다 크거나 같은 값은 유연성을 높이고 오분류율을 증가시킨다. 즉 C 값이 커지면 과적합 가능성이 높아져서 새로운 데이터가 어느 클래스에 속하는지 예측할 때는 좋은 성능을 낼 수 없을 가능성이 크다. C의 최적값을 선택하려면 6장, '나이브 베이즈'에서 설명한 그리드 검색을 이용한다. 예제에서는 기본값인 1로 설정한다.

선형 분류

첫 번째 예제는 이전 절에서 설명한 대로 선형 SVM에 근거한다. 먼저 2개의 클래스로 나뉜 500개의 벡터로 이뤄진 더미 데이터셋을 만든다.

```
from sklearn.datasets import make_classification

>>> nb_samples = 500
>>> X, Y = make_classification(n_samples=nb_samples, n_features=2,
n_informative=2, n_redundant=0, n_clusters_per_class=1)
```

다음 그림은 데이터셋의 플롯이다. 몇몇 점은 2개의 주요 얼룩과 겹쳐 있음에 주목하자. 이러한 이유로 모델이 보다 복잡한 패턴을 감지하려면 양의 C 값이 필요하다.

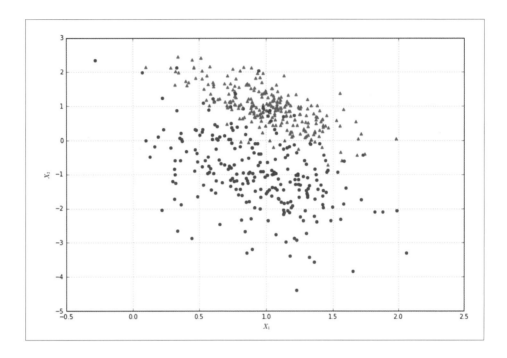

scikit-learn은 대부분의 경우에 사용할 수 있는 효율적인 SVC 클래스를 제공한다. 교차 검증도 함께 사용해 성능을 검증한다.

```
from sklearn.svm import SVC
from sklearn.model_selection import cross_val_score

>>> svc = SVC(kernel='linear')
>>> cross_val_score(svc, X, Y, scoring='accuracy', cv=10).mean()
0.93191356542617032
```

이 예제에서 커널 파라미터는 'linear'로 설정해야 한다. 다음 절에서는 비선형 시나리오에서 SVM의 작동 방식과 SVM 성능을 극적으로 향상시킬 수 있는 방법에 대해 설명한다. 예상대로, 이 모델은 최적 선형 분리기를 찾아내야 하므로 정확도는 로지스틱 회귀와 유사하다. 모델을 훈련시킨 후, support_vectors_라는 인스턴스 변수를 통해 일련의 지지 벡터를 구할 수 있다. 예를 들어, 그림으로 표현하면 다음과 같다.

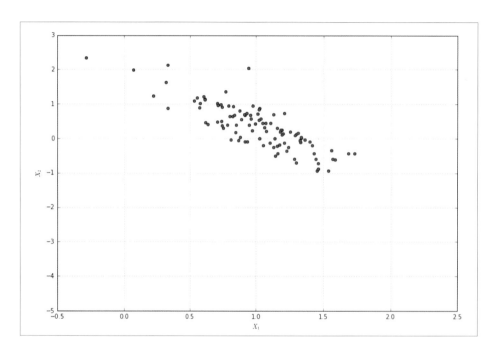

지지 벡터는 분리선을 따라 위치한다. C와 여유 변수의 효과는 현 중복을 부분적으로 캡처한 이동 가능 마진을 결정했다. 물론 선형 분류기를 사용해 대상 집합을 완벽하게 분리할 수는 없다. 대부분의 문제는 비선형이므로 추가 작업이 필요하다.

커널-기반 분류

비선형 문제를 다루는 경우 원래 벡터를 선형으로 분리할 수 있는 고차원 공간으로 투영해 변환하는 것이 좋다. 다항식 회귀를 설명할 때 유사한 접근법을 사용해봤다. SVM에서는 극복해야 할 복잡한 문제가 있지만 동일한 접근법을 사용한다.

해당 공식은 다음과 같다.

$$\begin{cases} min \dfrac{1}{2} \overline{w}^T \overline{w} + C \displaystyle\sum_i \zeta_i \\ y_i(\overline{w}^T \phi(\bar{x}_i) + b) \geq 1 - \zeta_i \end{cases}$$

대상 시나리오를 완전히 바꿀 수 있는 비선형 함수로 모든 특징 벡터를 필터링한다. 이러한 함수 도입은 해당 방법을 방해할 수 있을 만큼 계산 복잡도를 증가시킨다. 어떠한 일이 일어났는지 이해하려면 라그랑지 승수$^{Lagrange\ multiplier}$를 사용해 2차 문제를 표현해야한다. 상세한 내용은 이 책에서 다루지 않는다. 보다 상세히 알고 싶다면 노세달$^{Nocedal\ J.}$, 라이트$^{Wright\ S.\ J.}$가 저술한 『Numerical Optimization』(SpringerPress)의 2차 프로그래밍 문제에 대한 설명을 참고하라. 최종 공식은 다음과 같다.

$$\begin{cases} max\ (\displaystyle\sum_i \alpha_i - \dfrac{1}{2} \sum_{i,j} \alpha_i \alpha_j y_i y_j \phi(\bar{x}_i)^T \phi(\bar{x}_j)) \\ \displaystyle\sum_i \alpha_i\, y_i = 0 \end{cases}$$

벡터의 모든 쌍^{couple}에 대해 다음을 계산해야 한다.

$$\phi(\bar{x}_i)^T \phi(\bar{x}_j)$$

이 절차는 대형 문제를 처리할 수 없는 문제가 될 수 있다. 그러나 커널 트릭을 사용할 수 있다. 커널 트릭은 다음과 같은 속성을 가진 특정 기능(커널이라고 함)이 있다.

$$K\big(\bar{x}_i, \bar{x}_j\big) = \phi(\bar{x}_i)^T \phi(\bar{x}_j)$$

다시 말해, 두 특징 벡터에 대한 커널 값은 2개의 투영된 벡터의 곱이다. 이 트릭을 사용하면 계산 복잡도는 거의 동일하게 유지되지만, 고차원에서도 비선형 투영의 장점을 이용할 수 있다.

간단한 곱인 선형 커널 외에도, scikit-learn은 많은 실제 문제를 해결할 수 있는 세 가지 커널을 지원한다.

방사형 기저 함수

RBF 커널은 SVC의 기본값이며, 다음 함수를 기반으로 한다.

$$K\left(\bar{x}_i, \bar{x}_j\right) = e^{-\gamma\left|\bar{x}_i - \bar{x}_j\right|^2}$$

감마 파라미터는 방향뿐 아니라 거리에 의해 영향을 받는 함수의 진폭을 결정한다.

다항식 커널

다항식 커널$^{Polynomial\ kernel}$은 다음 함수를 기반으로 한다.

$$K\left(\bar{x}_i, \bar{x}_j\right) = \left(\gamma \bar{x}_i^T \cdot \bar{x}_j + r\right)^c$$

지수 c는 파라미터 degree를 통해 설정하고 상수 항 r은 coef0로 설정한다. 이 함수는 차원을 많은 수의 지지 변수로 쉽게 확장하고, 매우 비선형적인 문제를 극복할 수 있다. 그러나 일반적으로 많은 리소스가 필요한 문제점이 있다. 비선형 함수(다항식을 채택해)가 바운드 영역에 잘 접근할 수 있다는 것을 고려할 때, 이 커널을 사용하면 복잡한 문제를 쉽게 해결할 수 있다.

시그모이드 커널

시그모이드 커널은 다음 함수를 기반으로 한다.

$$K\left(\bar{x}_i, \bar{x}_j\right) = \frac{1 - e^{-2\left(\gamma \bar{x}_i^T \cdot \bar{x}_j + r\right)}}{1 + e^{-2\left(\gamma \bar{x}_i^T \cdot \bar{x}_j + r\right)}}$$

상수 항 *r*은 파라미터 coef( )를 통해 설정한다.

사용자 정의 커널

일반적으로 내장 커널은 대부분의 문제를 효율적으로 해결할 수 있다. scikit-learn을 사용하면 사용자 정의 커널을 일반 파이썬 함수처럼 만들 수 있다.

```
import numpy as np

>>> def custom_kernel(x1, x2):
        return np.square(np.dot(x1, x2) + 1)
```

이 함수는 고정 문자열 값('linear', 'rbf', 'poly' 및 'sigmoid')이나 호출 가능(예: kernel = custom_kernel)을 가정할 수 있는 커널 파라미터를 통해 SVC로 전달할 수 있다.

비선형 예

커널 SVM의 성능을 보여주기 위해 두 가지 문제를 해결해본다. 첫 번째는 상대적으로 간단하지만 비선형이며 make_circles( ) 내장 함수로 데이터셋이 생성된다.

```
from sklearn.datasets import make_circles

>>> nb_samples = 500
>>> X, Y = make_circles(n_samples=nb_samples, noise=0.1)
```

이 데이터셋을 표현하면 다음과 같다.

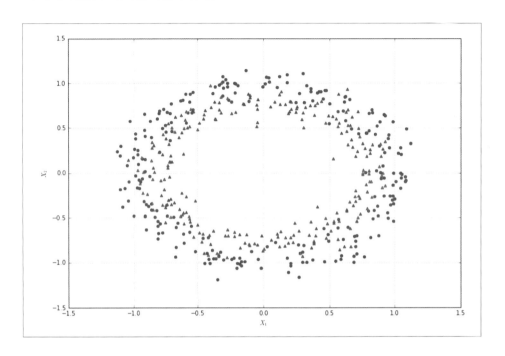

선형 분류기는 두 집합을 분리할 수 없으며, 모든 추정값은 평균 50%의 오분류 결과를 보여준다. 로지스틱 회귀 예제는 다음과 같다.

```
from sklearn.linear_model import LogisticRegression

>>> lr = LogisticRegression()
>>> cross_val_score(lr, X, Y, scoring='accuracy', cv=10).mean()
0.438
```

예상대로 정확도는 50% 이하이며, 다른 최적화를 이용해도 정확도를 크게 향상시킬 수 없다. 그 대신 SVM과 다양한 커널(각각의 기본값을 유지)을 사용하는 그리드 검색을 실행해보자.

```
import multiprocessing
from sklearn.model_selection import GridSearchCV

>>> param_grid = [
    {
        'kernel': ['linear', 'rbf', 'poly', 'sigmoid'],
        'C': [ 0.1, 0.2, 0.4, 0.5, 1.0, 1.5, 1.8, 2.0, 2.5, 3.0 ]
    }
]
>>> gs = GridSearchCV(estimator=SVC(), param_grid=param_grid,
                scoring='accuracy', cv=10,
n_jobs=multiprocessing.cpu_count())

>>> gs.fit(X, Y)
GridSearchCV(cv=10, error_score='raise',
      estimator=SVC(C=1.0, cache_size=200, class_weight=None, coef0=0.0,
  decision_function_shape=None, degree=3, gamma='auto', kernel='rbf',
  max_iter=-1, probability=False, random_state=None, shrinking=True,
  tol=0.001, verbose=False),
      fit_params={}, iid=True, n_jobs=8,
      param_grid=[{'kernel': ['linear', 'rbf', 'poly', 'sigmoid'], 'C':
[0.1, 0.2, 0.4, 0.5, 1.0, 1.5, 1.8, 2.0, 2.5, 3.0]}],
      pre_dispatch='2*n_jobs', refit=True, return_train_score=True,
      scoring='accuracy', verbose=0)
>>> gs.best_estimator_
SVC(C=2.0, cache_size=200, class_weight=None, coef0=0.0,
  decision_function_shape=None, degree=3, gamma='auto', kernel='rbf',
  max_iter=-1, probability=False, random_state=None, shrinking=True,
  tol=0.001, verbose=False)

>>> gs.best_score_
0.87
```

데이터셋의 기하학 측면에서 최상의 커널은 정확도 87%를 산출하는 방사형 기저 함수다. 감마 값을 추가로 조정하면 이 값을 약간 향상시킬 수 있지만, 두 하위 집합이 부분적으로 서로 겹치기 때문에 100%에 가까운 정확도를 달성하기는 어렵다. 그러나 이번 분석의 목표는 과적합 모델링이 아니라 적정 수준의 일반화를 보장하는 것이다. 따라서 형상을 고려할 때, 모델이 경계면에서 서브진동을 감지할 수 있도록 제한된 수의 오분류 모델을 채택해야 한다.

또 다른 예는 MNIST 필기체 숫자 데이터셋이다. 이미 선형 모델을 사용해 분류하고 결과를 살펴봤다. 이제 SVM으로 최고의 커널을 찾아보자.

```python
from sklearn.datasets import load_digits

>>> digits = load_digits()

>>> param_grid = [
    {
        'kernel': ['linear', 'rbf', 'poly', 'sigmoid'],
        'C': [ 0.1, 0.2, 0.4, 0.5, 1.0, 1.5, 1.8, 2.0, 2.5, 3.0 ]
    }
]

>>> gs = GridSearchCV(estimator=SVC(), param_grid=param_grid,
                   scoring='accuracy', cv=10,
n_jobs=multiprocessing.cpu_count())
>>> gs.fit(digits.data, digits.target)
GridSearchCV(cv=10, error_score='raise',
        estimator=SVC(C=1.0, cache_size=200, class_weight=None, coef0=0.0,
    decision_function_shape=None, degree=3, gamma='auto', kernel='rbf',
    max_iter=-1, probability=False, random_state=None, shrinking=True,
    tol=0.001, verbose=False),
        fit_params={}, iid=True, n_jobs=8,
        param_grid=[{'kernel': ['linear', 'rbf', 'poly', 'sigmoid'], 'C':
[0.1, 0.2, 0.4, 0.5, 1.0, 1.5, 1.8, 2.0, 2.5, 3.0]}],
        pre_dispatch='2*n_jobs', refit=True, return_train_score=True,
```

```
                   scoring='accuracy', verbose=0)

>>> gs.best_estimator_
SVC(C=0.1, cache_size=200, class_weight=None, coef0=0.0,
  decision_function_shape=None, degree=3, gamma='auto', kernel='poly',
  max_iter=-1, probability=False, random_state=None, shrinking=True,
  tol=0.001, verbose=False)

>>> gs.best_score_
0.97885364496382865
```

98%의 정확도를 가진 최상의 분류기는 다항식 커널과 매우 낮은 C 값을 기반으로 한다. 이것은 여유 공간이 별로 없는 비선형 변환이 모든 숫자의 패턴을 감지할 수 있음을 의미한다. 실제로 SVM(다양한 내부 대체 포함)은 이 데이터셋으로 항상 뛰어난 성능을 보여줬고, 비슷한 문제에 대해 해당 사용법을 쉽게 확장할 수 있다.

또 다른 예는 scickit learn의 일부가 아니지만 fetch_olivetti_faces( )라는 내장 함수를 사용해 자동으로 다운로드하고 설정할 수 있는 Olivetti 얼굴 데이터셋을 대상으로 한다.

```
from sklearn.datasets import fetch_olivetti_faces

>>> faces = fetch_olivetti_faces(data_home='/ML/faces/')
```

data_home 파라미터를 통해 데이터셋을 위치시켜야 하는 로컬 폴더를 설정할 수 있다. 다음 그림은 샘플의 일부분이다.

40명의 사람이 있으며, 각각은 64×64 픽셀의 사진 10장으로 표현한다고 가정해보자.

클래스의 수(40)는 크지 않지만, 많은 사진의 유사성을 고려할 때 좋은 분류기는 구체적으로 상세한 내용을 감지할 수 있어야 한다. 비선형 커널을 사용해 그리드 검색을 실행하면 다음과 같다.

```
>>> param_grid = [
 {
    'kernel': ['rbf', 'poly'],
    'C': [ 0.1, 0.5, 1.0, 1.5 ],
    'degree': [2, 3, 4, 5],
    'gamma': [0.001, 0.01, 0.1, 0.5]
 }
]

>>> gs = GridSearchCV(estimator=SVC(), param_grid=param_grid,
scoring='accuracy', cv=8, n_jobs=multiprocessing.cpu_count())
>>> gs.fit(faces.data, faces.target)
GridSearchCV(cv=8, error_score='raise',
        estimator=SVC(C=1.0, cache_size=200, class_weight=None, coef0=0.0,
    decision_function_shape=None, degree=3, gamma='auto', kernel='rbf',
    max_iter=-1, probability=False, random_state=None, shrinking=True,
    tol=0.001, verbose=False),
        fit_params={}, iid=True, n_jobs=8,
        param_grid=[{'kernel': ['rbf', 'poly'], 'C': [0.1, 0.5, 1.0, 1.5],
'gamma': [0.001, 0.01, 0.1, 0.5], 'degree': [2, 3, 4, 5]}],
        pre_dispatch='2*n_jobs', refit=True, return_train_score=True,
        scoring='accuracy', verbose=0)

>>> gs.best_estimator_
SVC(C=0.1, cache_size=200, class_weight=None, coef0=0.0,
    decision_function_shape=None, degree=2, gamma=0.1, kernel='poly',
    max_iter=-1, probability=False, random_state=None, shrinking=True,
    tol=0.001, verbose=False)
```

최상의 추정량은 차수가 2인 다항식을 기반으로 하며, 해당 정확도는 다음과 같다.

```
>>> gs.best_score_
0.96999999999999997
```

SVM이 매우 한정된 시간 내에 계산되는 간단한 커널을 사용하는 경우에도 비선형 패턴을 감지할 수 있는 능력을 알아봤다. 여러분은 다른 파라미터 조합을 시도하거나 데이터를 사전 처리하고 PCA를 이용해 분석 대상 차원을 줄여보자.

▌ 제어된 지지 벡터 시스템

실제 데이터셋을 사용하면 SVM은 매우 많은 수의 지지 벡터를 추출해 정확도를 높이지만 전체 프로세스 속도는 느리게 한다. 정확도와 지지 벡터 수 사이의 절충점을 찾기 위해 scikit-learn은 NuSVC라는 기능을 제공한다. 여기서 파라미터 nu(포함되지 않은 0과 1 사이를 경계로 함)는 지지 벡터 수(값이 클수록 개수가 증가한다)와 학습 오류(낮은 값일수록 오류의 비율을 줄인다)를 동시에 제어하는 데 사용할 수 있다. 선형 커널과 간단한 데이터셋을 예로 들어보자. 다음은 대상 데이터셋의 산점도다.

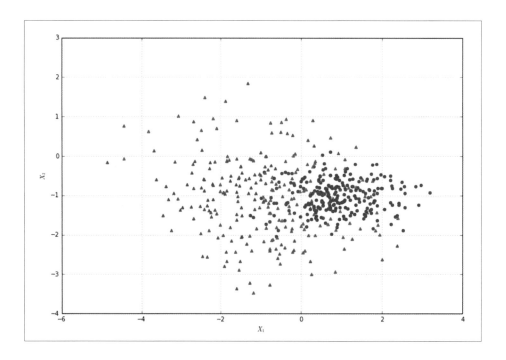

표준 SVM에 대한 지지 벡터 수를 확인해보면 다음과 같다.

```
>>> svc = SVC(kernel='linear')
>>> svc.fit(X, Y)
>>> svc.support_vectors_.shape
(242L, 2L)
```

이 모델은 242개의 지지 벡터를 찾아냈다. 이제 교차 검증을 사용해 이 숫자를 최적화하자. 기본값은 0.5이며, 이 값은 채택 가능한 절충 사항이다.

```
from sklearn.svm import NuSVC

>>> nusvc = NuSVC(kernel='linear', nu=0.5)
>>> nusvc.fit(X, Y)
>>> nusvc.support_vectors_.shape
(251L, 2L)

>>> cross_val_score(nusvc, X, Y, scoring='accuracy', cv=10).mean()
0.80633213285314143
```

기대한 대로, 표준 SVC와 비슷하다. 이제 nu 값을 줄여보자.

```
>>> nusvc = NuSVC(kernel='linear', nu=0.15)
>>> nusvc.fit(X, Y)
>>> nusvc.support_vectors_.shape
(78L, 2L)

>>> cross_val_score(nusvc, X, Y, scoring='accuracy', cv=10).mean()
0.67584393757503003
```

이 경우 지지 벡터의 수는 이전보다 작고 정확도는 해당 선택의 영향을 받는다. 다른 값을 시도해보는 대신, 그리드 검색을 이용해 최상의 선택을 찾아본다.

```
import numpy as np

>>> param_grid = [
    {
        'nu': np.arange(0.05, 1.0, 0.05)
    }
]

>>> gs = GridSearchCV(estimator=NuSVC(kernel='linear'),
param_grid=param_grid,
                    scoring='accuracy', cv=10,
n_jobs=multiprocessing.cpu_count())
>>> gs.fit(X, Y)
GridSearchCV(cv=10, error_score='raise',
        estimator=NuSVC(cache_size=200, class_weight=None, coef0=0.0,
    decision_function_shape=None, degree=3, gamma='auto', kernel='linear',
    max_iter=-1, nu=0.5, probability=False, random_state=None,
    shrinking=True, tol=0.001, verbose=False),
        fit_params={}, iid=True, n_jobs=8,
        param_grid=[{'nu': array([ 0.05, 0.1 , 0.15, 0.2 , 0.25, 0.3 ,
0.35, 0.4 , 0.45,
        0.5 , 0.55, 0.6 , 0.65, 0.7 , 0.75, 0.8 , 0.85, 0.9 ,
0.95])}],
        pre_dispatch='2*n_jobs', refit=True, return_train_score=True,
        scoring='accuracy', verbose=0)

>>> gs.best_estimator_
NuSVC(cache_size=200, class_weight=None, coef0=0.0,
    decision_function_shape=None, degree=3, gamma='auto', kernel='linear',
    max_iter=-1, nu=0.5, probability=False, random_state=None,
    shrinking=True, tol=0.001, verbose=False)

>>> gs.best_score_
0.80600000000000005

>>> gs.best_estimator_.support_vectors_.shape
(251L, 2L)
```

이 경우에도 기본값 0.5를 사용하면 가장 정확한 결과를 얻을 수 있다. 일반적으로 이 접근법은 상당히 잘 작동하지만 지지 벡터 수를 줄일 필요성이 있는 경우, 해당 결과를 수용할 수 있을 때까지 nu 값을 점차 감소시키는 과정의 좋은 출발점이 될 수 있다.

▌ 지지 벡터 회귀

scikit-learn은 이미 설명한 알고리즘의 간단한 변형을 기반으로 하는 지지 벡터 회귀 분석기를 제공한다. 자세한 내용은 참고 문헌을 읽어보기 바란다. 이 접근법의 장점은 비선형 커널을 사용(특히 다항식)하는 데 있다. 하지만 훈련 시간과 함께 복잡도가 빠르게 증가할 수 있으므로 해당 정도를 점진적으로 평가해야 한다.

다음과 같이 2차 노이즈 함수를 기반으로 더미 데이터셋을 만들어보자.

```
>>> nb_samples = 50

>>> X = np.arange(-nb_samples, nb_samples, 1)
>>> Y = np.zeros(shape=(2 * nb_samples,))

>>> for x in X:
        Y[int(x)+nb_samples] = np.power(x*6, 2.0) / 1e4 +
np.random.uniform(-2, 2)
```

데이터셋은 다음과 같다.

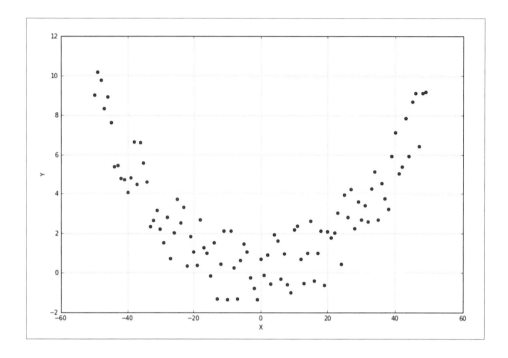

매우 긴 훈련 과정을 피하기 위해 degree 집합을 2로 설정해 모델을 평가한다.

엡실론 파라미터를 사용하면 예측을 위한 소프트 마진^{soft margin}을 설정할 수 있다. 예측값이 목푯값을 중심으로 하고 반지름이 엡실론(ϵ)인 볼^{ball}에 포함되는 경우, 최소화 대상 함수에 패널티가 적용되지 않는다. 기본값은 0.1이다.

```
from sklearn.svm import SVR

>>> svr = SVR(kernel='poly', degree=2, C=1.5, epsilon=0.5)
>>> cross_val_score(svr, X.reshape((nb_samples*2, 1)), Y,
scoring='neg_mean_squared_error', cv=10).mean()
-1.4641683636397234
```

▌ 참고 문헌

- Nocedal J., Wright S. J., Numerical Optimization, Springer

▌ 요약

7장에서는 기본 수학 공식에서 시작해 선형 및 비선형 데이터를 대상으로 SVM이 작동하는 방법에 대해 설명했다. SVM의 주요 개념은 분리 마진에 가장 가까운 제한된 수의 샘플(지지 벡터라고 함)을 사용해 클래스 간 거리를 최대화하는 하이퍼플레인을 찾는 것이다.

커널 함수를 사용해 비선형 문제를 변환하는 방법을 살펴봤다. 이 함수는 선형으로 분리하기 위해 원래의 공간을 고차원 공간으로 매핑할 수 있도록 한다. 또한 지지 벡터의 수를 제어하는 방법과 회귀 문제에 SVM을 사용하는 방법을 살펴봤다.

8장, '의사 결정 나무와 앙상블 학습'에서는 이 책에서 마지막으로 설명하는 분류 방법 중하나인 의사 결정 나무를 설명한다.

08

의사 결정 나무와
앙상블 학습

8장에서는 이진 의사 결정 나무와 앙상블 메서드를 소개한다. 가장 일반적인 분류 방법은 아니지만 매우 단순해 높은 수준의 복잡성을 요구하지 않으므로 많은 작업에 사용할 수 있다. 또한 분석 결과를 설명하는 경우 쉽게 표시할 수 있고 단계별로 설명할 수 있는 구조를 기반으로 하기 때문에 의사 결정 프로세스의 상세 로직을 설명할 필요가 있을 때 매우 좋다.

앙상블 방법은 다수 표결majority vote의 통계 개념을 이용하기 때문에 복잡한 알고리즘을 대체할 수 있는 좋은 대안이다. 많은 약한 학습기weak learner는 다양한 요소를 포착하고 전체 최적은 아니지만 충분히 많은 수의 요소를 사용해 예측할 수 있다. 대부분 통계적으로 올바르게 평가할 가능성이 높다. 특히 오분류 샘플에 초점을 맞추거나 목표 손실 함수를 지속적으로 최소화해 학습 과정을 최적화할 수 있는 유사한 알고리즘인 의사 결정 나무로 구성된 랜덤 포레스트random forest와 몇몇 부스팅boosting 방법에 대해 설명한다.

이진 의사 결정 나무

이진 의사 결정 나무는 순차적 의사 결정 프로세스를 기반으로 하는 구조다. 루트^{root}에서 시작해 특징이 평가되고 2개의 분기 중 하나가 선택된다. 일반적으로 찾고자 하는 분류 대상이 있는 최종 말단에 도달할 때까지 이 과정을 반복한다. 다른 알고리즘와 비교해볼 때 의사 결정 나무는 계산 로직이 단순하다. 더욱이 데이터셋의 내부 분포 균형을 유지하면서 데이터셋을 분할할 수 있는 경우, 전체 프로세스가 직관적이며 예측이 빠르다. 또한 의사 결정 나무는 내부 구조가 다른 특징에 의해 가정된 값의 영향을 받지 않기 때문에 비정규화한 2차원 데이터셋에서도 효율적으로 작동한다. 다음 그림은 정규화하지 않은 2차원 데이터셋의 플롯과 로지스틱 회귀 및 의사 결정 나무를 대상으로 계산한 교차 검증 점수다.

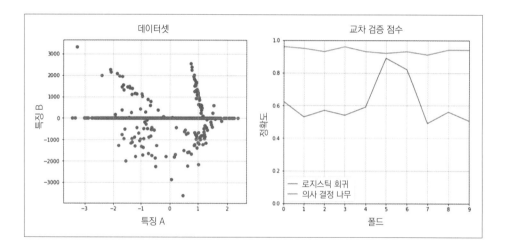

의사 결정 나무는 항상 1.0에 가까운 점수인 반면, 로지스틱 회귀는 평균이 0.6보다 약간 크다. 적절한 제한이 없으면 모든 노드가 단일 샘플(또는 매우 낮은 수)이 될 때까지 진행돼 의사 결정 나무의 크기가 커진다. 이 상황은 모델을 과적합시키고 해당 의사 결정 나무를 정확하게 일반화할 수 없게 한다. 일관된 테스트 집합이나 교차 검증을 사용하면 과적합 문제를 피할 수 있다. 하지만 scikit-learn 구현을 다루는 절에서는 의사 결정 나무의 성장을 제한하는 방법에 대해 설명한다.

이진 의사 결정

입력 데이터셋 X를 생각해보자.

$$X = \{\bar{x}_1, \bar{x}_2, \dots, \bar{x}_n\}$$

여기서 $\bar{x}_i \in \mathbb{R}^m$이다.

모든 벡터는 m개의 특징으로 이뤄져 있으므로 각 특징은 특징과 임곗값으로 구성된 노드를 만드는 좋은 후보가 될 수 있다.

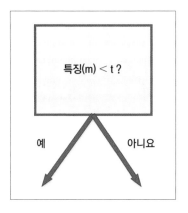

의사 결정 나무의 구조는 특징 및 임곗값에 따라 다르다. 따라서 직관적으로, 데이터를 가장 잘 분류하는 특징을 선택해야 한다. 완벽한 분류 특징은 1개의 노드에만 존재하며 2개의 후속 분기는 이 특징에 더 이상 근거하지 않는다. 실제로는 이것이 불가능하므로 다음 결정 단계의 수를 최소화하는 특징을 찾아야 한다.

예를 들어, 모든 남성의 머리는 검은색이고, 모든 여성의 머리는 금색인 반면, 두 하위 집합의 크기가 다른 학생 데이터셋을 생각해보자. 분석 목표가 클래스를 구성하는 것이라면, 다음과 같은 하위 분류 작업을 할 수 있다.

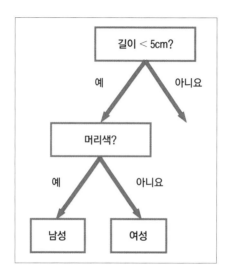

블록(검은색 여부)은 분류 대상인 남성과 여성 모두를 포함하고 있다. 이 분류 정도에 대한 개념은 순도purity라는 용어를 사용해 정량화할 수 있다. 또는 반대 개념인 불순도impurity를 사용해 표현하기도 한다. 이상적인 시나리오는 불순도가 널이 돼 이후의 모든 결정은 나머지 특징만을 이용해 분류되는 경우다. 예를 들면, 학생 데이터의 경우에는 색상 블록부터 간단히 시작할 수 있다.

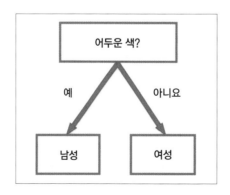

분류 결과 두 집합은 색상 특징 기준에 따라 순수하며, 해당 결과는 목표 기준을 만족시킬 수 있다. 머리카락 길이와 같은 특징을 사용하려면 추가로 다른 노드가 필요하다. 남학생과 여학생 모두 긴 머리를 갖을 수 있어 불순도가 널이 되지 않기 때문이다.

보다 공식적으로, 선택한 튜플을 다음과 같이 정의한다고 가정해보자.

$$\sigma = \langle i, t_k \rangle$$

여기서 첫 번째 요소는 특정 노드에서 데이터셋을 분류하는 데 사용하는 특징 지표다. 첫 단계만 전체 데이터셋이고, 각 단계 이후에는 샘플 수가 줄어든다. 반면, 두 번째 요소는 왼쪽과 오른쪽 가지를 결정하는 임곗값이 된다. 최적의 임곗값은 트리의 구조와 성능을 결정하기 때문에 이 값을 선택하는 것은 중요한 기본 요소다. 분석 목표는 샘플 데이터와 분류 결과 사이의 매우 짧은 결정 경로를 갖도록 분할 수는 최소로 하면서 잔류 불순도를 감소시키는 것이다. 또한 분석 작업은 2개의 가지를 고려해 총 불순도 측정을 정의할 수 있다.

$$I(D, \sigma) = \frac{N_{left}}{N_D} I(D_{left}) + \frac{N_{right}}{N_D} I(D_{right})$$

여기서 D는 선택 노드의 전체 데이터셋, D_{left}와 D_{right}는 결과 하위 집합(선택 튜플을 적용함), I는 불순도 측정값이다.

불순도 측정

가장 많이 사용하는 불순도 측정을 정의하려면 대상 클래스의 총 개수를 고려해야 한다.

$$Y = \{y_1, y_2, \dots, y_n\}$$

여기서 $y_n \in (0, 1, 2, \dots P)$이다.

특정 노드 j에서 각 클래스와 연관된 지표가 $[1, n]$인 확률 $p(i|j)$를 정의할 수 있다. 즉, 빈도 확률론자frequentist의 접근법에 따르면, 이 값은 대상 노드에 속한 샘플의 총 수와 클래스 i에 속한 샘플 수의 비율이다.

지니 불순도 지수

지니 불순도Gini impurity는 다음과 같다.

$$I_{Gini}(j) = \sum_i p(i|j)(1 - p(i|j))$$

여기서 합연산은 항상 모든 클래스를 대상으로 한다. 이것은 일반적인 측정 방법이며 scikit-learn에서 기본 설정으로 사용한다. 일단 샘플이 주어지면 지니 불순도는 해당 가지의 확률 분포를 사용해 레이블을 랜덤하게 선택하고 오분류 확률을 계산한다. 노드의 모든 샘플이 하나의 범주로 분류되면 지니 지수는 최솟값 0.0이 된다.

교차-엔트로피 불순도 지수

교차-엔트로피는 다음과 같이 정의한다.

$$I_{Cross-entropy}(j) = -\sum_i p(i|j)\log p(i|j)$$

이 지수는 정보 이론을 기반으로 하며, 분리 시 1개의 클래스에만 샘플이 존재하는 경우에 널 값을 가정해보자. 반면, 클래스 간 샘플 분포가 일양 분포uniform distribution를 따르기 때문에 각각의 클래스에 샘플이 골고루 존재하면 교차-엔트로피 지수는 최대가 된다. 클래스 간 샘플의 분포가 일양 분포인 경우는 최종 분류까지 분류 단계가 하나도 줄어들지 않았음을 의미하기 때문에 클래스 간 일양 분포를 하는 경우는 의사 결정 나무 분석에서 최악의 사례가 된다. 보다 형식적으로 보면 지니 불순도는 오분류^{misclassification}의 가능성을 최소화하는 반면, 교차 엔트로피는 분류에 대한 불확도를 최소화하는 분류 기준^{split}을 선택할 수 있도록 허용하지만 이 지표는 지니 불순도와 매우 유사하다고 볼 수 있다.

2장, '머신 러닝의 핵심 요소'에서 두 변수에 의해 공유되는 정보의 양으로서 상호 정보 $I(X; Y) = H(X) - H(X|Y)$의 개념을 정의했다. 또한 이렇게 해 Y의 지식으로 X에 대한 불확도를 감소시킬 수 있다. 이를 이용해 분류 기준^{split}이 제공하는 정보 획득^{information gain}의 양을 정의할 수 있다.

$$IG(\sigma) = H(Parent) - H(Parent|Children)$$

의사 결정 나무를 성장시킬 때 정보 이득이 가장 높은 분류 기준을 선택해 시작하고 다음 조건 중 하나가 검증될 때까지 진행한다.

- 모든 노드가 순수한^{pure} 상태다.
- 정보 획득 결과가 널이다.
- 최대 깊이에 도달했다.

오분류 불순도 지수

오분류 불순도는 다음과 같이 정의할 수 있는 가장 간단한 지수다.

$$I_{Misclassification}(j) = 1 - \max p(i|j)$$

품질 성능 면에서 이 지수는 다른 확률 분포(특히 지니나 교차-엔트로피 지수를 사용해 하위 부분으로 쉽게 선택을 유도할 수 있음)에 민감하지 않으므로 최선의 선택이 아니다.

특징 중요도

다차원 데이터셋을 사용해 의사 결정 나무를 확장하는 경우에는 출력값을 예측하기 위해 각 특징의 중요도를 평가하는 것이 좋다. 3장, '특징 선택과 특징 엔지니어링'에서 가장 중요한 특징만을 선택해 데이터셋의 차원을 줄이는 몇 가지 방법에 대해 설명했다. 의사 결정 나무는 모든 단일 특징에 의해 결정되는 불순도 감소를 기반으로 다른 접근법을 제공한다. 특히 특징 x_i를 고려하면, 그 중요도는 다음과 같이 결정할 수 있다.

$$Importance(x_i) = \sum_k \frac{N_k}{N} \Delta I_{x_i}$$

합은 x_i가 사용되는 모든 노드로 확장되고, N_k는 노드 k에 도달하는 샘플의 수다. 따라서 중요도는 노드만을 고려해 계산한 모든 불순도 감소의 가중합weighted sum이다. 이 경우 노드를 분리하는 데 있어 해당 특징을 사용한다. 지니 불순도 지수를 채택하는 경우 이 측정값을 지니 중요도Gini importance라고도 한다.

▌ scikit-learn을 이용한 의사 결정 나무 분류

scikit-learn에는 `DecisionTreeClassifier` 클래스가 포함돼 있다. 이 클래스는 지니 및 교차 엔트로피 불순도 측정 방법을 이용해 이진 의사 결정 나무를 훈련시킬 수 있다. 이 예제에서는 세 가지 특징과 세 가지 클래스가 있는 데이터셋을 분석한다.

```
from sklearn.datasets import make_classification

>>> nb_samples = 500
>>> X, Y = make_classification(n_samples=nb_samples, n_features=3,
n_informative=3, n_redundant=0, n_classes=3, n_clusters_per_class=1)
```

우선 기본 설정인 지니 불순도를 이용해 분류 분석을 해보자.

```
from sklearn.tree import DecisionTreeClassifier
from sklearn.model_selection import cross_val_score

>>> dt = DecisionTreeClassifier()
>>> print(cross_val_score(dt, X, Y, scoring='accuracy', cv=10).mean())
0.970
```

Graphviz 형식으로 의사 결정 나무 분석 결과를 출력하고 PDF로 변환할 수 있다.

 Graphviz는 http://www.graphviz.org에서 다운로드할 수 있는 무료 분석툴이다.

훈련시킨 트리를 내보내려면 내장 함수 export_graphviz()를 사용해야 한다.

```
from sklearn.tree import export_graphviz

>>> dt.fit(X, Y)
>>> with open('dt.dot', 'w') as df:
      df = export_graphviz(dt, out_file=df,
                           feature_names=['A','B','C'],
                           class_names=['C1', 'C2', 'C3'])
```

이 경우에는 A, B, C를 특징명으로 사용하고 C1, C2 및 C3을 클래스명으로 사용했다. 파일이 생성되면 명령 행 도구를 사용해 PDF로 변환할 수 있다.

```
>>> <Graphviz Home>bindot -Tpdf dt.dot -o dt.pdf
```

예제 그래프는 상당히 크기 때문에 다음과 같이 의사 결정 나무의 일부 가지만 볼 수 있다.

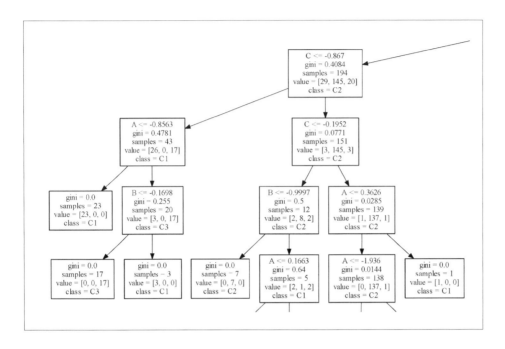

예제 그래프는 두 종류의 노드가 있다.

- 비터미널Nonterminal: 분할 튜플(feature ⟨= threshold) 및 양의 불순도 측정값을 포함함
- 터미널Terminal: 불순도 측정값이 널이고 최종 대상 클래스가 있음

두 경우 모두 샘플 수를 확인할 수 있다. 이러한 종류의 그래프는 얼마나 많은 의사 결정 단계가 필요한지 이해하는 데 좋다. 불행히도 프로세스는 매우 간단하지만 데이터셋 구조에 따라 매우 복잡한 트리가 만들어질 수 있다. 다른 메서드는 가장 적합한 클래스를 즉시 찾을 수 있다. 물론 모든 특징이 동일한 중요도를 갖는 것은 아니다. 트리의 루트와 첫 번째 노드를 고려하면, 많은 샘플을 분리하는 특징을 발견할 수 있다. 따라서 그 중요도는 잔여 샘플 수가 최소인 터미널 노드의 특징보다 높아야 한다. scikit-learn에서는 모델 훈련 후에 각 특징에 대한 지니 중요도를 평가할 수 있다.

```
>>> dt.feature_importances_
array([ 0.12066952, 0.12532507, 0.0577379 , 0.14402762, 0.14382398,
    0.12418921, 0.14638565, 0.13784106])

>>> np.argsort(dt.feature_importances_)
array([2, 0, 5, 1, 7, 4, 3, 6], dtype=int64)
```

다음 그림은 중요도 그래프다.

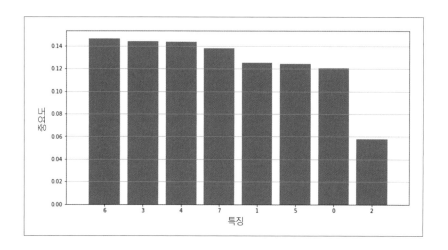

가장 중요한 특징은 6, 3, 4 및 7이며, 특징 2는 매우 적은 수의 샘플을 분류하므로 분류 작업에 많은 정보를 제공하지 않는다고 할 수 있다.

효율성 측면에서 `max_depth` 파라미터를 사용해 의사 결정 나무에 대해 가지치기할 수도 있다. 하지만 어떤 값이 최적인지를 이해하는 것은 항상 쉽지 않다. 물론 이러한 작업에 그리드 검색grid search이 도움이 될 수 있다. 반면, 각 분할에서 고려해야 할 최대 특징 수를 결정하는 것이 상대적으로 쉽다. 이와 같은 목적으로 `max_features` 파라미터를 사용할 수 있다.

- 이 값이 숫자인 경우 각 분할에서 값을 직접 고려한다.
- 'auto' 또는 'sqrt'인 경우 해당 특징 수의 제곱근이 채택된다.

- 'log2'이면, 대수(기저 2)가 사용된다.
- 'None'인 경우, 모든 특징이 사용된다. 이 값이 기본 설정값이다.

일반적으로 총 특징의 수가 너무 많지 않은 경우, 기본 설정값이 가장 적합하지만 많은 특징이 서로 간섭을 일으켜 효율성을 저하시키는 경우 sqrt 또는 log2를 통해 작은 압축을 도입하는 것이 좋다. 성능 및 효율성을 제어하는 데 유용한 또 다른 파라미터는 min_samples_split이며, 분할을 위해 고려해야 할 최소 샘플 수를 설정하는 데 사용한다. 몇 가지 예를 들어보면 다음과 같다.

```
>>> cross_val_score(DecisionTreeClassifier(), X, Y, scoring='accuracy',
cv=10).mean()
0.77308070807080698

>>> cross_val_score(DecisionTreeClassifier(max_features='auto'), X, Y,
scoring='accuracy', cv=10).mean()
0.76410071007100711

>>> cross_val_score(DecisionTreeClassifier(min_samples_split=100), X, Y,
scoring='accuracy', cv=10).mean()
0.72999969996999692
```

이미 설명한 바와 같이 최적 파라미터를 찾는 것은 일반적으로 어려운 작업이며, 이를 수행하는 가장 좋은 방법은 정확도[accuracy]에 영향을 미칠 수 있는 모든 값을 포함해 그리드 검색을 실행하는 것이다.

비교를 위해 이전 집합을 대상으로 로지스틱 회귀를 사용하면 다음과 같다.

```
from sklearn.linear_model import LogisticRegression

>>> lr = LogisticRegression()
>>> cross_val_score(lr, X, Y, scoring='accuracy', cv=10).mean()
0.9053368347338937
```

예상대로 점수는 높아진다. 그러나 원데이터셋은 매우 단순하며 클래스당 1개의 군집을 갖는다. 이렇게 하면 보다 간단하고 정확한 선형 분리가 가능하다. 더 많은 변수와 더 복잡한 구조(선형 분류기로 포착하기 어려운 구조)로 다른 분석 대상을 고려하면, 선형 회귀와 의사 결정 나무에 대해 ROC 곡선을 비교해볼 수 있다.

```
>>> nb_samples = 1000
>>> X, Y = make_classification(n_samples=nb_samples, n_features=8,
n_informative=6, n_redundant=2, n_classes=2, n_clusters_per_class=4)
```

ROC 곡선은 다음과 같다.

MNIST 숫자 데이터셋에서 가장 일반적인 파라미터를 대상으로 그리드 검색을 실행한 결과는 다음과 같다.

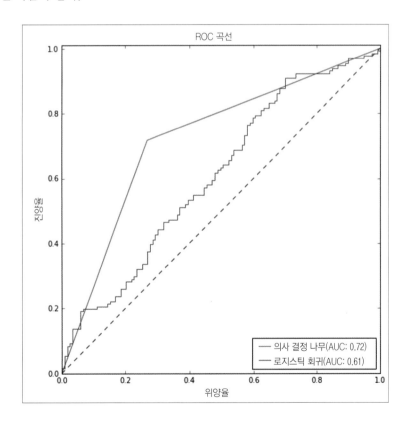

```
from sklearn.model_selection import GridSearchCV

param_grid = [
 {
    'criterion': ['gini', 'entropy'],
    'max_features': ['auto', 'log2', None],
    'min_samples_split': [ 2, 10, 25, 100, 200 ],
    'max_depth': [5, 10, 15, None]
 }
]

>>> gs = GridSearchCV(estimator=DecisionTreeClassifier(),
param_grid=param_grid,
 scoring='accuracy', cv=10, n_jobs=multiprocessing.cpu_count())

>>> gs.fit(digits.data, digits.target)
GridSearchCV(cv=10, error_score='raise',
       estimator=DecisionTreeClassifier(class_weight=None,
criterion='gini', max_depth=None,
           max_features=None, max_leaf_nodes=None,
           min_impurity_split=1e-07, min_samples_leaf=1,
           min_samples_split=2, min_weight_fraction_leaf=0.0,
           presort=False, random_state=None, splitter='best'),
      fit_params={}, iid=True, n_jobs=8,
      param_grid=[{'max_features': ['auto', 'log2', None],
'min_samples_split': [2, 10, 25, 100, 200], 'criterion': ['gini',
'entropy'], 'max_depth': [5, 10, 15, None]}],
      pre_dispatch='2*n_jobs', refit=True, return_train_score=True,
      scoring='accuracy', verbose=0)

>>> gs.best_estimator_
DecisionTreeClassifier(class_weight=None, criterion='entropy',
max_depth=None,
         max_features=None, max_leaf_nodes=None,
         min_impurity_split=1e-07, min_samples_leaf=1,
         min_samples_split=2, min_weight_fraction_leaf=0.0,
         presort=False, random_state=None, splitter='best')
```

```
>>> gs.best_score_
0.8380634390651085
```

이 경우 정확도에 가장 큰 영향을 미치는 요소는 분할에 고려할 최소 샘플 수다. 이 데이터셋의 구조와 작은 변화를 찾아내기 위해 많은 가지를 사용하는 것이 합리적이다.

▌ 앙상블 학습

지금까지 단일 인스턴스에서 모델을 학습해 목표 손실 함수를 최소화하기 위해 알고리즘을 반복 실행했다. 이 접근법은 특정 문제를 해결하기 위해 최적화된 학습기나 방법을 기반으로 한다. 또 다른 접근 방법은 병렬이나 순차적으로 파라미터에 약간의 수정을 가해 훈련할 수 있는 약한 학습기 집합을 기반으로 한다. 이 방법은 두 가지 범주로 구분할 수 있다.

- **배깅**[Bagged] **또는 부트스트랩**[Bootstrap] **트리**: 훈련 프로세스는 여러 분할을 랜덤으로 하며, 예측은 다수결 투표를 기반으로 한다. 랜덤 포레스트는 배깅 트리 앙상블의 예다.
- **부스팅**[Boosting] **트리**: 앙상블은 이전에 잘못 분류된 샘플에 초점을 맞춰 순차적으로 만들어진다. 부스팅 트리의 예제는 아다부스트[AdaBoost] 및 그레이디언트[gradient] 트리 부스팅이다.

랜덤 포레스트

랜덤 포레스트는 노드를 분할하기 위해 랜덤 샘플에 근거해 서로 다른 정책을 갖는 의사 결정 나무의 집합이다. 이러한 모델에서는 최상의 선택을 찾는 대신, 각 의사 결정 나무에 대해 랜덤하게 선택한 하위 집합이 사용되며, 데이터를 가장 잘 분리하는 임곗값을 찾는다. 결과적으로 약한 방식으로 훈련된 많은 트리가 만들어지며 해당 트리를 이용해 각기 다른 예측값을 만들어낸다.

이러한 결과를 해석하는 데는 두 가지 방법이 있다. 보다 일반적인 접근법은 다수 표결 majority vote에 기반을 둔다. 가장 많은 표를 얻은 클래스가 정확하다고 간주된다. scikit-learn은 결과를 평균화해 알고리즘을 구현하므로 매우 정확한 예측이 가능하다. 이러한 예측들이 이론적으로 다르다 할지라도 훈련된 랜덤 포레스트의 확률적 평균은 대다수의 예측과 크게 다르지 않다. 만약 그렇지 않다면 다른 안정점stable points이 있어야 한다. 따라서 두 가지 방법은 종종 비슷한 결과를 가져온다.

예를 들어, 서로 다른 트리 개수로 구성된 랜덤 포레스트로 MNIST 데이터셋을 분류해보자.

```
from sklearn.ensemble import RandomForestClassifier
>>> nb_classifications = 100
>>> accuracy = []

>>> for i in range(1, nb_classifications):
      a = cross_val_score(RandomForestClassifier(n_estimators=i),
digits.data, digits.target, scoring='accuracy', cv=10).mean()
      rf_accuracy.append(a)
```

결과는 다음과 같다.

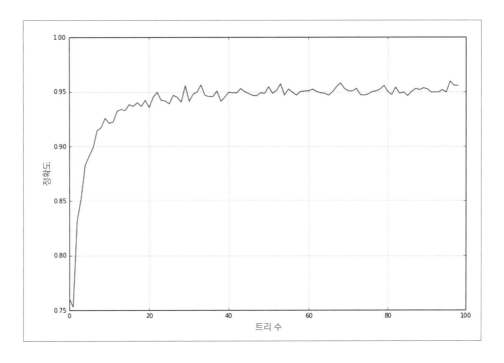

예상대로 트리 수가 최소 임곗값 미만일 때 정확도는 낮다. 그러나 10그루 미만인 경우 빠르게 증가하기 시작한다. 20~30그루 사이의 값은 단일 의사 결정 나무보다 상대적으로 높은 최적 결과(95%)를 산출한다. 트리 수가 적으면 모델의 분산이 매우 높고 평균화 과정에서 많은 잘못된 결과가 생성된다. 그러나 트리 수를 늘리면 분산이 줄어들고 모델이 매우 안정적인 솔루션으로 수렴한다. scikit-learn은 최상의 임곗값을 선택할 때 임의성을 향상시키는 분산을 제공한다. ExtraTreesClassifier 클래스를 사용하면 임의로 임곗값을 계산하고 가장 적합한 모델을 선택하는 기능을 구현할 수 있다. 공식 문서에서 소개했듯이 이렇게 하면 분산을 줄일 수 있다.

```
from sklearn.ensemble import ExtraTreesClassifier
>>> nb_classifications = 100
```

```
>>> for i in range(1, nb_classifications):
    a = cross_val_score(ExtraTreesClassifier(n_estimators=i),
digits.data, digits.target, scoring='accuracy', cv=10).mean()
    et_accuracy.append(a)
```

다음 그림과 같이 정확도 측면에서 동일한 수의 트리를 사용하는 결과가 더 좋다.

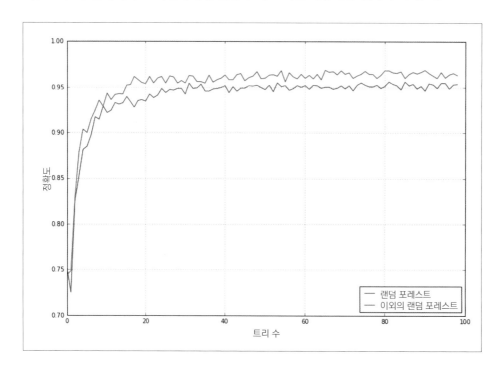

랜덤 포레스트에서 특징 중요도

앞서 소개한 특징 중요도 개념은 임의의 랜덤 포레스트에 적용해 포레스트 내 모든 트리에 대한 평균을 계산할 수도 있다.

$$중요도(x_i) = \frac{1}{N_{Trees}} \sum_t \sum_k \frac{N_k}{N} \Delta I_{x_i}$$

20개의 비정보 요소가 있는 50개의 특징을 포함하는 더미 데이터셋을 사용하면 중요도 평가를 쉽게 테스트할 수 있다.

```
>>> nb_samples = 1000
>>> X, Y = make_classification(n_samples=nb_samples, n_features=50,
n_informative=30, n_redundant=20, n_classes=2, n_clusters_per_class=5)
```

20개의 의사 결정 나무가 있는 랜덤 포레스트에 따라 처음 50개의 특징에 대한 중요도는 다음과 같다.

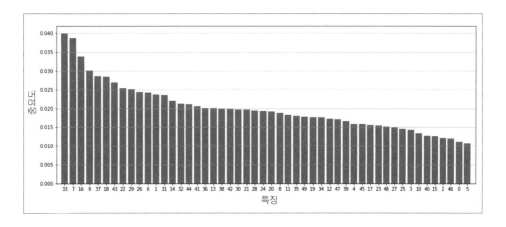

예상대로 매우 중요한 특징, 중간 중요도를 보유한 특징 블록, 예측에 있어 낮은 영향도를 갖는 특징을 포함하는 꼬리가 있다. 이 유형의 플롯은 분석 단계에서 의사 결정 과정이 어떻게 구성돼 있는지 더 잘 이해하는 데 유용하게 활용할 수 있다. 다차원 데이터셋을 사용하는 경우 모든 요소의 영향도를 이해하는 것이 다소 어려우며 때로는 잠재적인 영향을 완전히 인식하지 않아도 많은 중요한 비즈니스 의사 결정을 내릴 수도 있다. 의사 결정 나무나 랜덤 포레스트를 사용하면, 모든 특징의 실제 중요도를 평가할 수 있다. 또한 고정된 임곗값하에서 모든 요소를 제외할 수 있다. 이러한 방식으로 복잡한 의사 결정 프로세스를 단순화할수 있으며, 이와 동시에 노이즈를 부분적으로 제거할 수 있다.

아다부스트

아다부스트^{Adaptive Boosting, AdaBoost}는 다른 많은 분류기와 약간 다른 방식으로 작동한다. 이 기본 구조는 의사 결정 나무지만 훈련에 사용되는 데이터셋은 모델이 오분류된 샘플에 집중하도록 지속적으로 적용한다. 또한 이러한 분류기는 순차적으로 추가되므로 새로운 분류기는 기대했던 만큼 정확하지 않은 부분의 성능을 향상시켜 이전 분류기의 성능을 개선시킨다.

반복적으로 가중값이 각 샘플에 적용돼 잘못 예측된 샘플의 중요도를 높이고 다른 샘플의 중요도를 낮춘다. 모델은 반복적으로 부스팅되며^{boosted}, 최대 n_estimators 수에 도달할 때까지 매우 약한 학습기로 시작한다. 이 경우 예측은 항상 다수결 투표로 계산할 수 있다.

scikit-learn 구현에는 각 분류기의 효과를 가중시키는 learning_rate라는 파라미터가 있다. 이 파라미터의 기본값은 1.0이므로 모든 추정기는 동일한 중요도를 갖는다고 간주한다. 그러나 MNIST 데이터셋에서 볼 수 있듯이, 이 값을 줄이면 개별 기여도가 낮아진다.

```
from sklearn.ensemble import AdaBoostClassifier

>>> accuracy = []

>>> nb_classifications = 100

>>> for i in range(1, nb_classifications):
        a = cross_val_score(AdaBoostClassifier(n_estimators=i,
learning_rate=0.1), digits.data, digits.target, scoring='accuracy',
cv=10).mean()
>>> ab_accuracy.append(a)
```

결과는 다음과 같다.

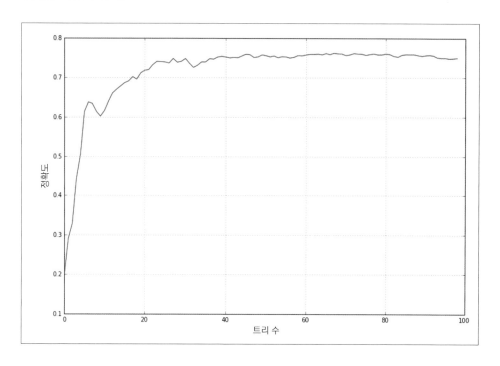

정확도는 이전 예제와 같이 높지 않다. 그러나 부스터가 20~30개의 트리를 추가하면 안정적인 값에 도달한다는 것을 알 수 있다. learning_rate에 대한 최적값은 그리드 검색으로 구할 수 있다. 그러나 이 경우에는 순차적인 접근 방식이 바람직하지 않다. 첫 번째 반복 이후 고정된 수의 트리로 설정한 기존의 랜덤 포레스트가 더 잘 수행된다. 이러한 현상은 아다부스트가 채택한 전략 때문일 수 있다. 이 집합에서 올바르게 분류한 샘플의 가중값을 늘리고, 잘못 분류한 샘플의 가중값을 줄이면 최적의 최소점이 아닌 최종 결과를 얻게 된다. 구조적으로 훨씬 단순한 아이리스iris 데이터셋을 사용해 실험을 반복하면 보다 나은 결과를 얻어낼 수 있다.

```
from sklearn.datasets import load_iris

>>> iris = load_iris()
```

```
>>> ada = AdaBoostClassifier(n_estimators=100, learning_rate=1.0)
>>> cross_val_score(ada, iris.data, iris.target, scoring='accuracy',
cv=10).mean()
0.94666666666666666
```

이 경우 학습률 1.0이 최선의 선택이며, 몇 번의 반복을 통해 부스팅 프로세스가 중단될 수 있음을 알 수 있다. 다음은 이 데이터셋의 정확도를 보여주는 그림이다.

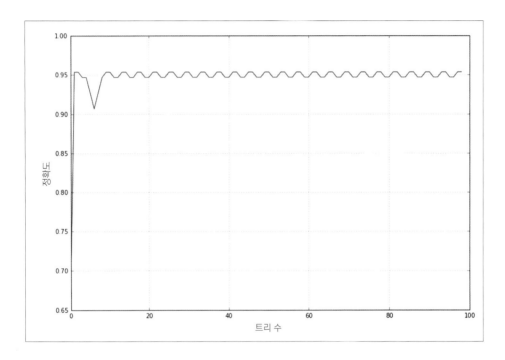

약 10회 반복하면 정확도가 안정 상태가 되고(잔류 진동은 무시할 수 있음), 이 데이터셋과 호환되는 값에 도달한다. 아다부스트의 장점은 리소스 측면에서 평가할 수 있다. 완벽하게 구성된 분류기 집합과 전체 샘플 집합에서 작동하지 않는다. 따라서 대규모 데이터셋을 학습할 때 시간을 절약할 수 있다.

그레이디언트 트리 부스팅

그레이디언트 트리 부스팅은 손실 함수를 최소화하는 목표를 갖는 트리 앙상블을 단계적으로 구축할 수 있게 해주는 기술이다. 앙상블의 일반적인 출력은 다음과 같다.

$$y_E = \sum_i \alpha_i f_i(\bar{x})$$

여기서 $f_i(x)$는 약한 학습기를 나타내는 함수다. 이 알고리즘은 가장 가파른 경사 하강 방법gradient descent method을 사용해 전역 손실 함수를 최소화하도록 각 단계에서 새로운 의사 결정 나무를 추가하는 개념에 기반을 둔다. 경사 하강 방법에 대한 상세한 내용은 https://en.wikipedia.org/wiki/Method_of_s teepest_descent를 참고하라.

$$y_E^{n+1} = y_E^n + \alpha_{n+1} f_{n+1}(\bar{x})$$

경사를 도입하면 이전 표현식은 다음과 같다.

$$y_E^{n+1} = y_E^n + \alpha_{n+1} \sum_i \nabla L(y_{T_i}, y_{E_i})$$

여기서 y_{T_i}는 목표 클래스다.

scikit-learn은 두 가지 분류 손실 함수를 지원하는 GradientBoostingClassifier 클래스를 구현한다.

- 이항/다항식 음수 로그 우도(기본 선택 사항임)
- 지수(예: AdaBoost)

네 가지 특징(세 가지 정보를 제공하고 한 가지는 중복됨)과 세 가지 클래스로 구분된 500개의 샘플 더미 데이터셋을 사용해 이 방법의 정확도를 계산해보자.

```
from sklearn.datasets import make_classification

>>> nb_samples = 500

>>> X, Y = make_classification(n_samples=nb_samples, n_features=4,
n_informative=3, n_redundant=1, n_classes=3)
```

이제 추정기 개수의 범위가 (1, 50)인 경우 교차검증의 평균 정확도를 수집할 수 있다. 이 경우 손실 함수는 기본 설정값으로 다항 음의 로그 우도^{multinomial negative log-likelihood}이다.

```
from sklearn.ensemble import GradientBoostingClassifier
from sklearn.model_selection import cross_val_score

>>> a = []
>>> max_estimators = 50

>>> for i in range(1, max_estimators):
>>> score = cross_val_score(GradientBoostingClassifier(n_estimators=i,
learning_rate=10.0/float(i)), X, Y, cv=10, scoring='accuracy').mean()
>>> a.append(score)
```

추정기(파라미터 n_estimators)의 수를 증가시키는 동안에 학습 속도(파라미터 learning_rate)는 낮추는 것이 중요하다. 일반적으로 최적값은 쉽게 예측할 수 없다. 따라서 그리드 검색을 수행하는 것이 좋다. 이 예제에서는 초깃값 5.0으로 매우 높은 학습률을 설정했으며, 추정기의 수가 100일때 0.05로 수렴한다. 이것은 완벽한 선택이 아니며, 대부분의 경우 수용할 수 없는 수준이다. 더욱이 다른 정확도의 성능을 보여주기 위해서만 만든 것이다.

해당 결과는 다음과 같다.

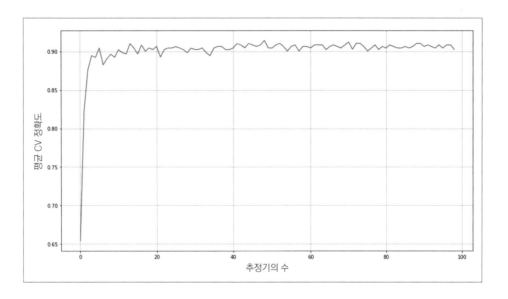

최적 추정기의 수는 약 50이고 학습률은 0.1이다. 다른 조합을 시도해 이 알고리즘의 성능을 다른 앙상블 방법과 비교할 수 있다.

투표 분류기

VotingClassifier 클래스는 매우 흥미로운 앙상블 솔루션을 제공한다. 이 클래스는 여러 집합에 대한 래퍼wrapper로, 실제 분류기가 아니라 병렬로 훈련되고 계산된다. 예측에 대한 최종 결정은 두 가지 전략에 따라 다수결로 결정한다.

- **하드 보팅**hard voting[4] : 다수의 표를 받은 클래스 $N_c(y_t)$가 선택된다.

$$\tilde{y} = argmax(Nc(y_t^1), Nc(y_t^2), ..., Nc(y_t^n))$$

---

4   다양한 테스트와 검증을 통해 생성한 여러 개의 예측 모델 성능을 동일하게 취급하고, 이를 모두 활용해 예측하는 방법이다. 이 경우 예측 모델의 수는 홀수로 한다. – 옮긴이

- **소프트 보팅**soft voting[5] : 모든 분류기에 대해 개별적으로 예측한 클래스에 대한 확률 벡터를 합산하고 평균화한다. 위닝 클래스winning class는 가장 높은 값을 갖는 클래스다.

$$\tilde{y} = argmax \frac{1}{Nclassifiers} \sum_{Classifier} (p_1, p_2, \dots, p_n)$$

더미 데이터셋을 대상으로 하드 보팅 전략의 정확도를 계산해보자.

```
from sklearn.datasets import make_classification

>>> nb_samples = 500

>>> X, Y = make_classification(n_samples=nb_samples, n_features=2, n_redundant=0,
n_classes=2)
```

예를 들어, 세 가지 분류기로 로지스틱 회귀, 의사 결정 나무(기본 설정으로 지니 불순도를 사용) 및 SVM(SVM 커널로 폴리노미얼polynomial을 사용하고, 확률 벡터를 생성하기 위해 probability=True로 설정)을 사용한다. 이 선택은 시범 목적didactic purposes으로만 만들어졌으며, 최고의 방법이 아닐 수도 있다. 앙상블을 만들 때 관련된 각 분류기의 다양한 특징을 고려하고 "중복" 알고리즘(예: 로지스틱 회귀 및 선형 SVM 또는 퍼셉트론은 매우 유사한 성능을 낼 가능성이 있음)을 피하는 것이 좋다. 많은 경우 비선형 분류기를 랜덤 포레스트나 아다부스트 분류기와 혼합하는 것이 좋다. 다른 조합으로 이 실험을 반복해 개별 추정기의 성능과 투표 분류기의 정확도를 비교할 수도 있다.

```
from sklearn.linear_model import LogisticRegression
from sklearn.svm import SVC
```

---

5 각 모델의 확률값을 더해 최종 예측값을 결정하는 방법이다. 즉 모든 예측 대상(예: 주가 상승 또는 주가 하락)에 대해 복수 개의 모델이 예측한 확률을 각각 더해 구합 합을 기준으로 비교해 가장 높은 확률을 보여준 것을 최종 예측값으로 결정한다. – 옮긴이

```
from sklearn.tree import DecisionTreeClassifier
from sklearn.ensemble import VotingClassifier

>>> lr = LogisticRegression()
>>> svc = SVC(kernel='poly', probability=True)
>>> dt = DecisionTreeClassifier()

>>> classifiers = [('lr', lr),
                   ('dt', dt),
                   ('svc', svc)]

>>> vc = VotingClassifier(estimators=classifiers, voting='hard')
```

교차-검증 정확도를 계산하면 다음과 같다.

```
from sklearn.model_selection import cross_val_score

>>> a = []
>>> a.append(cross_val_score(lr, X, Y, scoring='accuracy', cv=10).mean())
>>> a.append(cross_val_score(dt, X, Y, scoring='accuracy', cv=10).mean())
>>> a.append(cross_val_score(svc, X, Y, scoring='accuracy', cv=10).mean())
>>> a.append(cross_val_score(vc, X, Y, scoring='accuracy', cv=10).mean())

>>> print(np.array(a))
[ 0.90182873 0.84990876 0.87386955 0.89982873]
```

개별 단일 분류기와 앙상블의 정확도는 다음과 같다.

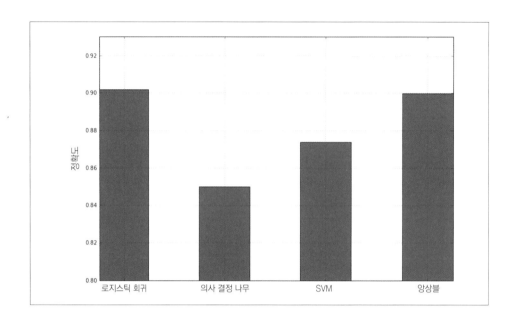

예상대로, 앙상블은 다양한 알고리즘을 이용하므로 어떤 알고리즘보다 우수한 성능을 낸다. 이제 각 분류기에 중요도를 부여하기 위해 파라미터 가중값으로 가중값 벡터를 사용할 수 있다는 점을 고려해 소프트 보팅 실험을 반복할 수 있다.

$$\tilde{y} = argmax \frac{1}{Nclassifiers} \sum_{Classifier} w_c(p_1, p_2, \ldots, p_n)$$

예를 들어 이전 수치를 고려하면 로지스틱 회귀의 중요도를 높이고, 의사 결정 나무 및 SVM의 중요도를 낮춰야 한다.

```
>>> weights = [1.5, 0.5, 0.75]

>>> vc = VotingClassifier(estimators=classifiers, weights=weights,
voting='soft')
```

교차-검증 정확도에 대해 동일한 계산을 수행하면 다음과 같다.

```
>>> print(np.array(a))
[ 0.90182873 0.85386795 0.87386955 0.89578952]
```

결과는 다음과 같다.

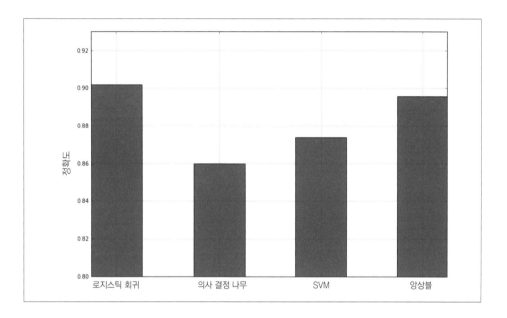

가중값 부여는 소프트 전략에만 국한되지 않는다. 하드 보팅에도 적용할 수 있지만, 이 경우 실제 발생 횟수를 필터링(감소 또는 증가)하는 데 사용한다.

$$\tilde{y} = argmax(Nc(y_t^1, \overline{w}), Nc(y_t^2, \overline{w}), \dots, Nc(y_t^n, \overline{w}))$$

여기서 $N_c(y_t, w)$는 대상 클래스에 대한 투표 수이며, 각각 분류기 가중값 요인 값이다.

투표 분류기^{voting classifier}는 어떤 전략이 원하는 정확도 임곗값에 도달할 수 없는 경우에 좋은 대안이다. 다양한 접근법을 활용해 작은 수의 강력하지만 제한된 학습기를 사용해 많은 미세 경향을 파악할 수 있다.

참고 문헌

- Louppe G., Wehenkel L., Sutera A., and Geurts P., Understanding variable importances in forests of randomized trees, NIPS Proceedings 2013.

요약

8장에서는 의사 결정 나무를 특정 유형의 분류기로 설명했다. 이 방법은 분할 노드를 사용해 의사 결정 과정을 순차적으로 수행한다. 샘플을 대상으로 최종 말단(leaf)에 도달할 때까지 분기를 실행했다. 이와 같은 트리를 만들기 위해 불순물의 개념이 도입됐다. 분석 목표는 전체 데이터셋에서 시작해 최소 특징 수를 공유하는 2개의 개별 집합을 생성하는 구분점을 찾아내는 것이고, 해당 과정이 끝나면 단일 대상 클래스와 연관돼야 한다. 의사 결정 나무의 복잡도는 순도에 달려 있다. 즉, 집합을 가장 잘 구분하는 특징을 항상 쉽게 결정할 수 있으면 깊이가 작아도 된다. 그러나 많은 경우에 있어 일반적인 현상은 아니다. 따라서 의사 결정 나무는 최종 말단에 이르기까지 많은 중간 노드를 이용해 불순도를 줄인다.

또한 랜덤 포레스트, 아다부스트, 그레이디언트 트리 부스팅 및 투표 분류기와 같은 앙상블 학습 접근법에 대해서도 설명했다. 이러한 기술은 모두 약한 학습기 여러 개를 훈련시키고 다수 표^{vote}나 평균값을 사용해 예측을 계산한다. 그러나 랜덤 포레스트가 부분적으로 랜덤하게 훈련된 의사 결정 나무 집합을 만드는 반면, 아다부스트와 그레이디언트 트리 부스팅은 새로운 단계를 단계적으로 추가하고 이전에 오분류된 샘플에만 초점을 두거나 특정 손실 함수의 최소화에만 초점을 맞춰 모델을 강화하는 기술을 사용한다. 이와는 달리 투표 분류기는 서로 다른 분류기를 혼합해 과반수 투표를 채택해 예측 중에 어떤 클래스가 선정돼야 하는지를 결정한다. 9장, '군집화 개요'에서는 첫 번째 비지도학습 방법인 k-평균에 대해 소개한다. 이 방법은 가장 잘 알려진 군집화 알고리즘 중 하나다. 이 방법에 대한 장단점에 초점을 맞춰 scikit-lean에서 제공하는 몇 가지 방법을 알아본다.

09

군집화 개요

9장에서는 많은 문제를 효율적으로 해결할 수 있는 일반적인 알고리즘인 k-평균의 구조와 군집화 기본 개념을 소개한다. 이 알고리즘의 가정은 매우 엄격하며, 특히 군집의 볼록convexity에 관한 가정을 하며, k-평균 알고리즘을 채택할 때 몇 가지 제한을 초래할 수 있다. 9장에서는 k-평균 알고리즘의 수학적 기초와 최적화 방법에 대해 설명한다. 또한 k-평균이 데이터셋을 군집화하지 못할 때 사용할 수 있는 두 가지 대안을 분석한다. k-평균 알고리즘에 대한 대안은 샘플 밀도차를 고려해 작동하는 DBSCAN과 점 간의 유사성을 기반으로 한 접근 방법인 스펙트럼 군집화spectral clustering다.

▌ 군집화 기초

점으로 이뤄진 데이터셋을 생각해보자.

$$X = \{\bar{x}_1, \bar{x}_2, \ldots, \bar{x}_n\} \, where \, \bar{x}_i \in \mathbb{R}^m$$

각 샘플을 특정 그룹과 연관시킬 수 있게 고유하지 않은 기준을 찾아낼 수 있다고 가정해보자.

$$g_k = G(\bar{x}_i) \, where \, k = \{0,1,2,\ldots,t\}$$

통상적으로, 이러한 개별 그룹을 군집^{cluster}이라 하고, 함수 G를 찾는 과정을 군집화 clustering라고 한다. 지금 당장은 군집에 제한을 두지 않겠지만 이러한 접근 방법은 비지도 학습이기 때문에 일부 요소를 결합하고 다른 요소를 분리하기 위한 유사도 계산 기준이 있어야 한다. 다른 군집화 알고리즘은 이러한 문제를 해결하기 위한 대안을 이용해 매우 다른 결과를 만들어낼 수 있다. 다음 그림은 4개 집합의 2차원 샘플을 대상으로 군집화 분석을 실행한 예다. 군집에 1개의 점을 배정하는 결정은 특징에만 달려 있으며, 때로는 이웃한 다른 점^{point}의 위치에 따라 결정된다.

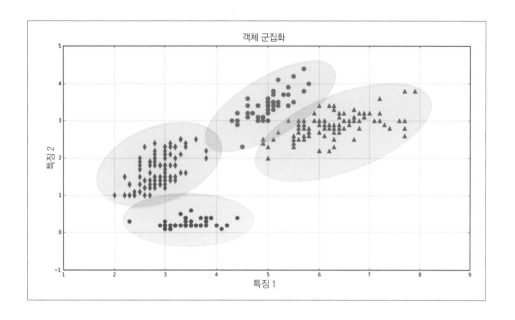

이 책에서는 각 요소가 단일 군집에 **하드 군집화**hard clustering 기술에 대해 설명한다. **소프트 군집화**soft clustering나 **퍼지 군집화**fuzzy clustering라고 하는 대안 알고리즘은 대상 요소elements가 각 군집에 속하는 정도를 정의하는 구성원membership의 점수를 기반으로 한다. 일반 군집화 함수는 다음과 같다.

$$\bar{m}_i = F(\bar{x}_i)$$

여기서 $\bar{m}_i = \left(m_i^0, m_i^2, \dots, m_i^t\right)$ 그리고 $m_i^k \in [0,1]$이다.

벡터 m_i는 x_i의 상대적 멤버십을 나타내며 종종 확률 분포로 정규화한다.

k-평균

k-평균 알고리즘은 k개의 초기 중심centroids 또는 means 설정을 통해 군집 수를 결정하기 위한 (강한) 초기 조건 또는 평균을 기반으로 한다.

$$K^{(0)} = \left\{ \mu_1{}^{(0)}, \mu_2{}^{(0)}, \dots, \mu_k{}^{(0)} \right\}$$

다음으로 각 샘플과 중심 간의 거리를 계산하고 거리가 최소가 되는 군집에 대상 샘플을 배정한다. 이 접근법은 다음과 같이 정의하는 군집의 관성 최소화라고한다.

$$SS_{W_i} = \sum_t \|x_t - \mu_i\|^2 \ \forall i \in (1, k)$$

군집화 과정은 반복적으로 수행한다. 일단 모든 샘플이 처리되면 현재 군집에 속한 실제 요소를 고려해 새로운 중심 집합 $K^{(1)}$을 계산하고, 모든 거리를 재계산한다. 원하는 오차에 도달하면 알고리즘을 중단한다. 즉, 중심이 안정화돼 관성inertia이 최소가 되는 경우 중단한다.

이 접근법은 초기 조건에 매우 민감하며, 수렴 속도를 향상시키기 위해 몇 가지 방법이 연구됐다. 그중 하나는 k-평균(Karteeka Pavan K., Allam Appa Rao, Dattatreya Rao A. V., Sridhar GR이 저술한 논문 'Robust Seed Selection Algorithm for K-Means Type Algorithms', International Journal of Computer Science and Information Technology 3, no. 5, October 30, 2011)으로 이 방법은 초기 중심을 통계적으로 최종 중심에 근접하도록 선택한다. 이에 대한 수학적 설명은 어렵다. 그러나 이 방법은 scikit-learn의 기본 설정이며, 일반적으로 이 알고리즘으로 해결할 수 있는 군집화 문제에 대한 최선의 선택이다. 더미 데이터셋을 사용한 간단한 예제를 살펴보면 다음과 같다.

```
from sklearn.datasets import make_blobs

nb_samples = 1000
X, _ = make_blobs(n_samples=nb_samples, n_features=2, centers=3,
cluster_std=1.5)
```

개별 blob의 표준 편차로 인해 2차원 특징을 갖는 3개의 군집과 부분적인 중복을 갖을 것으로 예상한다. 이 예제에서는 알고리즘을 시도하는 데 있어 지역적으로 일관성 있는 점들을 생성해야 하므로 예상되는 군집을 포함하고 있는 Y 변수를 사용하지 않을 것이다.

결과 플롯은 다음과 같다.

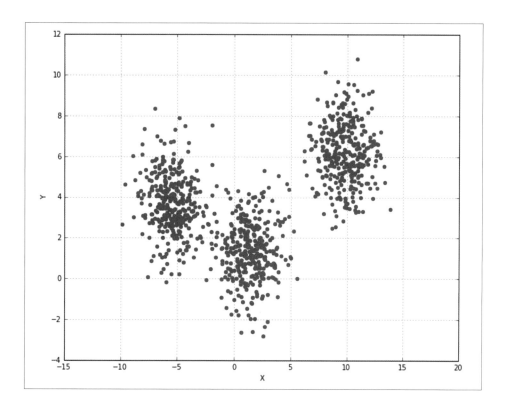

이 경우 문제는 해결하기가 매우 간단하며, k-평균이 [−5, 10] 사이의 X 영역에서 최소
오차로 3그룹을 분리한다. 기본 설정값을 사용해 분석하면 다음과 같다.

```
from sklearn.cluster import KMeans

>>> km = KMeans(n_clusters=3)
>>> km.fit(X)
KMeans(algorithm='auto', copy_x=True, init='k-means++', max_iter=300,
    n_clusters=3, n_init=10, n_jobs=1, precompute_distances='auto',
    random_state=None, tol=0.0001, verbose=0)

>>> print(km.cluster_centers_)
```

```
[[ 1.39014517, 1.38533993]
 [ 9.78473454, 6.1946332 ]
 [-5.47807472, 3.73913652]]
```

세 가지 다른 마커marker를 사용해 데이터를 재플로팅하면 k-평균이 데이터를 분리한 결과를 확인할 수 있다.

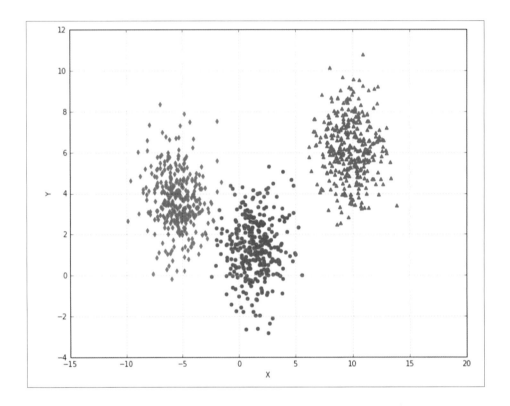

k-평균은 유클리드 거리를 기반으로 하기 때문에 분리하기가 매우 쉽다. 유클리드 거리는 방사형이므로 해당 군집이 볼록convex이다. 이러한 현상이 발생하지 않으면, 이 알고리즘을 사용해 문제를 해결할 수 없다. 대부분 볼록 상태가 완벽하게 보증되지 않더라도 k-평균은 좋은 결과를 얻을 수 있지만 군집화가 불가능하고 k-평균이 중심을 찾더라도 완전히 잘못된 값이 될 수도 있다.

동심원을 생각해보자. scikit-learn은 이러한 데이터셋을 생성하는 내장 함수를 제공한다.

```
from sklearn.datasets import make_circles
>>> nb_samples = 1000
>>> X, Y = make_circles(n_samples=nb_samples, noise=0.05)
```

이 데이터셋의 플롯 결과는 다음과 같다.

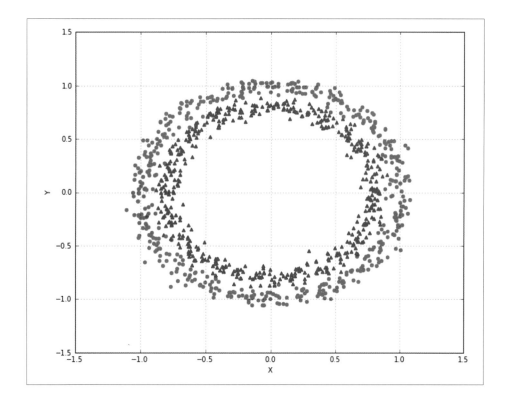

삼각형으로 표시한 내부 군집과 점으로 표시한 외부 군집을 가지려 한다고 가정해보자. 이러한 집합은 볼록 형태가 아니므로 k-평균을 정확하게 구분할 수 없다. 평균이 동일해야 한다. 알고리즘을 두 군집에 적용시킨다고 가정해보자.

```
>>> km = KMeans(n_clusters=2)
>>> km.fit(X)
KMeans(algorithm='auto', copy_x=True, init='k-means++', max_iter=300,
    n_clusters=2, n_init=10, n_jobs=1, precompute_distances='auto',
    random_state=None, tol=0.0001, verbose=0)
```

다음 그림과 같이 분리된다.

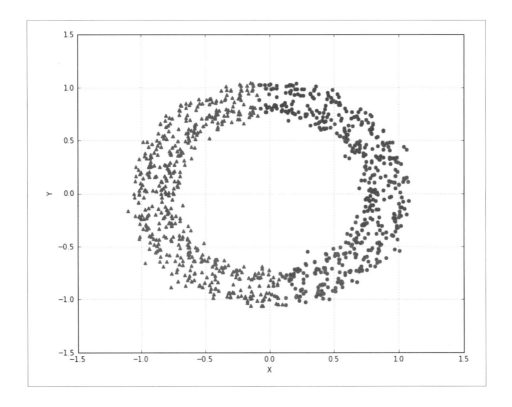

예상대로, k-평균은 두 반원^{half-circle}의 중간에 있는 2개의 중심에 수렴했으며, 결과 군집
화는 예상한 것과 상당히 다르다. 더욱이 해당 샘플이 공통 중심으로부터의 거리에 따라
다르게 고려돼야 한다면, 이 결과는 완전히 잘못된 예측이 된다. 따라서 다른 방법을 사
용해야 한다.

최적 군집 수 찾기

k-평균의 가장 공통적인 단점 중 하나는 최적 군집 수와 관련이 있다는 것이다. 지나치게 작은 값은 상이한 요소가 포함된 큰 그룹을 결정하지만, 많은 수의 경우 군집 간의 차이를 식별하기 어렵다. 따라서 적절한 군집 수를 결정하고 해당 성능을 평가하는 데 사용할 수 있는 몇 가지 방법을 설명한다.

관성 최적화

첫 번째 방법은 적절한 수의 군집이 작은 관성^{inertia}을 생성한다는 가정에 근거한다. 그러나 군집 수가 샘플 수와 같을 때 이 값은 최솟값 (0.0)에 도달한다. 따라서 최솟값을 구할 수는 없지만 관성과 군집 수 사이에 트레이드 오프$^{trade-off}$ 값을 구할 수 있다.

1,000개의 요소로 이뤄진 데이터셋이 있다고 가정해보자. 다양한 수의 군집에 대해 관성을 계산하고 수집할 수 있다. scikit-learn은 이 값을 인스턴스 변수 inertia_에 저장한다.

```
>>> nb_clusters = [2, 3, 5, 6, 7, 8, 9, 10]

>>> inertias = []

>>> for n in nb_clusters:
>>>     km = KMeans(n_clusters=n)
>>>     km.fit(X)
>>>     inertias.append(km.inertia_)
```

값을 가시화하면 다음 그림과 같은 결과가 나타난다.

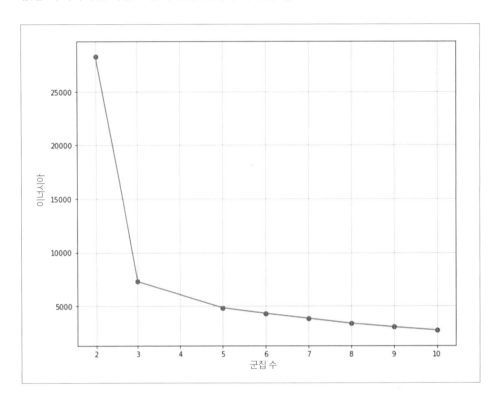

위에서 알 수 있는 바와 같이 2와 3 사이에는 극적인 감소가 있으며 다음으로 해당 기울기가 평평해지기 시작한다. 군집 수를 감소시키면 거대한 관성 증가^{inertial increase}가 발생하고, 증가시키면 관성이 아주 작게 감소하는 값을 얻고자 한다. 따라서 좋은 선택은 4 또는 5일 수 있지만 값이 클수록 각 지점이 개별 군집이 되는 극한 상황이 될 때까지 원치 않는 군집 내부 분할이 발생할 수 있다. 이 방법은 매우 간단하며 잠재적인 범위를 결정하는 첫 번째 방법으로 사용할 수 있다. 다음 전략은 보다 복잡하며 최종 군집 수를 찾는 데 사용할 수 있다.

실루엣 점수

실루엣 점수는 "최대 내부 응집도 및 최대 군집 분리" 원칙에 기반을 둔다. 즉, 데이터셋의 세분화를 만들어주는 군집 수를 서로 잘 구분되는 고밀도 블록^{dense blocks}으로 찾는다. 이러한 방식으로 모든 군집에는 매우 유사한 요소가 포함될 것이며, 서로 다른 군집에 속한 두 요소를 선택하면 해당 군집의 거리는 군집 내 요소 간 최대 거리보다 커야 한다.

거리 측정 방법(유클리드가 보통 좋은 선택임)을 정의한 후에 각 요소에 대한 평균 군집 내 거리를 계산할 수 있다.

$$a(\bar{x}_i) = E_{\bar{x}_{j \in C}}[d(\bar{x}_i, \bar{x}_j)] \ \forall \ \bar{x}_i \in C$$

평균 최근접-군집 거리(최저 군집 내 거리에 해당)를 정의할 수도 있다.

$$b(\bar{x}_i) = E_{\bar{x}_{j \in D}}\big[d(\bar{x}_i, \bar{x}_j)\big] \forall \bar{x}_i \in C$$

여기서 $D = argmin\{d(C, D)\}$이다.

요소 x_i의 실루엣 점수는 다음과 같이 정의한다.

$$s(\bar{x}_i) = \frac{b(\bar{x}_i) - a(\bar{x}_i)}{\max\{a(\bar{x}_i), b(\bar{x}_i)\}}$$

이 값은 −1과 1 사이에 있으며 다음과 같이 해석한다.

- $a(x_i) \ll b(x_i)$임을 의미하기 때문에 1에 가까운 값일수록 좋다(1이 가장 좋은 조건이다).

- 0에 가까운 값은 군집 간 및 군집 내 측정값의 차이가 거의 널 값이므로 군집이 겹쳐 있음을 의미한다.

- −1에 가까운 값은 $a(x_i) \gg b(x_i)$이므로 해당 샘플이 잘못된 군집에 배정됐음을 의미한다.

scikit-learn을 사용하면 평균 실루엣 점수를 계산해 여러 군집 수를 즉시 파악할 수 있다.

```
from sklearn.metrics import silhouette_score

>>> nb_clusters = [2, 3, 5, 6, 7, 8, 9, 10]

>>> avg_silhouettes = []

>>> for n in nb_clusters:
>>>     km = KMeans(n_clusters=n)
>>>     Y = km.fit_predict(X)
>>>     avg_silhouettes.append(silhouette_score(X, Y))
```

해당 그림은 다음과 같다.

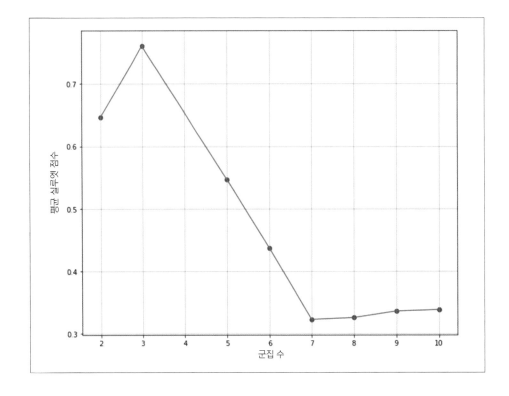

가장 좋은 값은 3이다. 이 값은 1.0에 매우 가깝다. 그러나 이전 방법을 염두에 두면 4개의 군집이 합당한 실루엣 점수와 함께 더 작은 관성을 제공한다. 그러므로 3 대신 4가 좋은 선택 값이다. 그러나 3과 4 사이의 결정은 즉시해야 하는 것이 아니며 데이터셋의 특성을 고려해 평가해야 한다. 실루엣 점수는 3개의 조밀한 덩어리가 있음을 나타내지만, 관성 도표$^{inertia\ diagram}$는 그중 하나가 2개의 군집으로 나뉠 수 있음을 말해준다. 군집화가 어떻게 작동하는지 잘 이해하기 위해 실루엣 플롯을 그래프로 표시해 모든 군집의 각 샘플에 대해 정렬된 점수를 표시할 수도 있다. 다음 코드에서는 2, 3, 4 및 8과 같은 여러 군집에 대한 플롯을 표시한다.

```
from sklearn.metrics import silhouette_samples

>>> fig, ax = subplots(2, 2, figsize=(15, 10))

>>> nb_clusters = [2, 3, 4, 8]
>>> mapping = [(0, 0), (0, 1), (1, 0), (1, 1)]

>>> for i, n in enumerate(nb_clusters):
>>>     km = KMeans(n_clusters=n)
>>>     Y = km.fit_predict(X)

>>>     silhouette_values = silhouette_samples(X, Y)
>>>     ax[mapping[i]].set_xticks([-0.15, 0.0, 0.25, 0.5, 0.75, 1.0])
>>>     ax[mapping[i]].set_yticks([])
>>>     ax[mapping[i]].set_title('%d clusters' % n)
>>>     ax[mapping[i]].set_xlim([-0.15, 1])
>>>     ax[mapping[i]].grid()
>>>     y_lower = 20

>>>     for t in range(n):
>>>         ct_values = silhouette_values[Y == t]
>>>         ct_values.sort()
>>>         y_upper = y_lower + ct_values.shape[0]

>>>         color = cm.Accent(float(t) / n)
```

```
>>>        ax[mapping[i]].fill_betweenx(np.arange(y_lower, y_upper), 0,
>>>                                              ct_values,
facecolor=color,
edgecolor=color)
>>>        y_lower = y_upper + 20
```

각 샘플의 실루엣 계수는 silhouette_values 함수를 사용해 계산하며, 실루엣 계수는 항상 −1과 1 사이에 있다. 이 경우 작은 값이 없기 때문에 그래프를 −0.15와 1 사이로 제한한다. 그러나 전체 범위를 제한하기 전에 확인할 필요가 있다.

결과 그래프는 다음과 같다.

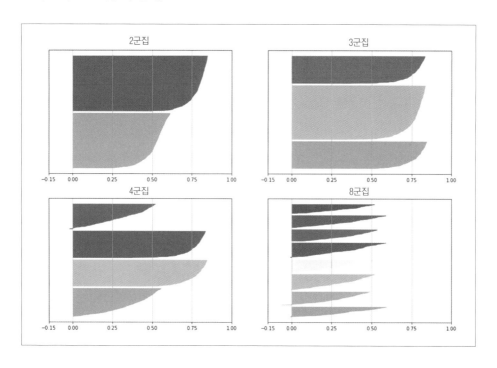

각 실루엣의 너비는 특정 군집에 속한 샘플 수에 비례하며, 그 모양은 각 샘플 점수에 의해 결정된다. 동일한 군집의 샘플은 매우 낮은 점수의 분산을 가질 것으로 예상되므로 이상적인 플롯은 피크^{peak}가 없는 균일하고 긴 실루엣을 가져야 한다. 즉 삼각형이 아닌 사다리꼴과 유사해야 한다. 2개 군집의 경우 모양은 허용되지만 1개 군집은 평균 점수가 0.5, 다른 군집은 0.75보다 큰 값을 갖는다. 따라서 첫 번째 군집의 내부 일관성은 낮다. 완전히 다른 상황은 8개 군집에 해당하는 플롯과 같다. 모든 실루엣은 삼각형이며 최대 점수는 0.5보다 약간 크다. 이는 모든 군집이 내부적으로 일관성이 있지만 분리는 용납할 수 없음을 의미한다. 3개의 군집을 사용하면 두 번째 실루엣의 너비를 제외하고 플롯이 거의 완벽하다. 추가 측정 기준이 없으면 이 수치를 최상의 선택으로 간주할 수 있지만(평균 점수로도 확인됨), 군집 수가 많을수록 관성inertia은 낮다. 4개의 군집을 적용할 경우 해당 플롯은 약간 악화되고, 최대 점수가 약 0.5가 되는 2개의 실루엣을 갖는다. 이것은 2개의 군집이 완벽하게 일관되고 분리돼 있음을 의미하지만 나머지 2개는 다소 일관성이 있지만 잘 분리돼 있지는 않음을 의미한다. 지금 당장은 3과 4 사이에서 선택해야 한다. 다음에 소개하는 방법은 모든 의구심을 없애는 데 도움이 된다.

칼린스키-하라바스 지수

조밀하고 잘 분리된 군집의 개념을 기반으로 하는 또 다른 방법은 칼린스키-하라바스 Calinski-Harabasz 지수다. 이를 구현하기 위해서는 먼저 군집 간 산포dispersion를 정의해야 한다. 상대 중심과 전체 중심을 갖는 k개의 군집이 있는 경우, 군집 간 분산(BCD)은 다음과 같다.

$$BCD(k) = Tr(B_k)$$

여기서 $B_k = \sum_t n_t (\mu - \mu_t)^T (\mu - \mu_t)$ 이다.

위의 식에서 n_k는 군집 k에 속하는 요소의 수다. m_u(공식에서 그리스 언어에 해당)은 전체 중심이며, mu_i는 군집 i의 중심이다. 군집 내 분산(WCD)은 다음과 같이 정의한다.

$$WCD(k) = Tr(X_k)$$

여기서 $X_k = \sum_t \sum_{x \in c_k} (x - \mu_t)^T (x - \mu_t)$ 이다.

칼린스키-하라바스 지수는 $BCD(k)$와 $WCD(k)$ 사이의 비율로 정의할 수 있다.

$$CH(k) = \frac{N-k}{k-1} \cdot \frac{BCD(k)}{WCD(k)}$$

군집 내 산포(밀도가 높은 응집체) 및 높은 군집 간 산포(잘 분리된 응집체)를 찾아야 하기 때문에 이 지수를 최대화하는 군집 수를 찾아야 한다. 실루엣 점수에 대해 이미 수행한 것과 유사한 방식으로 그래프를 구할 수 있다.

```
from sklearn.metrics import calinski_harabaz_score

>>> nb_clusters = [2, 3, 5, 6, 7, 8, 9, 10]

>>> ch_scores = []

>>> km = KMeans(n_clusters=n)
>>> Y = km.fit_predict(X)

>>> for n in nb_clusters:
>>>     km = KMeans(n_clusters=n)
>>>     Y = km.fit_predict(X)
>>>     ch_scores.append(calinski_harabaz_score(X, Y))
```

결과 그림은 다음과 같다.

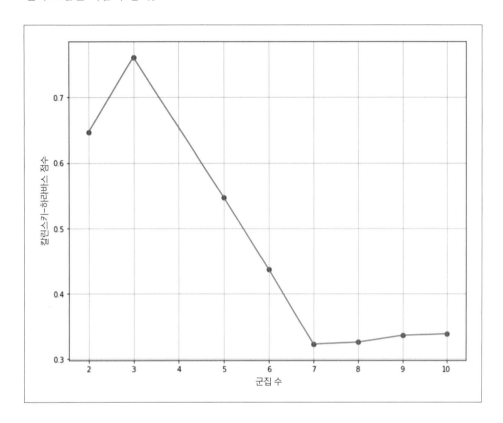

예상대로 가장 높은 값(5,500)은 3개의 군집에서 나오며, 4개의 군집은 5,000보다 약간 작은 값을 보여준다. 이 방법만을 고려하면 4가 여전히 합리적인 가치를 지니고 있지만 최선의 선택은 3이 된다. 전체적인 안정성을 평가하기 위한 마지막 방법을 생각해보자.

군집 불안정성

또 다른 접근법은 "Von Luxburg U., Cluster stability: overview, arXiv 1007: 1075v1, 7 July 2010"에 정의된 군집 불안정성의 개념을 기반으로 한다. 직관적으로, 데이터셋을 교란시킨 결과에 대해 유사한 결과가 나오는 경우 "군집화 접근법이 안정적이다"라고 한다. 공식적으로, 데이터셋 X에 대해 교란시키거나[perturbed] 잡음이 많은 집합을 정의할 수 있다.

$$X_n = \{X_n^0, X_n^1, \ldots, X_n^m\}$$

동일한 수(k)의 군집을 갖는 2개의 군집 간 거리 측정 방법 $d(C(X_1), C(X_2))$를 고려하면, 앞에서 언급한 불안정도는 잡음이 많은 버전의 군집화 쌍 간의 평균 거리로 정의한다.

$$I(C) = E_{X_n^{i,j} \in X_n}[d(C(X_n^i), C(X_n^j))]$$

불안정도를 낮추려면 $I(C)$를 최소화하고 안정성을 최대화하는 k 값을 찾아야 한다. 우선, 집합이 많은 데이터셋을 생성한다. X에 표준 편차가 10.0인 2차원 샘플 1,000개가 있다고 가정해보자. 확률이 0.25인 $[-2.0, 2.0]$ 범위 내 균일한 랜덤값을 추가해 X를 교란[perturb]시킬 수 있다.

```
>>> nb_noisy_datasets = 4

>>> X_noise = []

>>> for _ in range(nb_noisy_datasets):
>>>     Xn = np.ndarray(shape=(1000, 2))
>>>     for i, x in enumerate(X):
>>>         if np.random.uniform(0, 1) < 0.25:
>>>             Xn[i] = X[i] + np.random.uniform(-2.0, 2.0)
>>>         else:
>>>             Xn[i] = X[i]
>>>     X_noise.append(Xn)
```

여기서는 4개의 교란된 버전을 갖고 있다고 가정해보자. 평가 방법으로 해밍 거리를 사용한다. 해밍 거리는 일치하지 않는 출력 요소의 수에 비례한다(정규화된 경우). 다양한 군집 수에 대한 불안정도를 계산하려면 다음 코드를 실행해야 한다.

```
from sklearn.metrics.pairwise import pairwise_distances

>>> instabilities = []

>>> for n in nb_clusters:
>>>     Yn = []
>>>
>>>     for Xn in X_noise:
>>>         km = KMeans(n_clusters=n)
>>>         Yn.append(km.fit_predict(Xn))

>>> distances = []

>>> for i in range(len(Yn)-1):
>>>         for j in range(i, len(Yn)):
>>>             d = pairwise_distances(Yn[i].reshape(-1, 1),
Yn[j].reshape(-1, -1), 'hamming')
>>>             distances.append(d[0, 0])
>>>     instability = (2.0 * np.sum(distances)) / float(nb_noisy_datasets **
2)
>>>     instabilities.append(instability)
```

거리가 대칭이므로 행렬의 위쪽 삼각형 부분에 대해서만 거리를 계산한다. 결과는 다음과 같다.

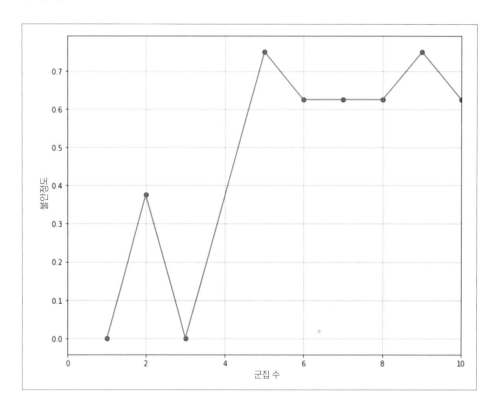

관성이 매우 높은 2개 군집 구성을 제외하면, 세 가지 군집에 대해 최솟값을 가지며 이전의 세 가지 방법으로 이미 확인된 값이다. 따라서 4개 이상의 군집 옵션을 제외하고 n_clusters = 3으로 설정할 수 있다. 이 방법은 매우 강력하지만 원래의 분포를 지나치게 변경하지 않도록 주의하면서 적절한 수의 잡음이 반영된 데이터 셋으로 안정성을 평가해야 한다. 좋은 방법은 데이터셋 분산의 일부(예: 1/10)로 설정된 분산을 가우시안 잡음으로 사용하는 경우다. 이외의 다른 방법은 "Von Luxburg U., Cluster stability: an overview, arXiv 1007: 1075v1, 7 July 210"을 참고하자.

이러한 여러 방법을 k-평균 방법과 함께 설명했지만 다른 군집화 방법의 성능을 평가하고 비교하는 데 사용할 수도 있다.

DBSCAN

밀도-기반 군집화^{Density-Based Spatial Clustering of Applications with Noise, DBSCAN}는 k-평균이 대응하지 못한 비볼록^{non-convex} 문제를 쉽게 해결할 수 있는 간단한 알고리즘이다. DBSCAN에서 군집은 저밀도 영역으로 둘러싸인 고밀도 영역(모양에 제한이 없음)으로 인식한다. DBSCAN에서는 예상 군집 수에 대한 초기 선언이 필요하지 않다. DBSCAN의 군집화 절차는 작은 영역(공식적으로 최소 수의 다른 샘플로 둘러싸인 점)에 대한 분석으로 시작한다. 밀도^{dense}가 충분하면 군집으로 간주한다. 이 시점에서 이웃 값들을 고려한다. 밀도가 높으면 첫 번째 영역과 병합된다. 그렇지 않으면 토폴로지 분리를 결정한다. 즉 모든 영역을 스캔할 경우, 빈 공간으로 둘러싸인 섬의 형태로 여러 개의 군집이 결정된다.

scikit-learn은 2개의 파라미터를 사용해 알고리즘을 제어할 수 있다.

- eps: 두 이웃 사이의 최대 거리를 정의한다. 값이 클수록 더 많은 포인트를 군집화하며, 작을수록 적은 포인트로 보다 많은 군집을 생성한다.
- min_samples: 영역을 정의하는 데 필요한 주변 지점 수를 결정한다(코어 포인트[6]라고도 함).

하프문^{half-moons}이라는 매우 어려운 군집화 문제를 DBSCAN으로 해결해보자. 데이터셋은 내장 함수를 사용해 만든다.

---

6 해당 포인트를 기준으로 반지름 eps 내에 존재하는 포인트의 수가 min_samples 수보다 많은 경우를 말한다. 또한 노이즈 포인트는 해당 포인트를 기준으로 반지름 eps 내에 존재하는 포인트의 수가 min_samples 수보다 적은 경우를 말하고, 경계 포인트는 노이즈 포인트 기준은 만족하지만 코어 포인트를 포함하고 있는 데이터를 말한다. – 옮긴이

```
from sklearn.datasets import make_moons
>>> nb_samples = 1000
>>> X, Y = make_moons(n_samples=nb_samples, noise=0.05)
```

데이터셋을 가시화한 결과는 다음과 같다.

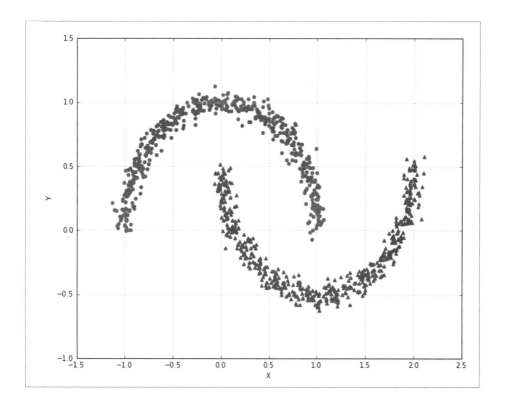

k-평균은 최적의 볼록함convexity을 찾아내어 군집을 만들며, 결과는 다음과 같다.

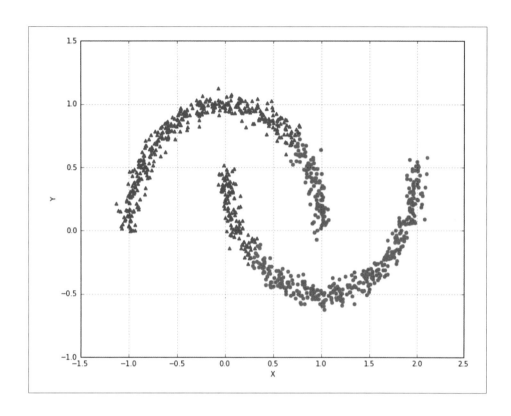

이 경우 군집화의 결과는 좋지 않으며, 정확성을 향상시킬 방법이 없다. DBSCAN을 이용해 시도해보자. 파라미터 값으로 eps를 0.1로 설정하고, min_samples의 기본값을 5로 설정한다.

```
from sklearn.cluster import DBSCAN

>>> dbs = DBSCAN(eps=0.1)
>>> Y = dbs.fit_predict(X)
```

다른 구현과 다르게 DBSCAN은 훈련 과정 중에 레이블을 예측하므로 이미 각 샘플에 배정된 군집을 포함하는 배열 Y를 갖는다.

다음 그림은 2개의 서로 다른 마커를 사용한 결과다.

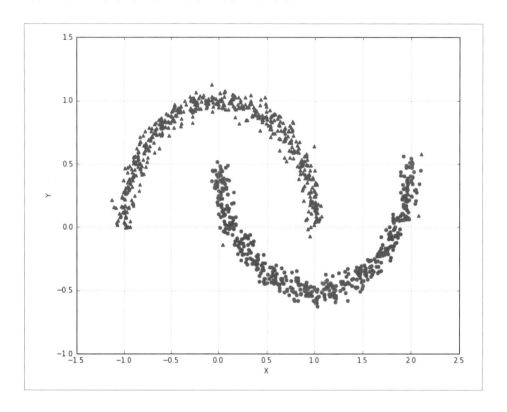

분석 결과에서 볼 수 있듯이 군집화 결과의 매우 높고 3개의 고립된 점만 오분류됐다. 이 경우 3개의 점에 대한 클래스를 알기 때문에 군집화 과정일지라도 적용한 파라미터 값을 사용해도 큰 문제가 없다. 그러나 그리드 검색을 하면 군집화 과정을 최적화하는 최상의 값을 쉽게 찾을 수 있다. 두 가지 공통 문제인 소수의 큰 군집과 많은 작은 군집이 발생하는 이슈 사항을 방지하기 위해서는 이 파라미터를 조정하는 것이 필요하다. 이와 같은 문제는 다음 방법을 사용해 쉽게 해결할 수 있다.

스펙트럼 군집화

스펙트럼 군집화는 대칭 유사도 행렬을 기반으로 하는 보다 정교한 방법이다.

$$A = \begin{pmatrix} a_{00} & \cdots & a_{n0} \\ \vdots & \ddots & \vdots \\ a_{n0} & \cdots & a_{nn} \end{pmatrix}$$

여기에서 각 요소 a_{ij}는 두 샘플 간의 유사도다. scikit-learn에서 가장 자주 사용하는 측정diffused measures 방법은 방사형 기저 함수와 최근접 이웃nearest neighbors이다. 그러나 거리와 동일한 특징(비 음수, 대칭 및 증가)을 갖는 측정값을 생성하는 경우 모든 커널을 사용할 수 있다.

라플라시안 행렬Laplacian matrix을 계산하고 표준 군집화 알고리즘을 고유 벡터eigenvectors의 서브집합에 적용한다. scikit-learn은 Shi-Malik 알고리즘을 이용한다(Shi J., Malik J., Normalized Cuts and Image Segmentation, IEEE Transactions on Pattern Analysis and Machine Intelligence, Vol. 22, 08/2000). 이 알고리즘은 정규화-분할normalized-cuts로 알려져 있으며 샘플을 2개의 집합으로 분리한다. G_1과 G_2는 그래프이며, 각 점은 꼭짓점Vertex이고 모서리Edge는 정규화한 라플라시안 행렬을 이용해 유도한다. 결과적으로 군집 내 각 점에 해당하는 가중값은 분할cut에 속하는 점보다 상대적으로 높다. 상세한 수학적 설명은 이 책의 범위를 벗어나므로 "Von Luxburg U., A tutorial on Special Clustering, 2007"에서 많은 대안이 되는 여러 접근 방법을 참고하자.

이전 하프문의 예제를 생각해보자. DBSCAN과 마찬가지로 근접도affinity는 가장 가까운 이웃 함수를 기반으로 해야 한다. 그러나 다른 커널과 비교하는 것이 좋다. 첫 번째 실험에서는 다양한 감마gamma 파라미터 값과 RBF 커널을 사용한다.

```
from sklearn.cluster import SpectralClustering

>>> Yss = []
>>> gammas = np.linspace(0, 12, 4)

>>> for gamma in gammas:
        sc = SpectralClustering(n_clusters=2, affinity='rbf', gamma=gamma)
        Yss.append(sc.fit_predict(X))
```

이 알고리즘에서는 원하는 군집 수를 설정해야 하므로 값을 2로 설정한다. 결과는 다음과 같다.

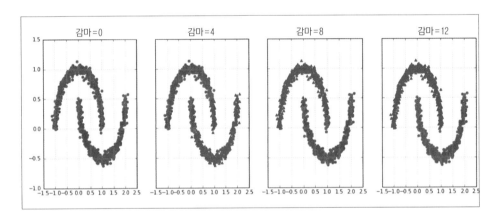

위에서 알 수 있는 바와 같이 척도 요인 감마가 증가하면 군집화 결과가 보다 더 정확해진다. 그러나 데이터셋을 고려할 때 RBF 커널 대신 사용한다면 추가 파라미터값을 설정할 필요가 없다.

```
>>> sc = SpectralClustering(n_clusters=2, affinity='nearest_neighbors')
>>> Ys = sc.fit_predict(X)
```

결과는 다음과 같다.

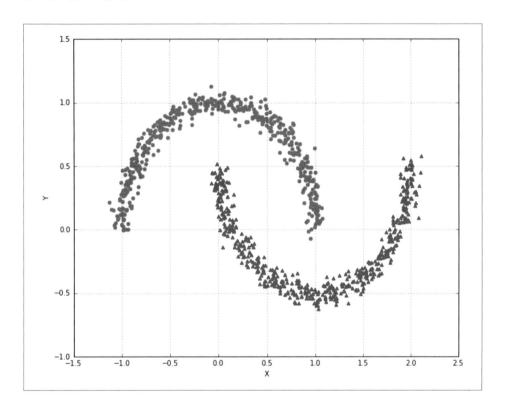

스펙트럼 군집화는 다른 많은 커널-기반 방법과 마찬가지로 어떤 커널이 선호도 행렬에 대해 최상의 값을 제공할 수 있는지를 알아내기 위한 분석이 필요하다. scikit-learn은 이와 같이 표준 방법을 사용해 쉽게 해결할 수 없는 문제에 대해 사용자 정의 커널을 정의할 수도 있다.

▌ 실측 자료에 근거한 평가 방법

이번에는 실측 자료^{ground truth}에 대한 지식이 필요한 평가 방법을 제시한다. 일반적으로 군집화는 비지도학습 방법을 적용하므로 해당 조건을 항상 쉽게 얻어낼 수 있는 것이 아니다. 어떤 경우에는 훈련 집합이 수동 또는 자동으로 레이블되며 신규 샘플의 군집을 예측하기 전에 모델을 평가하는 것이 좋다.

균질성

군집화 알고리즘의 핵심 요구 사항은 각 군집이 단일 클래스에 속하는 샘플만 포함해야 한다는 점이다. 2장, '머신 러닝의 핵심 요소'에서는 엔트로피 $H(X)$와 Y에 대한 정보가 주어졌을 때 X의 불확실 정도를 측정하는 조건부 엔트로피 $H(X|Y)$의 개념을 정의했다. 따라서 클래스 집합을 C라 하고 군집 집합을 K라고 한다면, $H(C|K)$는 데이터셋을 군집화한 후 클래스를 결정할 때의 정확도와 관련된 측정값(불확도)을 의미한다. 균질도를 계산하려면 클래스 집합 $H(C)$의 초기 엔트로피를 고려해 이 값을 정규화해야 한다.

$$h = 1 - \frac{H(C|K)}{H(C)}$$

scikit-learn은 이 값을 계산하는 데 사용할 수 있는 내장 함수 `homogeneity_score()`를 제공한다. 예를 들기 위해 레이블이 지정된 데이터셋 X(실제 레이블 Y 포함)가 있다고 가정해보자.

```
from sklearn.metrics import homogeneity_score

>>> km = KMeans(n_clusters=4)
>>> Yp = km.fit_predict(X)
>>> print(homogeneity_score(Y, Yp))
0.806560739827
```

값 0.8은 하나 이상의 군집에 2차 클래스에 속하는 일부 포인트가 포함돼 있기 때문에 잔차 불확도^{residual uncertainty}가 약 20%라는 것을 의미한다. 이전 절에서 설명한 방법과 마찬가지로, 균질성 점수^{homogeneity}를 사용해 최적의 군집 수를 결정할 수 있다.

완전성

상호 보완적인 요구 사항은 하나의 클래스에 속한 각 샘플이 동일한 군집에 배정돼야 한다는 점이다. 이 측정값은 조건부 엔트로피 $H(K|C)$를 사용해 결정할 수 있는데, 이는 클래스에 대한 지식이 주어질 경우 올바른 군집을 결정하는 데 있어 발생하는 불확실성이다. 동질성 점수와 마찬가지로 엔트로피 $H(K)$를 사용해 이를 정규화해야 한다.

$$c = 1 - \frac{H(K|C)}{H(K)}$$

함수 completeness_score( )를 사용하면 동일한 데이터셋에서 완전성을 계산할 수 있다.

```
from sklearn.metrics import completeness_score

>>> km = KMeans(n_clusters=4)
>>> Yp = km.fit_predict(X)
>>> print(completeness_score(Y, Yp))
0.807166746307
```

계산결과 해당 값이 다소 높기 때문에 1개의 클래스에 속한 샘플의 대부분이 동일한 군집에 할당됐음을 알 수 있다. 이 값은 군집 수를 변경하거나 알고리즘을 변경해 향상시킬 수 있다.

조정된 랜드 지표

조정된 랜드 지표^{corrected rand index}는 원래 클래스 파티셔닝(Y)과 군집화 간의 유사성을 측정한다. 이전 점수에서 채택한 것과 동일한 표기법을 고려해 다음과 같이 정의할 수 있다.

- a: 클래스 집합 C의 동일한 파티션과 군집화 집합 K 내 동일한 파티션에 속하는 요소 쌍의 개수
- b: 클래스 집합 C의 다른 파티션과 군집화 집합 K 내 다른 파티션에 속하는 요소 쌍의 개수

데이터셋의 총 샘플 수가 n인 경우, 랜드 지표^{rand index}는 다음과 같이 정의한다.

$$R = \frac{a + b}{\binom{n}{2}}$$

조정된 기회 버전은 다음과 같이 정의한 조정된 랜드 지표다.

$$AR = \frac{R - E[R]}{\max[R] - E[R]}$$

adjusted_rand_score( ) 함수를 사용해 조정된 랜드 지표를 계산할 수 있다.

```
from sklearn.metrics import adjusted_rand_score

>>> km = KMeans(n_clusters=4)
>>> Yp = km.fit_predict(X)
>>> print(adjusted_rand_score(Y, Yp))
0.831103137285
```

조정된 랜드 지표가 −1.0에서 1.0 사이로 제한돼 있고, 음숫값은 좋지 않은 상황(대상 값들이 상관 관계가 거의 없음)을 의미하므로 점수 0.83은 군집화가 실제 값과 매우 유사하다는 것을 의미한다. 이 경우에는 다양한 개수의 군집이나 군집화 전략을 시도해 해당 값을 최적화할 수 있다.

▌ 참고 문헌

- Karteeka Pavan K., Allam Appa Rao, Dattatreya Rao A. V., and Sridhar G.R., Robust seed selection algorithm for k-means type algorithms, International Journal of Computer Science and Information Technology 3, no. 5 (October 30, 2011)

- Shi J., Malik J., Normalized Cuts and Image Segmentation, IEEE Transactions on Pattern Analysis and Machine Intelligence, Vol. 22 (08/2000)

- Von Luxburg U., A Tutorial on Spectral Clustering, 2007

- Von Luxburg U., Cluster stability: an overview, arXiv 1007:1075v1, 7 July 2010

▌ 요약

9장에서는 k-평균 알고리즘을 소개했다. 이 알고리즘은 군집을 나타내는 k개의 군집 중심을 (랜덤으로 또는 특정 기준에 따라) 정의하고, 군집 내부의 모든 점과 해당 군집 중심 간 거리의 제곱합이 최소화되도록 하는 아이디어를 이용한다. 계산 거리가 방사형 함수이므로 k-평균은 군집이 볼록하다고 가정해보자. 따라서 모양에 상당히 오목한 부분이 있는 문제(예: 하프문 문제)는 제대로 해결하기 어렵다.

9장에서는 문제를 해결하기 위해 두 가지 대안을 제시했다. 첫 번째는 DBSCAN이라는 다른 샘플과 경계 샘플로 둘러싸인 점의 차이를 분석하는 알고리즘이다. 이 방법으로 고밀도 영역(군집)과 저밀도 공간을 쉽게 구분해낼 수 있다. 군집의 모양이나 개수에 대한 설정은 없으므로 올바른 수의 군집을 생성하기 위해 다른 파라미터를 조정해야 한다.

스펙트럼 군집화는 샘플 간의 유사도 측정을 기반으로 한 알고리즘이다. 이러한 유형의 알고리즘은 유사도 행렬의 라플라시안에 의해 생성된 서브공간에 고전적 방법(예: k-평균)을 사용한다. 이런 방식으로 많은 커널 함수를 이용하고 단순하게 거리를 이용해 정확하게 분류할 수 없는 점point 간의 유사도를 결정한다.

10장, '계층적 군집화'에서는 계층적 군집화라는 또 다른 군집화 방법에 대해 설명한다. 이 방법은 최종 구성에 도달할 때까지 군집을 분할splitting하고 병합merging해 데이터를 분할하는 알고리즘이다.

10

계층적 군집화

10장에서는 계층적 군집화라는 군집화 기술에 대해 설명한다. 전체 데이터셋에 존재하는 관계를 분석하기보다 모든 요소(분열성)나 N개의 개별 요소(응집성)를 포함하는 단일 엔티티로 시작해 분석하거나 특정 비교 기준에 따라 군집을 분할하거나 병합해 진행한다.

▌ 계층적 전략

계층적 군집화는 상향식 또는 하향식 방식으로 작성된 부분 군집의 계층 구조를 찾는 개념을 기반으로 한다. 계층적 군집화를 병합적 군집화^{Agglomerative clustering}라고도 한다.

- 병합적 군집화: 최말단부터 시작해(각 초기 군집은 단일 요소로 시작함) 중지 기준에 도달할 때까지 군집을 병합해 진행한다. 일반적으로 해당 프로세스가 끝날 때 군집 수를 충분이 적게 만드는 것을 목표로 한다.

- 분할적 군집화: 이 경우 초기 상태는 모든 샘플을 갖는 단일 군집이며 모든 요소가 분리될 때까지 분리 중인 군집을 계속 분할해 군집화 과정을 진행한다. 이 시점에서 해당 과정은 요소 간의 차이를 기반으로 하는 집계 기준에 따라 진행한다. 이 분석법 중에 DIANA라는 유명한 접근법이 있으며 카푸먼[Katfman L.], 로우소[Roussew p. j.]가 저술한 『Finding Groups in Data』(Wiley, 2005)에서 상세히 소개하고 있다.

scikit-learn은 병합적 군집화 기능만을 제공한다. 분할적 군집화의 복잡성이 상대적으로 높고 병합적 군집화의 성능이 분할적 접근법의 결과와 매우 유사하기 때문에 집계 기준이 실제 제약 사항이 되지는 않는다.

▌ 병합적 군집화

다음 데이터셋을 살펴보자.

$$X = \{\bar{x}_1, \bar{x}_2, \ldots, \bar{x}_n\}$$

여기서 $\bar{x}_i \in \mathbb{R}^m$이다.

동일한 차원성 m을 갖는 두 인수의 메트릭 함수인 유사도[affinity]를 정의한다. scikit-learn에서 제공하는 가장 일반적인 측정 방법은 다음과 같다.

- **유클리드[Euclidean] 또는 $L2$**:

$$d_{Euclidean}(\bar{x}_1, \bar{x}_2) = \|\bar{x}_1 - \bar{x}_2\|_2 = \sqrt{\sum_i (x_1^i - x_2^i)^2}$$

- **맨하탄**^{Manhattan}(시티 블록으로도 알려짐) **또는** *L1* :

$$d_{Manhattan}(\bar{x}_1, \bar{x}_2) = \|\bar{x}_1 - \bar{x}_2\|_1 = \sum_i \left| x_1^i - x_2^i \right|$$

- **코사인 거리**^{Cosine distance} :

$$d_{Cosine}(\bar{x}_1, \bar{x}_2) = 1 - \frac{\bar{x}_1 \cdot \bar{x}_2}{\|\bar{x}_1\|_2 \|\bar{x}_2\|_2}$$

일반적으로 유클리드 거리가 좋지만, 유사도가 클수록 계산 거리값이 보다 큰 거리 계산 방법이 좋다. 맨하탄 방법은 유클리드 방법보다 이러한 속성을 갖고 있어 유사도가 클수록 유클리드 방법보다 큰 계산값을 갖는다. 다음 그림은 $y = x$ 라인 위의 점에서부터 원점까지의 거리다.

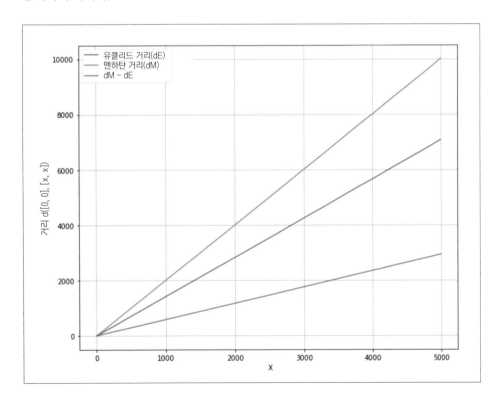

10장 계층적 군집화 | 253

코사인 거리는 두 벡터 사이의 각도에 근거한 거리 계산 방법이다. 방향이 동일하면, 거리는 넓이고, 각도가 180도(반대 방향)이면 거리가 최대가 된다. 군집화가 각 포인트의 *L2* 노름을 고려하지 않아도 되는 경우에는 이 거리를 사용한다. 예를 들어, 데이터셋에는 서로 다른 척도를 가진 2차원 점이 포함될 수 있으므로 순환 섹터에 해당하는 군집으로 그룹화해야 한다. 또한 각각에 대해 특정 의미(어떤 한 점과 원점 사이의 거리에 불변)를 뒀기 때문에 4개의 사분면에 따른 위치에 관심을 둬야 한다.

평가 기준을 선택한 후(간단히 $d(x, y)$라고 부름), 군집 계산을 하기 위한 방법(linkage라고 함)을 정의한다. 가능한 많은 방법이 있지만, scikit-learn은 가장 일반적인 세 가지 방법을 지원한다.

- **최장 연결**^{Complete linkage}: 군집 간 최대 거리(가장 멀리 떨어진 군집 요소의 거리)를 최소화하기 위해 계산하고 병합한다.

$$\forall\ C_i, C_j\ \ L_{ij} = max\{d(x_a, x_b)\ \forall\ x_a \in C_i\ and\ x_b \in C_j\}$$

- **평균 연결**^{Average linkage}: 최장 연결과 유사하지만 군집 쌍 간의 평균 거리를 사용한다.

$$\forall\ C_i, C_j\ \ L_{ij} = \frac{1}{|C_i||C_j|} \sum_{x_a \in C_i} \sum_{x_b \in C_j} d(x_a, x_b)$$

- **와드 연결**^{Ward's linkage}: 이 방법은 모든 군집을 고려해 군집 내 거리의 제곱합을 계산하고 이를 최소화하기 위해 병합한다. 통계적인 관점에서 볼 때 병합 과정은 각 결과 군집의 분산을 감소시킨다. 계산 수식은 다음과 같다.

$$\forall\ C_i, C_j\ \ L_{ij} = \sum_{x_a \in C_i} \sum_{x_b \in C_j} \|x_a - x_b\|^2$$

- 와드^{ward}의 연결은 유클리드 거리만을 지원한다.

덴드로그램

병합 과정을 더 잘 이해하기 위해서는 덴드로그램^{dendrogram}이라는 가시화 방법을 도입하는 것이 좋다. 이 방법은 집계가 어떻게 수행되는지 최하위(모든 샘플이 분리됨)에서 최상단(연결이 완료됨)까지 집계가 실행되는 방법을 보여준다. 불행하게도 scikit-learn은 지원하지 않는다. 그러나 SciPy(필수 요구 사항)에서 몇 가지 유용한 내장 함수를 제공한다. 우선 더미 데이터셋을 만들어보자.

```
from sklearn.datasets import make_blobs

>>> nb_samples = 25
>>> X, Y = make_blobs(n_samples=nb_samples, n_features=2, centers=3,
cluster_std=1.5)
```

결과 플롯이 복잡해지는 것을 방지하기 위해 샘플 수를 매우 낮게 설정했다. 다음 그림은 데이터셋을 표시한 결과다.

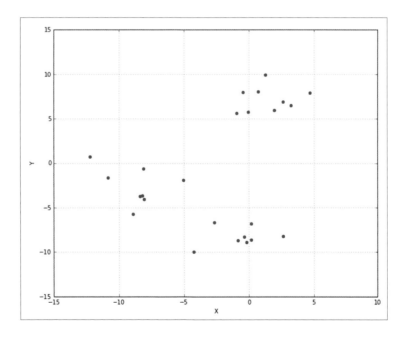

이제 덴드로그램을 계산할 수 있다. 첫 단계는 거리 행렬을 계산한다.

```
from scipy.spatial.distance import pdist

>>> Xdist = pdist(X, metric='euclidean')
```

가장 적합한 유클리드 방법을 이용한다. 이 시점에서 원하는 연결linkage 방법을 결정할 필요가 있으며 와드Ward 방법을 사용한다. 와드 이외에도 알려진 모든 메서드를 사용할 수 있다.

```
from scipy.cluster.hierarchy import linkage

>>> Xl = linkage(Xdist, method='ward')
```

다음 코드를 이용해 덴드로그램을 생성하고 가시화한다.

```
from scipy.cluster.hierarchy import dendrogram

>>> Xd = dendrogram(Xl)
```

결과는 다음과 같다.

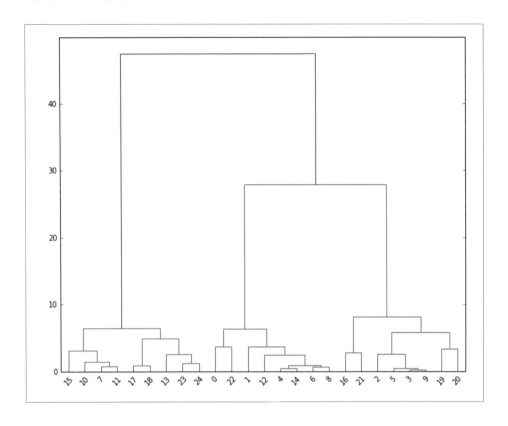

x축에 점진적으로 번호를 매긴 여러 샘플이 있고, y축은 거리를 나타낸다. 모든 아치는 알고리즘으로 병합된 두 군집을 연결한다. 예를 들어, 23과 24는 함께 병합된 단일 요소가 된다. 다음으로 요소 13이 결과 군집에 집계되며, 해당 과정을 계속 진행한다.

거리 10에서 그래프를 자르면, 2개의 분리 군집을 얻게 된다. 첫 번째 군집은 15에서 24, 나머지 다른 군집은 0에서 20까지다. 이전 데이터셋 플롯을 보면, $Y<10$인 모든 점은 첫 번째 군집의 일부가 된다. 나머지 다른 점은 두 번째 군집의 일부가 된다. 거리를 늘리면, 연결의 조밀도가 떨어진다. 이 예제에서는 소수의 샘플만 사용한다. 값이 27보다 크면 내부 분산이 매우 높더라도 하나의 군집만 생성된다.

scikit-learn에서 병합 군집화

8개의 중심을 갖는 보다 복잡한 더미 데이터셋을 생각해보자.

```
>>> nb_samples = 3000
>>> X, _ = make_blobs(n_samples=nb_samples, n_features=2, centers=8,
cluster_std=2.0)
```

데이터셋을 그래프로 표현하면 다음과 같다.

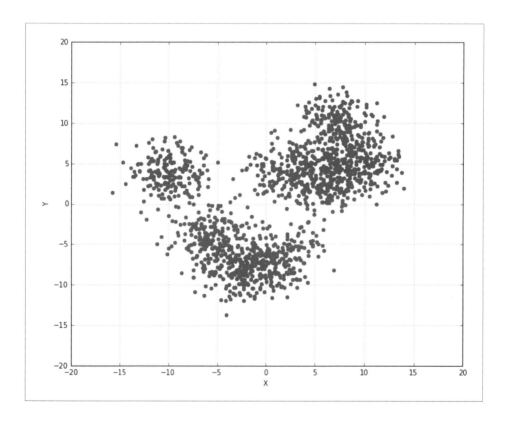

이제 서로 다른 연결(항상 유클리드 거리를 사용)로 병합 군집화를 수행하고 해당 결과를 비교할 수 있다. 최장 연결을 적용해보자. 병합 군집화(AgglomerativeClustering)는 `fit_predict()` 메서드를 사용해 모델을 훈련시키고 원래의 데이터셋을 변환한다.

```
from sklearn.cluster import AgglomerativeClustering

>>> ac = AgglomerativeClustering(n_clusters=8, linkage='complete')
>>> Y = ac.fit_predict(X)
```

다음 그림은 서로 다른 표시와 색상을 사용해 결과를 표시한 결과다.

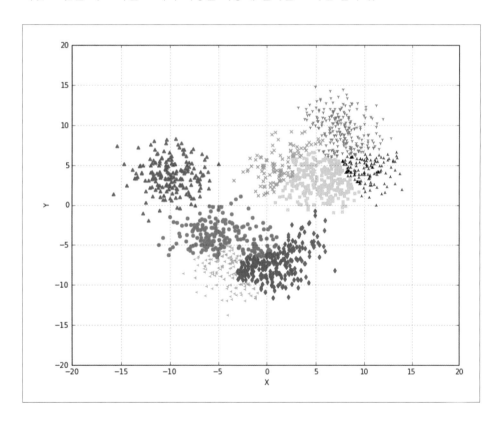

해당 분석 결과는 좋지 않다. 이 접근법은 내부 분산$^{inter-variance}$을 크게 하며, 대부분 서로 다른 군집을 병합한다.

앞의 그림에서 중간에 있는 3개의 군집들은 매우 애매^{fuzzy}하며 점으로 표시된 군집 분산을 고려하면 잘못 배치될 확률이 매우 높다. 이제 평균 연결을 고려해보자.

```
>>> ac = AgglomerativeClustering(n_clusters=8, linkage='average')
>>> Y = ac.fit_predict(X)
```

결과는 다음과 같다.

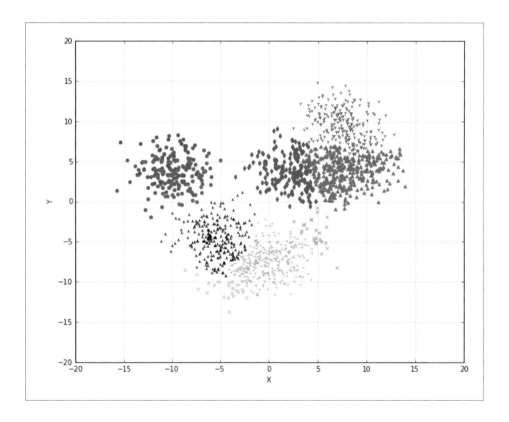

이 경우, 실제로 군집이 일부 작아졌더라도 해당 군집은 더 잘 정의됐다. 다른 측정 방법 (특히 *L1*)을 시도하고 결과를 비교하는 것도 도움이 된다. 가장 좋은 방법은 마지막 방법 인 와드 연결(기본 설정)이다. 이 방법은 유클리드 측정 방법(기본 설정)만 사용할 수 있다.

```
>>> ac = AgglomerativeClustering(n_clusters=8)
>>> Y = ac.fit_predict(X)
```

결과는 다음과 같다.

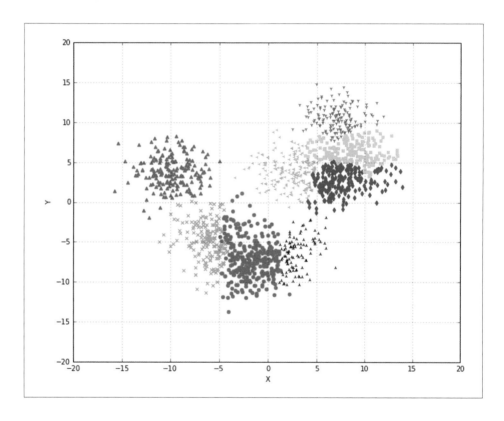

이 경우 평가 방법을 수정할 수 없으므로 공식 scikit-learn 학습 문서에서 제안한 것처 럼 유효한 대안은 모든 유사도와 함께 사용할 수 있는 평균 연결이다.

연결 제약 조건

scikit-learn은 병합할 군집을 찾을 때 제약 조건으로 사용할 수 있는 연결 행렬을 설정할 수도 있다. 이 방식으로, 서로 멀리 떨어져 있는(연결 매트릭스에서 인접하지 않은) 군집은 생략한다. 이러한 행렬을 생성하기 위한 가장 일반적인 방법은 k-최근접 이웃 그래프 함수(kneighbors_graph( )로 구현됨)를 사용하는 방법이다. 이 함수는 특정 측정 방법에 따라 샘플이 갖게 되는 이웃 수를 근거로 한다. 다음 예제에서는 공식 문서에서도 자주 사용되는 원형 더미 데이터셋을 고려한다.

```
from sklearn.datasets import make_circles

>>> nb_samples = 3000
>>> X, _ = make_circles(n_samples=nb_samples, noise=0.05)
```

그래픽으로 표현하면 다음과 같다.

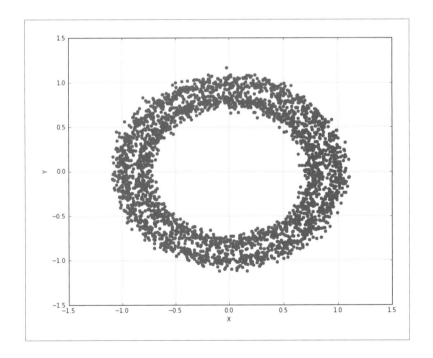

군집 수 20개와 평균 연결 방법을 설정해 비구조적 병합 군집화를 실행한다.

```
>>> ac = AgglomerativeClustering(n_clusters=20, linkage='average')
>>> ac.fit(X)
```

이 경우 AgglomerativeClustering 클래스는 훈련을 수행한 후 인스턴스 변수 labels_를 통해 레이블(군집 번호)을 노출하므로 군집 수가 매우 많은 경우 이 변수를 사용하는 것이 더 쉽다. 따라서 fit( ) 메서드를 사용했다. 결과 플롯을 표시하면 다음과 같다.

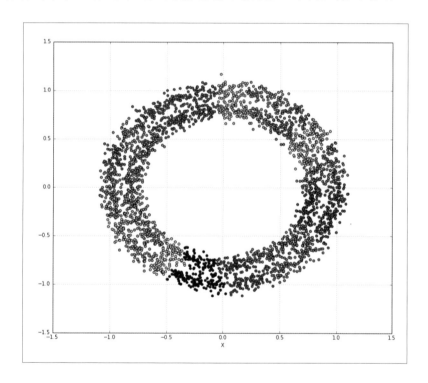

이제 k에 대해 서로 다른 값을 갖는 제약 조건을 적용할 수 있다.

```
from sklearn.neighbors import kneighbors_graph

>>> acc = []
```

```
>>> k = [50, 100, 200, 500]
>>> for i in range(4):
>>>     kng = kneighbors_graph(X, k[i])
>>>     ac1 = AgglomerativeClustering(n_clusters=20, connectivity=kng,
linkage='average')
>>>     ac1.fit(X)
>>>     acc.append(ac1)
```

결과는 다음과 같다.

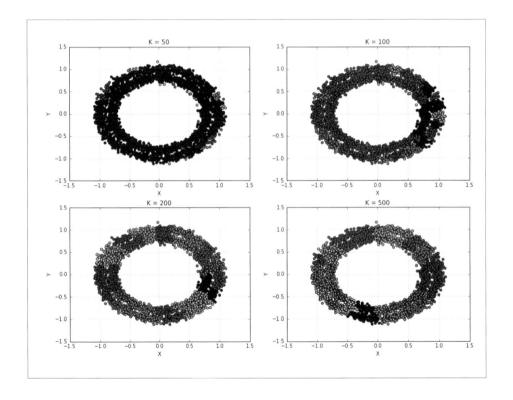

플롯에서 볼 수 있듯이 제약 조건을 부과하면(이 경우 k-최근접 이웃에 근거함) 병합agglomeration 으로 신규 군집을 만드는 방법을 조정할 수 있다. 또한 대상 모델을 튜닝하거나 병합하는 동안에 고려해야 하는 원래 공간에서 해당 요소의 거리가 큰 요소를 회피하는 데 강력한 도구가 될 수 있다. 특히 이 방법은 이미지 군집화에 도움이 된다.

참고 문헌

- Kaufman L., Roussew P.J., Finding Groups In Data: An Introduction To Cluster Analysis, Wiley

요약

10장에서는 scikit-learn이 지원하는 유일한 버전인 병합 버전에 초점을 맞춰 계층적 군집화를 설명했다. 많은 메서드에서 채택한 방법과는 다소 다른 방법을 소개했다. 병합 군집화에서 프로세스는 각 샘플을 단일 군집으로 간주해 시작하고 원하는 군집 수에 도달할 때까지 대상 블록을 병합해 진행한다. 이 작업을 수행하려면 유사도 측정 함수metric function와 연결 기준linkage이 필요하다. 유사도는 요소 사이의 거리를 결정하는 데 사용되며 연결 기준은 병합해야 하는 군집을 결정하는 데 사용되는 목적 함수다.

SciPy를 사용해 덴드로그램을 통해 해당 과정을 시각화하는 방법도 살펴봤다. 이 기술은 프로세스의 완전한 제어를 유지해야 할 때 많은 도움이 된다. 처음에는 최종 군집 수를 결정하기 어렵다. 이보다는 그래프의 절단 위치를 결정하는 것이 쉽다. scikit-learn을 사용해 서로 다른 측정 방법 및 연결을 사용해 병합 군집화를 수행하는 방법도 보여줬다.

10장의 마지막 부분에서는 거리가 너무 먼 군집을 병합하지 않도록 하는 데 필요한 연결 제한 조건을 설명했다. 11장, '추천 시스템 개요'에서는 다른 사용자와의 유사도와 선호도에 따라 사용자에게 자동으로 품목을 제안하기 위해 여러 시스템에서 사용되는 추천 시스템을 소개한다.

11

추천 시스템 개요

수천 개의 기사가 있는 온라인 상점을 상상해보자. 여러분이 해당 온라인 사이트의 회원이 아니라면 일반적인 홈 페이지가 표시되지만 과거에 어떤 제품을 구입한 경우 웹 사이트에서 구입할 가능성이 높은 제품을 보여준다. 이것이 추천 시스템recommender system의 목적이며, 11장에서는 추천 시스템을 만드는 가장 일반적인 기술에 대해 설명한다.

추천 시스템에서 사용하는 기본 데이터 항목은 사용자, 품목, 등급(또는 제품을 구입한 사실과 같은 제품에 대한 암시적 피드백)이다. 모든 모델은 가장 적합한 품목을 제안하거나 아직 평가하지 않은 항목의 등급을 예측하기 위해 지도학습 방법과 같이 사전에 알고 있는 데이터로 작업해야 한다.

11장에서는 두 가지 다른 종류의 전략을 소개한다.

- 사용자 또는 콘텐츠-기반
- 협업 필터링

첫 번째 접근 방식은 사용자나 제품에 대한 정보를 기반으로 하며 새로운 사용자를 기존 동료 그룹과 연관시켜 그룹 내 다른 회원이 긍정적으로 평가한 모든 품목을 제안하거나 해당 특징에 따라 제품을 군집화하고 대상 항목과 유사한 품목의 하위 집합을 제안하는 방법이다. 두 번째 접근 방식은 좀 더 정교하며 명시적 등급으로 작동한다. 이 방법의 목적은 모든 항목과 사용자에 대한 등급을 예측하는 것이다. 협업 필터링이 더 많은 계산 능력이 필요한 경우에도, 자원을 저렴하게 사용할 수 있어 수백만 명의 사용자와 제품을 대상으로 알고리즘을 사용해 가장 정확한 추천을 실시간으로 제공할 수 있다. 이 모델은 매일 재훈련과 업데이트할 수 있다.

▌ 나이브 사용자-기반 시스템

첫 번째 시나리오에서는 특징 벡터로 표현되는 사용자 집합이 있다고 가정해보자.

$$U = \{\bar{u}_1, \bar{u}_2, ..., \bar{u}_n\}$$

여기서 $\bar{u}_n \in \mathbb{R}^n$이다.

일반적인 특징features은 나이age, 성별gender, 관심 사항interests 등이다. 이러한 특징 모두는 10장, '계층적 군집화'에서 설명한 기술 중 하나를 사용해 인코딩한다(예: 이진화할 수 있음). 또한 일련의 데이터를 준비한다.

$$I = \{i_1, i_2, ..., i_m\}$$

어떤 품목을 구입했거나 긍정적인 피드백을 남긴 사용자와 관련된 유관 품목 간에 연관 관계가 있다고 가정해보자.

$$g(\bar{u}) \rightarrow \{i_1, i_2, \ldots, i_k\}$$

여기서 $k \in (0, m)$이다.

사용자-기반 시스템에서 사용자는 주기적으로 군집화(일반적으로 k-최근접 접근법을 사용함) 분석을 한다. 일반 사용자 u(신규 사용자)를 대상으로 분석해 구매 패턴이 유사한 사용자를 찾아낼 수 있다.

$$B_R(\bar{u}) = \{\bar{u}_1, \bar{u}_2, \ldots, \bar{u}_k\}$$

이 시점에서 이전에 소개된 관계를 사용해 제안된 품목 집합을 만들 수 있다.

$$I_{Suggested}(\bar{u}) = \left\{ \bigcup_i g(\bar{u}_i) \text{ 여기서 } \bar{u}_i \in B_R(\bar{u}) \right\}$$

즉, 해당 집합은 분석 대상의 이웃이 긍정적으로 평가했거나 구매한 모든 제품을 포함한다. 여기서는 나중에 설명할 협업 필터링^{collaborative filtering} 절에서 설명할 유사한 방법이 있어 나이브^{naive}를 이용했다.

scikit-learn 학습을 이용한 사용자-기반 시스템 구현

목적한 바를 위해 사용자와 제품의 더미 데이터셋을 생성한다.

```
import numpy as np

>>> nb_users = 1000
>>> users = np.zeros(shape=(nb_users, 4))

>>> for i in range(nb_users):
>>>     users[i, 0] = np.random.randint(0, 4)
>>>     users[i, 1] = np.random.randint(0, 2)
>>>     users[i, 2] = np.random.randint(0, 5)
```

```
>>>    users[i, 3] = np.random.randint(0, 5)
```

0에서 4 또는 5 사이의 범위 정수로 표현되는 네 가지 특징을 가진 1,000명의 사용자가 있다고 가정해보자. 이 데이터는 사용자를 특성화하고 해당 집합의 군집화를 수행하기 위함이다.

또한 제품에 대한 연관도를 생성하기 위함이다.

```
>>> nb_product = 20
>>> user_products = np.random.randint(0, nb_product, size=(nb_users, 5))
```

20개의 서로 다른 품목(1에서 20까지. 0은 사용자가 아무것도 구입하지 않았다는 것을 의미함)과 각 사용자가 0과 5 사이의 범위에 있는 제품 수(최대)와 연결된 연관 행렬을 갖고 있다고 가정해보자. 예제는 다음과 같다.

$$M_{UxI} = \begin{pmatrix} i_1 & i_2 & 0 & 0 & 0 \\ i_{15} & i_3 & i_{12} & 0 & 0 \\ \vdots & \vdots & \vdots & \vdots & \vdots \\ i_4 & i_8 & i_{11} & i_2 & i_5 \\ i_8 & 0 & 0 & 0 & 0 \end{pmatrix}$$

이 시점에서 scikit-learn에서 제공하는 NearestNeighbors을 사용해 사용자를 군집화해야 한다.

```
from sklearn.neighbors import NearestNeighbors

>>> nn = NearestNeighbors(n_neighbors=20, radius=2.0)
>>> nn.fit(users)
NearestNeighbors(algorithm='auto', leaf_size=30, metric='minkowski',
        metric_params=None, n_jobs=1, n_neighbors=20, p=2, radius=2.0)
```

20개의 이웃과 유클리드 반지름이 2가 되도록 선택했다. 이 파라미터는 모형을 쿼리해 가운데가 샘플이고 고정된 반지름을 갖는 사용자 유형^{ball} 포함된 품목이 어느 것인지를 알고 싶을 때 사용한다. 여기서는 테스트 사용자의 모든 이웃을 얻도록 대상 모델을 질의한다.

```
>>> test_user = np.array([2, 0, 3, 2])
>>> d, neighbors = nn.kneighbors(test_user.reshape(1, -1))

>>> print(neighbors)
array([[933, 67, 901, 208, 23, 720, 121, 156, 167, 60, 337, 549, 93,
        563, 326, 944, 163, 436, 174, 22]], dtype=int64)
```

이제 연관성 행렬을 사용해 추천 목록을 작성해야 한다.

```
>>> suggested_products = []

>>> for n in neighbors:
>>>     for products in user_products[n]:
>>>         for product in products:
>>>             if product != 0 and product not in suggested_products:
>>>                 suggested_products.append(product)

>>> print(suggested_products)
[14, 5, 13, 4, 8, 9, 16, 18, 10, 7, 1, 19, 12, 11, 6, 17, 15, 3, 2]
```

각 이웃에 대해 구입한 제품을 검색하고 조합을 수행하며, 0 값(제품 없음을 의미함)과 이중 요소가 포함된 품목을 포함시키지 않도록 한다. 결과는 여러 시스템에서 거의 실시간으로 얻을 수 있는 제안 목록(정렬되지 않음)이다. 경우에 따라 사용자나 품목 수가 너무 많으면 목록을 고정된 요소의 수로 제한하고 이웃 수를 줄일 수 있다. 이 접근 방식은 사용자 간의 실제 거리(또는 유사성)를 고려하지 않기 때문에 나이브^{naive}하다고 한다. 거리를 가중값 요인으로 고려할 수도 있지만 보다 견고한 솔루션을 제공하는 협업 필터링 접근 방식을 채택하는 것이 더 간단하다.

콘텐츠-기반 시스템

가장 간단한 방법으로, 제품만을 고려한 특징 벡터에 근거해 모델링한다.

$$I = \{\bar{\iota}_1, \bar{\iota}_2, ..., \bar{\iota}_n\}$$

여기서 $\bar{\iota}_n \in \mathbb{R}^n$이다.

사용자와 마찬가지로, 이 특징은 책이나 영화 장르와 같은 범주형(실제로는 제품용)이 가능하며, 이를 인코딩한 후에 가격, 길이, 긍정적인 평가 수와 같은 숫자값과 함께 사용할 수 있다.

표본 제품, 품질, 제안 수를 고려해 각 이웃의 크기를 설정할 수 있으므로 k-근접 이웃k-nearest neighbors이 가장 많이 사용되더라도 군집화 전략을 사용한다.

scikit-learn을 사용해 더미 제품 데이터셋을 만들어본다.

```
>>> nb_items = 1000
>>> items = np.zeros(shape=(nb_items, 4))

>>> for i in range(nb_items):
>>>     items[i, 0] = np.random.randint(0, 100)
>>>     items[i, 1] = np.random.randint(0, 100)
>>>     items[i, 2] = np.random.randint(0, 100)
>>>     items[i, 3] = np.random.randint(0, 100)
```

이 경우에는 0과 100 사이의 4개 정수 특징을 갖는 1000개 샘플을 갖고 있다. 다음으로 이전 예제에서와 같이 이들을 군집화한다.

```
>>> nn = NearestNeighbors(n_neighbors=10, radius=5.0)
>>> nn.fit(items)
```

이 시점에서 radius_neighbors() 메서드를 사용해 모델을 쿼리할 수 있다. 이 모델을 사용하면 제한된 하위 집합으로 제한할 수 있다. 기본 반지름(파라미터 반지름을 통해 설정)은 5.0이지만 동적으로 변경할 수 있다.

```
>>> test_product = np.array([15, 60, 28, 73])
>>> d, suggestions = nn.radius_neighbors(test_product.reshape(1, -1),
radius=20)

>>> print(suggestions)
[array([657, 784, 839, 342, 446, 196], dtype=int64)]

>>> d, suggestions = nn.radius_neighbors(test_product.reshape(1, -1),
radius=30)

>>> print(suggestions)
[ array([844, 340, 657, 943, 461, 799, 715, 863, 979, 784, 54, 148, 806,
465, 585, 710, 839, 695, 342, 881, 864, 446, 196, 73, 663, 580, 216],
dtype=int64)]
```

물론 이러한 예제에서 임의의 데이터셋을 사용하는 경우 제안 수가 다를 수 있으므로 반지름에 다른 값을 사용하는 것이 좋다. 특히 다른 측정 항목을 사용하는 이 점을 고려해야 한다.

k-근접 이웃으로 군집화할 때, 샘플 간의 거리를 결정하려면 사용할 거리 측정 방법을 고려하는 것이 중요하다. scikit-learn의 기본값은 Euclidean 거리와 Manhattan 거리의 일반화된 Minkowski 거리이며, 다음과 같이 정의한다.

$$d_{Minkowsky} = \left(\sum_i |a_i - b_i|^p \right)^{\frac{1}{p}}$$

파라미터 p는 거리 유형을 제어하며 기본값은 2이므로 결과 측정 방법은 고전적인 유클리드 거리다. 다른 거리는 SciPy(scipy.spatial.distance 패키지)로 제공하며, 예를 들어

Hamming과 자카드 거리를 사용한다. 해밍 거리는 두 벡터 간의 비례 비율로 정의한다. 만약 두 벡터가 이진수이면 값이 다른 비트의 수를 정규화한다. 예제는 다음과 같다.

```
from scipy.spatial.distance import hamming

>>> a = np.array([0, 1, 0, 0, 1, 0, 1, 1, 0, 0])
>>> b = np.array([1, 1, 0, 0, 0, 1, 1, 1, 1, 0])
>>> d = hamming(a, b)

>>> print(d)
0.40000000000000002
```

분석 결과 40%의 비율이 다르다. 즉 두 벡터가 모두 이진이라는 점을 감안하면 10개 중에서 4개의 다른 비트가 있음을 의미한다. 이 측정값은 특정한 특징의 유무를 강조할 필요가 있을 때 적합하다.

자카드 거리는 다음과 같이 정의한다.

$$d_{Jaccard} = 1 - J(A, B) = 1 - \frac{|A \cap B|}{|A \cup B|}$$

이와 같은 자카드 거리는 2개의 다른 집합(A와 B) 아이템 간의 비유사도를 측정하는 데 적합하다. 특징 벡터가 이진형이라면, 부울 로직을 사용해 이 거리를 즉시 적용할 수 있다. 앞에서 사용한 테스트 값을 사용하면 다음과 같다.

```
from scipy.spatial.distance import jaccard

>>> d = jaccard(a, b)
>>> print(d)
0.5714285714285714
```

측정값의 범위는 0(등가 벡터)과 1(전체 비유사성) 사이에 있다.

해밍 거리^{hamming distance}는 표현이 이진 상태(예: 존재/부재, 예/아니요 등)로 구성된 항목을 비교해야 할 때 매우 적합하다. k-최근접 이웃에 대해 다른 측정 방법을 사용하려면 메트릭 파라미터를 사용해 직접 설정할 수 있다.

```
>>> nn = NearestNeighbors(n_neighbors=10, radius=5.0, metric='hamming')
>>> nn.fit(items)

>>> nn = NearestNeighbors(n_neighbors=10, radius=5.0, metric='jaccard')
>>> nn.fit(items)
```

▌모델 없는(또는 메모리-기반) 협업 필터링

사용자-기반 접근 방식과 마찬가지로 두 가지 요소 집합(사용자 및 품목(제품))을 고려해야 한다. 이 경우에 있어서는 명시적 특징이 있다고 가정하지 않는다. 그 대신 각 품목(열)에 대한 각 사용자(행)의 환경 설정을 기반으로 사용자-품목 행렬을 모델링한다. 예를 들면 다음과 같다.

$$
M_{UxI} = \begin{pmatrix}
0 & 1 & 4 & 3 & 0 & 4 & 3 & \dots & 5 \\
2 & 1 & 2 & 3 & 0 & 0 & 4 & \dots & 1 \\
0 & 2 & 0 & 3 & 1 & 2 & 4 & \dots & 2 \\
5 & 0 & 0 & 1 & 2 & 1 & 3 & \dots & 1 \\
3 & 0 & 0 & 3 & 0 & 1 & 0 & \dots & 4 \\
1 & 4 & 1 & 0 & 3 & 5 & 0 & \dots & 3 \\
\vdots & \vdots & \vdots & \vdots & \vdots & \vdots & \vdots & \vdots & \vdots \\
0 & 2 & 3 & 1 & 2 & 4 & 4 & \dots & 0 \\
1 & 3 & 2 & 0 & 0 & 2 & 2 & \dots & 1
\end{pmatrix}
$$

이 경우 등급을 1에서 5 사이의 범위로 제한한다(0은 등급 없음). 우리의 목표는 등급 벡터에 따라 사용자를 군집화하는 것이다. 실제로 등급 벡터는 몇몇 특징에 근거한 내부 표현이다. 따라서 사용자에 대한 명시적인 정보가 없는 경우에도 권장 사항을 작성할 수 있다. 그러나 콜드 스타트업^{cold-startup}이라는 문제가 있다. 즉, 새로운 사용자가 평점이 없다면 가상의 모든 군집에 속할 가능성이 있기 때문에 올바른 이웃을 찾을 수 없다.

일단 군집화가 완료되면 특정 사용자로부터 높은 평가를 받은 제품(아직 평가되지 않음)을 쉽게 확인할 수 있으므로 구매할 가능성이 더 크다.

이전에 했던 것처럼 scikit-learn 솔루션을 이용해 구현할 수 있지만 과정을 단순화하는 크랩^{crab}(이 절의 끝부분에 있는 박스 참조)이라는 작은 프레임워크를 소개한다.

모델을 만들기 위해 가장 먼저 다음과 같이 사용자-품목^{user:item} 행렬 구조로 파이썬 딕셔너리를 정의한다.

```
{ user_1: { item1: rating, item2: rating, ... }, ..., user_n: ... }
```

사용자 내부 딕셔너리에 누락된 값은 등급이 없음을 의미한다. 이 예에서는 5개의 품목을 갖는 5명의 사용자를 고려한다.

```
from scikits.crab.models import MatrixPreferenceDataModel

>>> user_item_matrix = {
        1: {1: 2, 2: 5, 3: 3},
        2: {1: 5, 4: 2},
        3: {2: 3, 4: 5, 3: 2},
        4: {3: 5, 5: 1},
        5: {1: 3, 2: 3, 4: 1, 5: 3}
    }

>>> model = MatrixPreferenceDataModel(user_item_matrix)
```

사용자-품목 행렬이 정의되면, 다음과 같이 거리 함수 $d(u_i, u_j)$를 선택해 유사도 행렬을 구축한다.

$$S = \begin{pmatrix} d(\bar{u}_1, \bar{u}_1) & ... & d(\bar{u}_n, \bar{u}_1) \\ \vdots & \ddots & \vdots \\ d(\bar{u}_1, \bar{u}_n) & ... & d(\bar{u}_n, \bar{u}_n) \end{pmatrix}$$

크랩을 사용해 다음과 같은 방법으로 이를 수행한다(유클리드 측정 기준 사용).

```
from scikits.crab.similarities import UserSimilarity
from scikits.crab.metrics import euclidean_distances

>>> similarity_matrix = UserSimilarity(model, euclidean_distances)
```

피어슨[Pearson]이나 자카드와 같은 많은 측정 방법이 있으므로 추가 정보를 검색하려면 웹 사이트(http://muricoca.github.io/crab)를 방문해 관련 정보를 얻길 바란다. 이제 k-최근 접 군집화 방법을 기반으로 추천 시스템을 구축하고 테스트할 수 있다.

```
from scikits.crab.recommenders.knn import UserBasedRecommender

>>> recommender = UserBasedRecommender(model, similarity_matrix,
with_preference=True)

>>> print(recommender.recommend(2))
[(2, 3.6180339887498949), (5, 3.0), (3, 2.5527864045000417)]
```

추천인[recommender]은 사용자 2에 대해 다음과 같은 예상 평가를 제안한다.

- Item 2: 3.6(반올림하면 4.0이 된다.)
- Item 5: 3
- Item 3: 2.5(반올림하면 3.0이 된다.)

코드를 실행하면 몇 가지 경고를 볼 수 있다. 크랩은 아직 개발 중에 있기 때문에 발생하는 경고다. 하지만 이러한 경고가 기능에 문제가 되지는 않는다. 경고를 피하려면 catch_warnings( ) 컨텍스트 관리자를 사용하기 바란다.

```
import warnings

>>> with warnings.catch_warnings():
>>>     warnings.simplefilter("ignore")
>>>     print(recommender.recommend(2))
```

모든 품목을 제안하거나 리스트를 더 높은 등급으로 제한할 수 있다(예: 품목 3을 피하는 등). 이 접근법은 사용자-기반 모델과 매우 유사하다. 하지만 보다 빠르며(매우 큰 행렬을 병렬로 처리할 수 있음) 잘못된 결과를 초래할 수 있는 세부 사항은 처리하지 않는다. 사용자를 정의하는 유용한 특징으로 등급만 간주한다. 콜드-스타트업cold-startup 문제는 모델-기반 협업 필터링과 마찬가지로 두 가지 방법으로 해결할 수 있다.

- 사용자에게 일부 품목의 평가를 요청한다. 이 방법은 영화/책 표지를 보여주고 사용자가 좋아하는 것과 좋아하지 않는 것을 선택하도록 하기 때문에 자주 사용한다.
- 랜덤으로 평균 등급을 설정해 사용자를 평균 이웃 안에 배치한다. 이 접근 방식에서는 추천 시스템을 사용해 즉시 시작할 수 있다. 그러나 초기에는 어느 정도의 오류를 수용해야 하고 실제 평가가 나오면 더미 평가를 수정해야 한다.

> 크랩은 협업 필터링 시스템을 구축하기 위한 오픈소스 프레임워크다. 아직 개발 중이므로 모든 특징을 제공하지는 않는다. 그러나 사용하기가 쉽고 많은 작업에 적합하다. 설치 지침 및 문서가 있는 홈페이지는 http://muricoca.github.io/crab/index.html이다. 크랩은 scikit-learn에 의존하며 파이썬 3에는 여전히 문제가 남아 있다. 따라서 예제에서는 파이썬 2.7을 사용하는 것이 좋다. pip를 사용하면 두 패키지를 설치할 수 있다.
>
> pip install –U scikits.learn 및 pip install –U crab

모델-기반 협업 필터링

가장 진보한 접근법 중 하나며, 이전 절에서 살펴봤던 것을 확장한 것이다. 출발점은 항상 등급-기반 사용자 품목(제품) 행렬이다.

$$M_{UxI} = \begin{pmatrix} r_{11} & \cdots & r_{1n} \\ \vdots & \ddots & \vdots \\ r_{m1} & \cdots & r_{mn} \end{pmatrix}$$

하지만 이 경우 사용자와 품목 모두에 잠재 요인latent factors이 있다고 가정해보자. 즉, 일반 사용자를 다음과 같이 정의한다.

$$\bar{p}_i = (p_{i1}, p_{i2}, \ldots, p_{ik})$$

여기서 $p_{ij} \in \mathbb{R}$이다.

일반화 항목은 다음과 같이 정의한다.

$$\bar{q}_j = (q_{j1}, q_{j2}, \ldots, q_{jk})$$

여기서 $q_{jt} \in \mathbb{R}$이다.

각 벡터 구성 성분의 값을 알지 못하기 때문에 이러한 벡터를 잠재 요인이라 한다. 순위는 다음과 같이 가정해보자.

$$r_{ij} = \bar{p}_i \cdot \bar{q}_j^{\,T}$$

랭킹은 랭크 k의 잠재 공간에서 얻어냈다고 할 수 있다. 여기서 k는 모델에서 고려하는 잠재 변수의 수다. 일반적으로 k에 적합한 값을 결정하는 규칙이 있으므로 가장 좋은 방법은 다른 값을 확인하고 알게된 등급의 하위 집합으로 모델을 테스트하는 것이다. 다만 해결해야 할 큰 문제는 잠재 변수를 찾는 것이다. 몇 가지 전략이 있지만 문제를 파악하기 전에 문제의 차원을 이해하는 것이 중요하다. 1,000명의 사용자와 500개의 제품이 있다면 M은 50만 개의 요소를 갖게 된다. 요소별로 10등급을 갖는다면, 해당 등급으로 제한된 500만 개의 변수를 찾아야 한다. 따라서 이 문제는 표준 접근법으로 해결하기가 어렵기 때문에 병렬 솔루션을 사용해야 한다.

단일값 분해 전략

첫 번째 접근법은 사용자 항목 행렬의 특이값 분해[Singular Value Decomposition, SVD]를 기반으로 한다. 이 기술은 낮은 랭크의 인수분해[factorization]를 통해 행렬을 변환할 수 있으며, 샤르와 Sarwar B., 카리피스Karypis G., 콘스탄Konstan J., 리들Riedl J.이 저술한 『Incremental Singular Value Decomposition Algorithm for Highly Scalable Recommender Systems』(2002) 에서 설명한 대로 증분 방식[incremental way]으로 사용할 수 있다. 특히 사용자-품목 행렬이 m개의 행과 n개의 열을 갖는 경우에 해당한다.

$$M_{U x l} = U \Sigma V^T$$

여기서 $U \in \mathbb{R}^{m \times t}, \Sigma \in \mathbb{R}^{t \times t}$ 그리고 $V \in \mathbb{R}^{n \times n}$이다.

실제 행렬을 갖고 있다고 가정했지만, 일반적으로 복잡하다. U와 V는 단위 행렬, 시그마 는 대각 행렬이다. U의 열은 좌특이 벡터[left singular vectors], 전치[transposed]된 V의 행은 우특이 벡터[right singular vectors]를 포함한다. 대각 행렬 시그마는 특이값을 갖는다. k개의 잠재 요인(latent factors)을 선택한다는 것은 첫 번째 k개의 특이값을 취해 대응하는 k개의 좌특이 벡터와 우특이 벡터를 취하는 것이 된다.

$$M_k = U_k \Sigma_k V_k^T$$

이 기법은 k의 임의값에 대해 M과 M_k의 차이에 대한 플로베니어 노름[Frobenius norm]을 최소 화하는 이점이 있다. 따라서 전체 분해를 근사화하는 경우 최적의 선택이다. 예측 단계를 수행하기 전에 SciPy를 사용해 예제를 만든다. 가장 먼저 해야 할 일은 더미 사용자 항목 행렬을 만드는 것이다.

```
>>> M = np.random.randint(0, 6, size=(20, 10))

>>> print(M)
array([[0, 4, 5, 0, 1, 4, 3, 3, 1, 3],
       [1, 4, 2, 5, 3, 3, 3, 4, 3, 1],
       [1, 1, 2, 2, 1, 5, 1, 4, 2, 5],
```

```
       [0, 4, 1, 2, 2, 5, 1, 1, 5, 5],
       [2, 5, 3, 1, 1, 2, 2, 4, 1, 1],
       [1, 4, 3, 3, 0, 0, 2, 3, 3, 5],
       [3, 5, 2, 1, 5, 3, 4, 1, 0, 2],
       [5, 2, 2, 0, 1, 0, 4, 4, 1, 0],
       [0, 2, 4, 1, 3, 1, 3, 0, 5, 4],
       [2, 5, 1, 5, 3, 0, 1, 4, 5, 2],
       [1, 0, 0, 5, 1, 3, 2, 0, 3, 5],
       [5, 3, 1, 5, 0, 0, 4, 2, 2, 2],
       [5, 3, 2, 4, 2, 0, 4, 4, 0, 3],
       [3, 2, 5, 1, 1, 2, 1, 1, 3, 0],
       [1, 5, 5, 2, 5, 2, 4, 5, 1, 4],
       [4, 0, 2, 2, 1, 0, 4, 4, 3, 3],
       [4, 2, 2, 3, 3, 4, 5, 3, 5, 1],
       [5, 0, 5, 3, 0, 0, 3, 5, 2, 2],
       [1, 3, 2, 2, 3, 0, 5, 4, 1, 0],
       [1, 3, 1, 4, 1, 5, 4, 4, 2, 1]])
```

20명의 사용자와 10개의 제품이 있다고 가정해보자. 평가 등급은 1에서 5 사이이며, 0은 등급이 없음을 의미한다. 이제 M을 분해할 수 있다.

```
from scipy.linalg import svd

import numpy as np

>>> U, s, V = svd(M, full_matrices=True)
>>> S = np.diag(s)

>>> print(U.shape)
(20L, 20L)

>>> print(S.shape)
(10L, 10L)

>>> print(V.shape)
(10L, 10L)
```

처음 8개의 특이값만을 고려한다. 이 값은 사용자와 품목 모두에 대해 8개의 잠재 요인을 갖는다.

```
>>> Uk = U[:, 0:8]
>>> Sk = S[0:8, 0:8]
>>> Vk = V[0:8, :]
```

SciPy SVD 구현에서 V는 이미 전치됐음을 알아두자. 샤르와, 카리피스, 콘스탄, 리들이 저술한 『Incremental Singular Value Decomposition Algorithm for Highly Scalable Recommender Systems』에 따르면 고객과 품목 사이의 코사인 유사성(내적에 비례함)을 고려한 예측을 쉽게 계산할 수 있다. 두 잠재 요인의 행렬은 다음과 같다.

$$\begin{cases} S_U = U_k \cdot \sqrt{\Sigma_k}^T \\ S_I = \sqrt{\Sigma_k} \cdot V_k^T \end{cases}$$

정확도의 손실을 계산하기 위해 사용자별 평균 평점(사용자 항목 행렬의 평균 행 값에 해당)을 고려해 사용자 i와 품목에 대한 결과 등급을 예측한다.

$$\tilde{r}_{ij} = E[r_i] + S_U(i) \cdot S_I(j)$$

여기서 $S_u(i)$와 $S_i(j)$는 각각 사용자와 제품 벡터다. 이 예제에서 사용자 5와 품목 2의 평가 예측값을 계산하면 다음과 같다.

```
>>> Su = Uk.dot(np.sqrt(Sk).T)
>>> Si = np.sqrt(Sk).dot(Vk).T
>>> Er = np.mean(M, axis=1)

>>> r5_2 = Er[5] + Su[5].dot(Si[2])
>>> print(r5_2)
2.38848720112
```

이 접근법은 중간 정도의 복잡성을 갖는다. 특히 SVD는 $O(m^3)$이고 새로운 사용자나 품목이 추가될 때 증분 전략(Sarwar B., Karypis G., Konstan J., Riedl J.이 저술한 『Incremental Singular Value Decomposition Algorithms for Highly Scalable Recommender Systems』에서 설명한 것과 같음)을 사용한다. 이는 요소의 수가 너무 많지 않은 경우에 효과적이다. 다른 모든 경우에는 다음과 같은 전략(병렬 아키텍처와 함께)을 채택한다.

교대 최소 자승 전략

잠재 요인을 찾는 문제는 다음 손실 함수를 정의해 최소 제곱 최적화 문제로 쉽게 표현할 수 있다.

$$L = \sum_{(i,j)} (r_{ij} - \bar{p}_i \cdot \bar{q}_j^T)^2 + \alpha(\|\bar{p}_i\|^2 + \|\bar{q}_j\|^2)$$

L은 알려진 샘플(사용자, 항목)에만 한정한다. 두 번째 항은 정규화 요인으로 사용되며 모든 문제는 최적화 방법으로 쉽게 해결할 수 있다. 그러나 두 가지 다른 변수 집합(사용자 및 품목 요인)을 결정해야 하는 문제가 있다. 이 문제는 코렌[Koren Y.], 벨[Bell R.], 볼린스키[Volinsky C.]가 저술한 『Maxtrix Factorization Techniques for Recommender Systems, IEEE Computer Magazine』(2009)에서 언급된 alternating least squares라는 접근법으로 해결할 수 있다. 이 알고리즘은 다음 두 가지 주요 반복 단계로 요약할 수 있다.

- p_i는 고정이고, q_j는 최적화됐다.
- q_j는 고정이고, p_i는 최적화됐다.

사전 정의된 정밀도가 달성되면 알고리즘이 중지된다. 짧은 시간에 거대한 행렬을 처리할 수 있는 병렬 처리 방법으로 쉽게 구현할 수 있다. 또한 가상 군집의 비용을 고려해 모델을 주기적으로 재훈련시켜 신규 품목이나 신규 사용자를 즉시(채택 가능한 지연으로) 수용할 수 있다.

아파치 스파크 MLlib으로 최소 자승 교체하기

아파치 스파크는 이 책의 범위를 벗어난다. 아파치 스파크에 대해 보다 상세히 알고 싶으면 온라인 설명서나 사용 가능한 여러 책을 참고하라. 『Spark와 머신 러닝』(에이콘출판, 2016)에서는 MLlib 라이브러리에 대한 소개와 이 책에서 언급한 대부분의 알고리즘을 구현하는 방법을 설명하고 있다.

아파치 스파크는 병렬 계산 엔진으로 하둡 프로젝트의 일부분(코드를 사용하지 않더라도)이다. 로컬 모드 또는 수천 개의 노드가 있는 매우 큰 군집에서 실행되며, 거대한 양의 데이터를 사용해 복잡한 작업을 실행할 수 있다. 자바, 파이썬 및 R용 인터페이스가 있지만 주로 스칼라^{Scala}를 기반으로 한다. 이 예제에서는 파이썬 코드로 아파치 스파크를 실행하기 위한 내장 셸인 PySpark를 사용할 것이다.

PySpark를 로컬 모드로 시작한 후에 표준 파이썬 프롬프트를 얻었고, 다른 표준 파이썬 환경과 마찬가지로 작업을 시작할 수 있다.

```
# 리눅스
>>> ./pyspark

# 맥OS X
>>> pyspark

# 윈도우
>>> pyspark

Python 2.7.12 |Anaconda 4.0.0 (64-bit)| (default, Jun 29 2016, 11:07:13)
[MSC v.1500 64 bit (AMD64)] on win32
Type "help", "copyright", "credits" or "license" for more information.
Anaconda is brought to you by Continuum Analytics.
Please check out: http://continuum.io/thanks and https://anaconda.org
Using Spark's default log4j profile: org/apache/spark/log4j
defaults.properties
Setting default log level to "WARN".
To adjust logging level use sc.setLogLevewl(newLevel).
```

```
Welcome to
      ____ __
     /__/__ ___ ____/ /__
    _\ \ / _ \/ _ `/ __/ '_/
   /__ / .__/\_,_/_/ /_/\_\ version 2.0.2
      /_/

Using Python version 2.7.12 (default, Jun 29 2016 11:07:13)
SparkSession available as 'spark'.
>>>
```

아파치 스파크 MLlib은 아주 간단한 메커니즘을 통해 ALS 알고리즘을 구현한다. 클래스 평가는 튜플(사용자, 제품, 등급)의 래퍼이므로 더미 데이터셋을 쉽게 정의할 수 있다. 이러 한 경우는 매우 제한적이므로 예제로만 고려해야 한다.

```
from pyspark.mllib.recommendation import Rating

import numpy as np

>>> nb_users = 200
>>> nb_products = 100

>>> ratings = []

>>> for _ in range(10):
>>>     for i in range(nb_users):
>>>         rating = Rating(user=i,
>>>                         product=np.random.randint(1, nb_products),
>>>                         rating=np.random.randint(0, 5))
>>>         ratings.append(rating)
>>> ratings = sc.parallelize(ratings)
```

200명의 사용자와 100개의 제품을 갖고 있다고 가정했으며, 임의의 제품에 등급을 매기는 메인 루프를 10배 반복해 등급 리스트를 채웠다. 반복이나 다른 드문 상황을 제어하지 않는다. 마지막 명령인 sc.parallelize( )는 아파치 스파크에서 리스트를 RDD[rebilient distributed dataset]라는 구조로 변환하고 나머지 작업에 사용하도록 요청하는 방법이다. 이러한 구조체는 다른 실행자(군집화된 모드인 경우)에 분산돼 있으며 킬로바이트 단위로 작업하는 것처럼 페타바이트 크기의 데이터셋으로도 작업할 수 있기 때문에 실제 크기 제한이 없다.

다음과 같이 ALS 모델(공식적으로 MatrixFactorizationModel임)을 훈련시키고 예측을 위해 아파치 스파크로 처리한 ratings를 사용할 수 있다.

```
from pyspark.mllib.recommendation import ALS

>>> model = ALS.train(ratings, rank=5, iterations=10)
```

5개의 잠재 요인과 10개의 최적화 반복을 한다고 가정하자. 앞에서 설명한 것처럼 각 모델의 올바른 순위를 결정하는 것은 그리 쉽지 않으므로 훈련 단계가 끝나면 알려진 데이터로 유효성 검사 단계를 항상 실행해야 한다. 평균 제곱 오차는 모델이 작동하는 방식을 이해하는 데 좋은 측정 방법이다. 동일한 훈련 데이터셋을 사용해 실행할 수 있다. 이번 분석에서는 사용자[user]와 품목[item]으로 구성된 튜플만 필요하므로 가정 먼저 등급을 제거한다.

```
>>> test = ratings.map(lambda rating: (rating.user, rating.product))
```

맵리듀스 패러다임에 익숙하지 않다면 map( )이 모든 요소에 동일한 함수(람다)를 적용한다는 것을 알아야 한다. 이제 등급을 대량으로 예측할 수 있다.

```
>>> predictions = model.predictAll(test)
```

그러나 오류를 계산하려면 비교할 수 있는 튜플을 갖기 위해 사용자와 품목을 추가해야 한다.

```
>>> full_predictions = predictions.map(lambda pred: ((pred.user,
pred.product), pred.rating))
```

결과는 표준 딕셔너리 항목(키, 값)과 같은 구조((user, item), rating)로 이뤄진 일련의 행이다. 아파치 스파크로 2개의 RDD를 키를 이용해 결합할 수 있기 때문에 유용하다. 초기 데이터셋에 대해서도 동일한 작업을 수행한 후 훈련값을 예측과 결합해 진행한다.

```
>>> split_ratings = ratings.map(lambda rating: ((rating.user,
rating.product), rating.rating))
>>> joined_predictions = split_ratings.join(full_predictions)
```

이제 각 키(사용자, 제품)에 대해 두 값인 목표와 예측이 있다. 따라서 평균 제곱 오차를 계산할 수 있다.

```
>>> mse = joined_predictions.map(lambda x: (x[1][0] - x[1][1]) ** 2).mean()
```

첫 번째 맵은 각 행을 대상과 예측의 차이 제곱으로 변환하는 반면, mean() 함수는 평균 값을 계산한다. 이 시점에서 오류를 확인하고 예측값을 산출해보자.

```
>>> print('MSE: %.3f' % mse)
MSE: 0.580

>>> prediction = model.predict(10, 20)
>>> print('Prediction: %3.f' % prediction)
Prediction: 2.810
```

계산 결과 오차는 매우 작지만 순위 또는 반복 횟수를 변경해 개선할 수 있다. 사용자 (10)와 제품 (20) 등급에 대한 예측은 약 2.8이다(3으로 반올림할 수 있다). 코드를 실행하면 이러한 값은 임의의 사용자 항목 행렬을 사용하는 것과 다를 수 있다. 더욱이 셀을 사용하고 코드를 직접 실행하지 않으려면 파일의 시작 부분에 명시적으로 SparkContext를 선언해야 한다.

```python
from pyspark import SparkContext, SparkConf

>>> conf = SparkConf().setAppName('ALS').setMaster('local[*]')
>>> sc = SparkContext(conf=conf)
```

SparkConf 클래스를 이용해 객체를 생성하고 애플리케이션명과 마스터를 모두 지정한다 (사용 가능한 모든 코어가 있는 로컬 모드). 추가 정보가 필요하면 11장의 마지막에서 소개할 웹 페이지를 참고하자. 아파치 스파크 2.0부터 프로그램을 실행하려면 다음 명령을 실행해야 한다.

```python
# 리눅스, 맥OS X
./spark-submit als_spark.py
# 윈도우
spark-submit als_spark.py
```

 spark-submit을 사용해 스크립트를 실행하면 수행 중인 모든 작업에 대해 알려주는 수백 개의 로그 라인이 표시된다.
계산이 끝나면 인쇄 기능 메시지(stdout)를 보게 될 것이다.

물론 이것은 아파치 스파크 ALS에 대한 소개일 뿐이다. 이 프로세스가 얼마나 쉬운지 이해하고, 차수 제한을 효과적으로 일마나 쉽게 처리할 수 있는지 이해하는 데 도움이 되길 바란다.

> 환경을 설정하고 PySpark을 시작하는 방법을 모른다면 온라인상의 빠른 시작 가이드 (https://spark.apache.org/docs/2.1.0/quick-start.html)를 읽어보기 바란다. 모든 세부 정보와 구성 파라미터를 모르는 경우에도 도움이 된다.

▌ 참고 문헌

- Sarwar B., Karypis G., Konstan J., Riedl J., Incremental Singular Value Decomposition Algorithms for Highly Scalable Recommender Systems, 2002
- Koren Y., Bell R., Volinsky C., Matrix Factorization Techniques For Recommender Systems, IEEE Computer Magazine, 08/2009
- Pentreath N., Machine Learning with Spark, Packt

▌ 요약

11장에서는 추천 시스템을 구축하기 위한 주요 기술에 대해 소개했다. 사용자-기반 시나리오에서는 사용자를 군집화할 수 있는 충분한 정보가 있다고 가정하고, 암묵적으로 유사한 사용자가 동일한 제품을 구매한다고 가정한 상태에서 분석했다. 이러한 방식으로, 모든 신규 사용자의 이웃을 결정하고 이들이 긍정적으로 평가한 제품을 제안하는 것이 즉시 이뤄진다. 콘텐츠-기반 시나리오는 이와 비슷한 방식으로 고유 특징에 기반한 품목 군집화를 기반으로 한다. 이 경우 가정을 더 약하게 만든다. 왜냐하면 품목을 구입하거나 긍정적으로 평가한 사용자가 비슷한 제품을 사용하는 경우가 더 많기 때문이다.

다음으로 명시적 등급에 기반한 기술인 협업 필터링을 사용해 모든 사용자나 제품에 대해 누락된 모든 값을 예측했다. 메모리-기반 변형에서 모델을 훈련시키지는 않았지만 사용자-제품 행렬을 직접 사용해 테스트 사용자의 k-최근접 이웃을 찾고 평균을 통해 순위를 계산했다. 이 접근법은 사용자-기반 시나리오와 매우 유사하며 동일한 제한이 있다. 특히 대규모 행렬을 관리하는 것이 매우 어렵다. 모델-기반 접근 방식은 보다 더 복잡하지만 모델을 훈련시킨 후 실시간으로 등급을 예측할 수 있다. 더욱이 아파치 스파크와 같은 병렬 프레임워크가 있다. 이 프레임워크는 값싼 서버 군집을 사용해 방대한 양의 데이터를 처리하는 데 사용할 수 있다.

12장, '자연어 처리'에서는 텍스트를 자동으로 분류하거나 기계 번역 시스템으로 작업할 때 매우 중요한 자연어 처리 기술을 소개한다.

12

자연어 처리

자연어 처리는 텍스트 문서를 대상으로 내부 구조와 단어 분포를 분석하는 머신 러닝 방법이다. 12장에서는 텍스트를 수집하고 원자 단위로 분할하며 수치 벡터로 변환하는 일반적인 방법에 대해 소개한다. 특히 문서를 토큰화(개별 단어 분리), 필터 처리, 특수 변형해 굴절 형식이나 복합 형식을 피하고 마지막으로 공통 어휘를 작성하는 다양한 방법을 비교해본다. 어휘를 사용해 분류나 군집화 목적에 쉽게 사용할 수 있는 특징 벡터를 작성하기 위해서는 여러 벡터화 접근법을 사용할 수 있다. 전체 파이프 라인을 구현하는 방법을 설명하기 위해 12장의 후반부에서 뉴스 라인에 대한 간단한 분류기를 사용한다.

▌ NLTK 및 내장형 코사인

Natural Language Toolkit[NLTK]은 NLP 알고리즘을 구현하는 데 사용하는 파이썬 프레임 워크이며, scikit-learn과 함께 12장에서 사용한다. 또한 NLTK는 알고리즘을 테스트하는 데 사용할 수 있는 내장된 말뭉치의 일부를 제공한다. NLTK 작업을 시작하기 전에 추가 요소(말뭉치, 사전 등)를 모두 다운로드해야 한다. 이 작업은 다음과 같은 방법으로 수행한다.

```
import nltk

>>> nltk.download()
```

이 명령은 다음 그림과 같은 사용자 인터페이스를 제공한다.

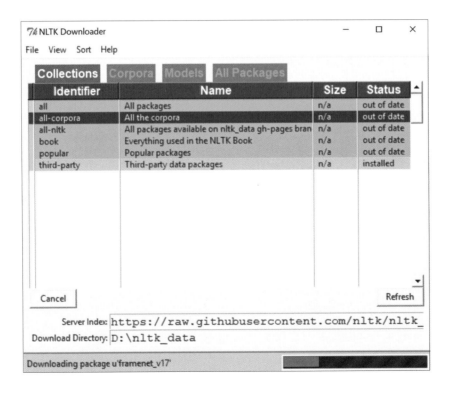

NLTK 기능을 즉시 사용하려면 모든 단일 특징을 선택하거나 모든 요소를 다운로드해야 한다. 여유 공간이 충분하다면 이 옵션을 추천한다.

 NLTK는 pip(pip install –U nltk) 또는 http://www.nltk.org에서 제공되는 바이너리 배포판 중 하나를 사용해 설치한다. 이 웹 사이트에는 NLTK를 상세히 이해하는 데 유용한 설명서가 있다.

말뭉치 예제

구텐베르그^{Gutenberg} 프로젝트는 하위 집합으로 말뭉치를 제공하며 다음과 같이 자유롭게 사용할 수 있다.

```
from nltk.corpus import gutenberg

>>> print(gutenberg.fileids())
[u'austen-emma.txt', u'austen-persuasion.txt', u'austen-sense.txt',
u'bible-kjv.txt', u'blake-poems.txt', u'bryant-stories.txt', u'burgess
busterbrown.txt', u'carroll-alice.txt', u'chesterton-ball.txt',
u'chesterton-brown.txt', u'chesterton-thursday.txt', u'edgeworth
parents.txt', u'melville-moby_dick.txt', u'milton-paradise.txt',
u'shakespeare-caesar.txt', u'shakespeare-hamlet.txt', u'shakespeare
macbeth.txt', u'whitman-leaves.txt']
```

단일 문서는 원시 버전으로 접근할 수 있고, 문장이나 단어로 분리할 수 있다.

```
>>> print(gutenberg.raw('milton-paradise.txt'))
[Paradise Lost by John Milton 1667]

Book I

Of Man's first disobedience, and the fruit
Of that forbidden tree whose mortal taste
Brought death into the World, and all our woe,
With loss of Eden, till one greater Man
```

```
Restore us, and regain the blissful seat,
Sing, Heavenly Muse, that, on the secret top...

>>> print(gutenberg.sents('milton-paradise.txt')[0:2])
[[u'[', u'Paradise', u'Lost', u'by', u'John', u'Milton', u'1667', u']'],
[u'Book', u'I']]

>>> print(gutenberg.words('milton-paradise.txt')[0:20])
[u'[', u'Paradise', u'Lost', u'by', u'John', u'Milton', u'1667', u']',
u'Book', u'I', u'Of', u'Man', u"'", u's', u'first', u'disobedience', u',',
u'and', u'the', u'fruit']
```

앞으로 설명하겠지만 많은 경우에 있어 사용자 정의 전략을 사용해 원시 텍스트를 단어로 분할하는 것이 좋다. 다른 많은 상황에서 문장에 직접 접근하려면 원래 구조의 하위 구분을 사용해 작업해야 한다. 구텐베르그 말뭉치 이외의 다른 말뭉치로는 웹 텍스트, 로이터 뉴스 라인, 브라운 말뭉치 등이 있다. 예를 들어, 브라운 말뭉치는 여러 장르로 분류한 유명한 문서 모음이다.

```
from nltk.corpus import brown

>>> print(brown.categories())
[u'adventure', u'belles_lettres', u'editorial', u'fiction', u'government',
u'hobbies', u'humor', u'learned', u'lore', u'mystery', u'news',
u'religion', u'reviews', u'romance', u'science_fiction']

>>> print(brown.sents(categories='editorial')[0:100])
[[u'Assembly', u'session', u'brought', u'much', u'good'], [u'The',
u'General', u'Assembly', u',', u'which', u'adjourns', u'today', u',',
u'has', u'performed', u'in', u'an', u'atmosphere', u'of', u'crisis',
u'and', u'struggle', u'from', u'the', u'day', u'it', u'convened', u'.'],
...]
```

 말뭉치에 대한 상세한 설명은 http://www.nltk.org/book/ch02.html을 참고하자.

▌단어 바구니 전략

NLP에서 매우 일반적인 파이프 라인은 다음 단계로 세분화할 수 있다.

1. 문서에서 말뭉치 모으기

2. 토큰화, 불용어(영어에서 관사나 전치사 등) 제거와 형태소 분석(어근형으로 축소)하기

3. 공통 어휘 구축하기

4. 문서 벡터화하기

5. 문서 분류와 군집화하기

파이프 라인은 단어 바구니라고 한다. 근본적인 가정은 문장에서 각 단어의 순서가 중요하지 않다는 점이다. 사실, 특징 벡터를 정의할 때 고려하는 측정 항목은 빈도와 관련돼 있으며 모든 요소의 지역적 위치에 둔감하다. 자연어에서는 의미를 보존하기 위해 문장의 내부 순서가 필요하다. 따라서 일부 관점에서는 한계가 있다. 그러나 지역적 순서 정렬의 복잡성 없이 텍스트로 효율적인 작업을 할 수 있는 많은 모델이 있다. 소규모의 순서를 고려해야 하는 경우 토큰 그룹(n-gram이라고 함)을 채택하고 벡터화 단계에서 단일 원자로 간주해 분석을 수행한다.

다음은 샘플 문서(문장)를 대상으로 수행한 프로세스의 개략도다(다섯 번째 단계 제외).

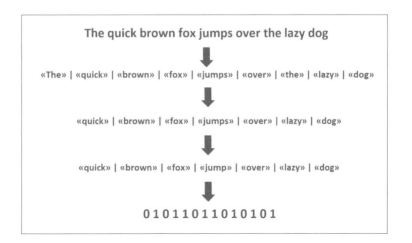

각 단계를 수행하는 데에는 여러 가지 방법이 있으며, 그중 일부는 상황에 따라 다르다. 하지만 목표는 항상 동일하다. 동일한 어근(예: 동사)에서 너무 빈번하거나 파생된 용어를 제거해 문서 정보를 극대화하고 공통 어휘의 크기를 줄인다. 문서 정보 내용은 사실 특정 용어(또는 용어 그룹)의 존재 여부에 따라 결정된다.

이러한 용어의 빈도는 말뭉치에서 제한돼 있다. 위의 그림에서 여우^{fox}와 개^{dog}는 중요한 용어지만 the는 쓸모가 없다. 이러한 단어를 불용어^{stopword}라고 한다. 또한 jumps는 표준 형식인 'jump'로 변환할 수 있다. 'jump'는 'jumping'이나 'jumped'와 같이 다양한 형식으로 존재하며, 특정 동작을 표현한다. 알고리즘은 숫자로 작동하기 때문에 마지막 단계는 숫자 벡터로 변환한다. 따라서 학습 속도와 메모리 소비를 향상시키기 위해서는 벡터의 길이를 제한하는 것이 중요하다. 다음 절에서는 각 단계에 대해 소개하고, 마지막으로 뉴스 라인에 대한 샘플 분류기를 만들어본다.

토큰화하기

텍스트나 말뭉치를 처리하는 첫 번째 단계는 일반적으로 토큰^{token}으로 정의된 문장, 단어, 단어 일부분으로 쪼개는 것이다. 이 과정은 매우 간단하지만 특정 문제를 해결하기 위해 다양한 전략을 적용할 수 있다.

문장 토큰화

대부분의 경우 큰 텍스트를 문장으로 분리하는 것이 좋다. 일반적으로 문장은 마침표나 다른 동등한 부호로 구분할 수 있다. 모든 언어에는 고유한 규칙이 있으므로 NLTK는 여러 언어(기본값은 영어)를 분석하기 위해 sent_tokenize( )라는 메서드를 제공하고 특정 규칙에 따라 텍스트를 분할한다. 다음 예제는 다양한 언어를 대상으로 이 함수를 사용하는 방법이다.

```
from nltk.tokenize import sent_tokenize
```

```
>>> generic_text = 'Lorem ipsum dolor sit amet, amet minim temporibus in
sit. Vel ne impedit consequat intellegebat.'

>>> print(sent_tokenize(generic_text))
['Lorem ipsum dolor sit amet, amet minim temporibus in sit.',
 'Vel ne impedit consequat intellegebat.']

>>> english_text = 'Where is the closest train station? I need to reach
London'

>>> print(sent_tokenize(english_text, language='english'))
['Where is the closest train station?', 'I need to reach London']

>>> spanish_text = u'¿Dónde está la estación más cercana? Inmediatamente me tengo
que ir a Barcelona.'

>>> for sentence in sent_tokenize(spanish_text, language='spanish'):
>>> print(sentence)
¿Dónde está la estación más cercana?
Inmediatamente me tengo que ir a Barcelona.
```

Word 토큰화

문장을 단어로 토큰화하는 가장 간단한 방법은 TreebankWordTokenizer 클래스가 제공한다. 하지만 몇 가지 제약 사항이 있다.

```
from nltk.tokenize import TreebankWordTokenizer

>>> simple_text = 'This is a simple text.'

>>> tbwt = TreebankWordTokenizer()

>>> print(tbwt.tokenize(simple_text))
['This', 'is', 'a', 'simple', 'text', '.']

>>> complex_text = 'This isn\'t a simple text'
```

```
>>> print(tbwt.tokenize(complex_text))
['This', 'is', "n't", 'a', 'simple', 'text']
```

위에서 알 수 있는 바와 같이 첫 번째 경우 문장을 정확하게 단어로 분리했고, 구두점을
구분했다. 두 번째 단계에서 구두점을 제거할 수 있으므로 실제 문제가 되지 않는다. 그
러나 복잡한 예제인 경우 isn't는 n't로 분리됐다. 불행히도 추가 처리 단계가 없다면,
토큰을 정상적인 형태인 not과 같은 형태로 변환기가 어렵다. 따라서 추가 처리 전략이
반드시 필요하다. 별도의 구두점 문제를 처리하려면 RegexpTokenizer 클래스를 이용해야
한다. RegexpTokenizer는 정규 표현식에 따라 단어를 분할하는 유연한 방법을 제공한다.

```
from nltk.tokenize import RegexpTokenizer

>>> complex_text = 'This isn\'t a simple text.'

>>> ret = RegexpTokenizer('[a-zA-Z0-9\'\.]+')
>>> print(ret.tokenize(complex_text))
['This', "isn't", 'a', 'simple', 'text.']
```

대부분의 문제는 이 클래스를 사용해 쉽게 해결할 수 있으므로 특정 패턴과 일치하는 간
단한 정규식을 작성하는 방법을 알아두자.

예를 들어 RegexpTokenizer를 이용하면, 문장에서 모든 숫자, 콤마, 다른 구두점을 제거
할 수 있다.

```
>>> complex_text = 'This isn\'t a simple text. Count 1, 2, 3 and then go!'

>>> ret = RegexpTokenizer('[a-zA-Z\']+')
>>> print(ret.tokenize(complex_text))
['This', "isn't", 'a', 'simple', 'text', 'Count', 'and', 'the', 'go']
```

NLTK에서는 다른 클래스도 제공하지만 거의 모든 문제를 다룰 수 있는 `RegexpTokenizer`를 사용해 구현하는 게 좋다. 따라서 추가로 다른 클래스는 알아보지 않아도 괜찮다고 생각한다.

불용어 제거

불용어는 일반적인 말(관사, 접속사 등)의 일부지만 발생 빈도가 높고 유용한 의미를 제공하지 않는다. 이러한 이유로 문장과 말뭉치를 모두 제거해 필터링하는 것이 좋다. NLTK는 가장 일반적인 언어에 대한 불용어 목록을 제공하며 그 사용법은 상당히 직관적이다.

```
from nltk.corpus import stopwords

>>> sw = set(stopwords.words('english'))
```

영어 불용어 집합은 다음과 같다.

```
>>> print(sw)
{u'a',
 u'about',
 u'above',
 u'after',
 u'again',
 u'against',
 u'ain',
 u'all',
 u'am',
 u'an',
 u'and',
 u'any',
 u'are',
 u'aren',
 u'as',
 u'at',
 u'be', ...
```

문장을 필터링하려면 기능적 접근 방식을 채택해야 한다.

```
>>> complex_text = 'This isn\'t a simple text. Count 1, 2, 3 and then go!'

>>> ret = RegexpTokenizer('[a-zA-Z\']+')
>>> tokens = ret.tokenize(complex_text)
>>> clean_tokens = [t for t in tokens if t not in sw]
>>> print(clean_tokens)
['This', "isn't", 'simple', 'text', 'Count', 'go']
```

언어 감지

다른 중요한 특징과 마찬가지로 불용어는 특정 언어와 관련돼 있으므로 다른 단계로 넘어가기 전에 해당 언어를 감지해야 하는 경우가 종종 있다. 구글의 언어 감지 시스템에 이식된 langdetect 라이브러리는 간단하고 무료이며 직관적인 사용법과 신뢰할 수 있는 솔루션을 제공한다.

```
from langdetect import detect

>>> print(detect('This is English'))
en

>>> print(detect('Dies ist Deutsch'))
de
```

이 함수는 ISO 639-1 코드(https://en.wikipedia.org/wiki/List_of_ISO_639-1_codes)를 반환하며, 이 코드는 언어 종류를 알아내기 위한 확률값을 딕셔너리 형태의 키로 제공한다. 텍스트가 복잡한 경우 감지가 상대적으로 어려울 수도 있으며 모호한 점이 있는지 여부를 알아내는 데 좋다. detect_langs() 메서드를 통해 예상되는 언어에 대한 확률값을 계산하면 다음과 같다.

```
from langdetect import detect_langs

>>> print(detect_langs('I really love you mon doux amour!'))
[fr:0.714281321163, en:0.285716747181]
```

 langdetect는 pip(pip install —upgrade langdetect)를 사용해 설치한다. 자세한 내용은 https://pypi.python.org/pypi/langdetect에서 확인하기 바란다.

어간 추출

어간 추출stemming은 고유한 토큰의 수를 늘리지 않고도 의미를 보존하기 위해 특정 단어 (예: 동사 또는 복수형)를 급진적인 형식으로 변환하는 데 사용하는 프로세스다. 예를 들어, 세 가지 표현인 I run, He runs, Running을 생각해보면, 각각의 문장이 정형화돼 있지 않더라도 유용한 형태인 I run, He run, Run으로 축약할 수 있다. 이와 같은 방식으로 동일한 의미를 갖는 단어를 표준 형태로 전처리한 후 군집 분석이나 분류 분석에 사용한다. 예를 들어 run, runs, running라는 단어에서 run이라는 개념을 정의하는 1개의 토큰을 정밀도 손실 없이 사용할 수 있다. NLTK가 제공하는 많은 어간 추출Stemming 구현 중에 가장 일반적인 스노볼스테머SnowballStemmer는 다국어 알고리즘을 기반으로 한다.

```
from nltk.stem.snowball import SnowballStemmer

>>> ess = SnowballStemmer('english', ignore_stopwords=True)
>>> print(ess.stem('flies'))
fli

>>> fss = SnowballStemmer('french', ignore_stopwords=True)
>>> print(fss.stem('courais'))
cour
```

ignore_stopwords 파라미터는 어간 추출 과정에서 불용어를 처리하지 않도록 한다. 다른 구현 내용으로는 포터스테머[PorterStemmer] 및 랭커스터스테머[LancasterStemmer]가 있다. 대부분 결과가 동일하더라도, 경우에 따라 어간 추출 기능으로 보다 선택적인 규칙을 구현할 수 있다. 이에 대한 예제는 다음과 같다.

```
from nltk.stem.snowball import PorterStemmer
from nltk.stem.lancaster import LancasterStemmer

>>> print(ess.stem('teeth'))
teeth

>>> ps = PorterStemmer()
>>> print(ps.stem('teeth'))
teeth

>>> ls = LancasterStemmer()
>>> print(ls.stem('teeth'))
tee
```

스노볼[Snowball]과 포터[Porter] 알고리즘은 단어를 변경하지 않는 반면, 랭커스터[Lancaster]는 의미없는 어근[radix]을 제거한다.

다른 관점에서 랭커스터[Lancaster] 알고리즘은 많은 구체적인 영어 규칙을 구현해놓았다. 따라서 유일한 토큰의 수를 실제로 줄일 수 있다.

```
>>> print(ps.stem('teen'))
teen


>>> print(ps.stem('teenager'))
teenag

>>> print(ls.stem('teen'))
teen
```

```
>>> print(ls.stem('teenager'))
teen
```

불행히도 NLTK에서 포터와 랭커스터 어간 추출은 영어만을 대상으로 사용 가능하다. 따라서 기본 선택은 스노볼이 된다. 이 어간은 많은 언어에 대해 사용 가능하며 적합한 불용어 집합과의 연동으로 사용할 수도 있다.

벡터화

벡터화는 텍스트 토큰을 숫자 벡터로 변환하는 단어 바구니 파이프라인의 마지막 단계다. 가장 일반적인 기술은 카운트나 빈도 계산을 수행하는 방법이다. 이 두 가지는 모두 희소 행렬 표현으로 scikit-learn에서 사용 가능하다. 많은 토큰은 단지 몇 번만 나타나는 반면, 벡터는 동일한 길이를 가져야 한다는 점을 감안해 많은 공간을 절약하기 위한 선택 방안이다.

카운트 벡터화

이 알고리즘은 매우 간단하다. 토큰이 문서에 얼마나 나타났는지를 감안해 표현하는 것에 근거한다. 물론 개별 토큰이 몇 번 나타났는지와 빈도를 계산하기 위해 전체 말뭉치가 처리돼야 한다. 간단한 말뭉치를 대상으로 CountVectorizer 클래스를 적용한 예제를 살펴보자.

```
from sklearn.feature_extraction.text import CountVectorizer

>>> corpus = [
        'This is a simple test corpus',
        'A corpus is a set of text documents',
        'We want to analyze the corpus and the documents',
        'Documents can be automatically tokenized'
]
```

```
>>> cv = CountVectorizer()
>>> vectorized_corpus = cv.fit_transform(corpus)
>>> print(vectorized_corpus.todense())
[[0 0 0 0 0 1 0 1 0 0 1 1 0 0 1 0 0 0 0]
 [0 0 0 0 0 1 1 1 1 1 0 0 1 0 0 0 0 0 0]
 [1 1 0 0 0 1 1 0 0 0 0 0 0 2 0 1 0 1 1]
 [0 0 1 1 1 0 1 0 0 0 0 0 0 0 0 0 1 0 0]]
```

위에서 알 수 있는 바와 같이 각 문서는 고정 길이 벡터로 변환된다. 여기서 0은 해당 토큰이 없음을 의미하고 양수는 발생함을 나타낸다. 문서 빈도가 사전 정의된 값보다 작은 토큰을 제외하려면, 파라미터 min_df를 통해 설정할 수 있다(기본값은 1임). 때로는 매우 일반적인 용어를 피하는 것이 좋다.

다음 전략은 이 문제를 보다 신뢰성 있고 완전한 방식으로 관리하는 것이다.

해당 어휘는 인스턴스 변수 vocabulary_를 통해 접근할 수 있다.

```
>>> print(cv.vocabulary_)
{u'and': 1, u'be': 3, u'we': 18, u'set': 9, u'simple': 10, u'text': 12,
u'is': 7, u'tokenized': 16, u'want': 17, u'the': 13, u'documents': 6,
u'this': 14, u'of': 8, u'to': 15, u'can': 4, u'test': 11, u'corpus': 5,
u'analyze': 0, u'automatically': 2}
```

제네릭 벡터가 주어지면, 역변환을 이용해 해당 토큰의 리스트를 가져올 수 있다.

```
>>> vector = [0, 0, 0, 0, 0, 1, 0, 1, 0, 0, 1, 1, 0, 0, 1, 0, 0, 1, 1]
>>> print(cv.inverse_transform(vector))
[array([u'corpus', u'is', u'simple', u'test', u'this', u'want', u'we'],
       dtype='<U13')]
```

이번과 다음 메서드 모두 파라미터 토큰기를 통해 외부 토큰기를 이용할 수 있다. 이러한 토큰기는 이전 절에서 소개한 기술을 이용해 변경할 수 있다.

```
>>> ret = RegexpTokenizer('[a-zA-Z0-9\']+')
>>> sw = set(stopwords.words('english'))
>>> ess = SnowballStemmer('english', ignore_stopwords=True)

>>> def tokenizer(sentence):
>>>     tokens = ret.tokenize(sentence)
>>>     return [ess.stem(t) for t in tokens if t not in sw]

>>> cv = CountVectorizer(tokenizer=tokenizer)
>>> vectorized_corpus = cv.fit_transform(corpus)
>>> print(vectorized_corpus.todense())
[[0 0 1 0 0 1 1 0 0 0]
 [0 0 1 1 1 0 0 1 0 0]
 [1 0 1 1 0 0 0 0 0 1]
 [0 1 0 1 0 0 0 0 1 0]]
```

불용어와 어간 추출을 이용한 토큰기를 이용하면 해당 용어집과 벡터 모두 상대적으로 짧아진다.

N-그램

지금까지 하나의 토큰(unigram이라고도 함)만을 고려했지만, 많은 상황에서 다른 모든 토큰과 마찬가지로 짧은 분류 단어bigram 또는 trigram를 분류기의 기본 분석 단위 요소atoms로 간주하는 것이 좋다. 예를 들어, 일부 텍스트의 감정을 분석하는 경우, pretty good, very bad 등과 같은 바이그램bigram은 꽤 좋은 아이디어다. 의미론의 관점에서 부사뿐 아니라 전체 복합 형식을 고려하는 것이 중요하기 때문이다. 고려 대상 n-그램의 범위를 벡터화기vectorizer에 설정해 사용한다. 예를 들어 유니그램unigrams과 바이그램이 필요한 경우 다음과 같은 명령을 사용한다.

```
>>> cv = CountVectorizer(tokenizer=tokenizer, ngram_range=(1, 2))
>>> vectorized_corpus = cv.fit_transform(corpus)
>>> print(vectorized_corpus.todense())
[[0 0 0 0 0 1 0 1 0 0 1 1 0 0 1 0 0 0 0]
 [0 0 0 0 0 1 1 1 1 0 0 1 0 0 0 0 0 0 0]
```

```
[1 1 0 0 0 1 1 0 0 0 0 0 0 2 0 1 0 1 1]
 [0 0 1 1 1 0 1 0 0 0 0 0 0 0 0 1 0 0]]
```

```
>>> print(cv.vocabulary_)
{u'and': 1, u'be': 3, u'we': 18, u'set': 9, u'simple': 10, u'text': 12,
u'is': 7, u'tokenized': 16, u'want': 17, u'the': 13, u'documents': 6,
u'this': 14, u'of': 8, u'to': 15, u'can': 4, u'test': 11, u'corpus': 5,
u'analyze': 0, u'automatically': 2}
```

용어[vocabulary]는 바이그램, 벡터는 상대 빈도를 포함한다.

Tf-idf 벡터화

카운트 벡터화의 일반적인 한계는 알고리즘이 각 토큰의 빈도를 고려하면서 전체 말뭉치를 고려하지 않는다는 점이다. 일반적으로 벡터화의 목표는 분류기용 데이터를 준비하는 것이다. 따라서 전역 출현 횟수가 증가할 때 정보가 줄어들기 때문에 자주 나타나는 특징을 회피하는 것이 좋다. 예를 들어, 스포츠에 관한 말뭉치에서 게임을 의미하는 용어인 match는 상당히 많은 문서에 출현한다. 따라서 분류를 위한 특징으로는 쓸모가 없다. 이러한 문제를 해결하기 위해서는 다른 접근 방식이 필요하다. n개의 문서로 구성된 말뭉치 C가 있는 경우 문서에서 토큰이 발생하는 횟수인 용어-빈도[term-frequency]를 정의한다.

$$t_f(t, d) \; \forall \, d \in C \;\; \text{그리고} \; \forall \, t \in d$$

다음과 같은 방법으로 역-문서-빈도[inverse-document-frequency]를 정의한다.

$$idf(t, C) = log \frac{n}{1 + count(D, t)}$$

여기서 $count(D, t) = \sum_i 1(t \in D)$이다.

idf(t, C)는 개별 용어마다 얼마나 많은 정보를 제공하는지를 측정한다. 사실 count(D, t) = n이면 토큰이 항상 존재하고 $idf(t, C)$가 0에 가깝다는 것을 의미하며 그 반대의 경

우도 마찬가지다. 분모에서 1이라는 용어는 count(D, t) = n에 대한 null idf를 피하는
보정 계수다. 따라서 용어 빈도만 고려하는 대신, 새 측정값을 정의해 각 토큰의 가중값
을 측정한다. scikit-learn은 **TfIdfVectorizer** 클래스를 제공한다. 이 클래스는 이전 단
락에서 사용한 동일한 장난감 말뭉치에 적용할 수 있다.

$$t_f \cdot idf(t, d, C) = t_f(t, d)\, idf(t, C)$$

```
>>> from sklearn.feature_extraction.text import TfidfVectorizer

>>> tfidfv = TfidfVectorizer()
>>> vectorized_corpus = tfidfv.fit_transform(corpus)
>>> print(vectorized_corpus.todense())
[[ 0.          0.          0.          0.          0.          0.31799276
   0.          0.39278432  0.          0.          0.49819711  0.49819711
   0.          0.          0.49819711  0.          0.          0.
0.        ]
 [ 0.          0.          0.          0.          0.          0.30304005
   0.30304005  0.37431475  0.4747708   0.4747708   0.          0.
   0.4747708   0.          0.          0.          0.          0.
0.        ]
 [ 0.31919701  0.31919701  0.          0.          0.          0.20373932
   0.20373932  0.          0.          0.          0.          0.
0.
   0.63839402  0.          0.31919701  0.          0.31919701  0.31919701]
 [ 0.          0.          0.47633035  0.47633035  0.47633035  0.
   0.30403549  0.          0.          0.          0.          0.
0.
   0.          0.          0.          0.47633035  0.          0.        ]]
```

이제 간단한 카운트 벡터를 이용해 비교할 용어^vocabulary를 확인해보자.

```
>>> print(tfidfv.vocabulary_)
{u'and': 1, u'be': 3, u'we': 18, u'set': 9, u'simple': 10, u'text': 12,
u'is': 7, u'tokenized': 16, u'want': 17, u'the': 13, u'documents': 6,
```

```
u'this': 14, u'of': 8, u'to': 15, u'can': 4, u'test': 11, u'corpus': 5,
u'analyze': 0, u'automatically': 2}
```

'documents'라는 용어^{term}는 두 벡터 생성기^{vectorizers}의 여섯 번째 특징이며 마지막 3개의
문서에 나타난다. 위에서 알 수 있는 바와 같이, 가중값은 약 0.3이며 세 번째 문서에만
두 번 나타나고 가중값은 약 0.64이다. 규칙에 따르면 1개의 용어가 문서를 대표할 때,
해당 가중값은 1.0에 가깝게 된다. 샘플 문서에서 용어를 찾을 수 있더라도 해당 문서의
범주를 쉽게 결정할 수 없다면 가중값은 감소한다.

이 경우에도 외부 토큰 생성기^{tokenizer}를 사용하고 원하는 n-그램 범위를 지정할 수 있다.
또한 파라미터 노름을 이용해 벡터를 정규화하고 idf(파라미터 smooth_idf를 통해)의 분모
에 추가로 1을 포함할지, 제외할지를 결정할 수 있다. 이외에 토큰을 제외하려면 파라미
터 min_df와 max_df를 사용해 채택한 문서 빈도의 범위를 정의해야 한다. 토큰의 발생
빈도는 최소/최대 임곗값 미만/초과에 있다. 임곗값은 두 정수(발생 횟수) 또는 [0.0, 1.0]
의 범위에 있는 실수값을 갖는다. 다음 예제에서 이러한 파라미터 중 일부를 사용해본다.

```
>>> tfidfv = TfidfVectorizer(tokenizer=tokenizer, ngram_range=(1, 2),
norm='l2')
>>> vectorized_corpus = tfidfv.fit_transform(corpus)
>>> print(vectorized_corpus.todense())
[[ 0.          0.          0.          0.          0.30403549   0.
  0.
  0.          0.          0.          0.          0.47633035   0.47633035
  0.47633035   0.47633035   0.          0.          0.          0.
0.        ]
 [ 0.          0.          0.          0.          0.2646963    0.
  0.4146979    0.2646963   0.          0.4146979    0.4146979    0.
0.
  0.          0.          0.4146979    0.4146979    0.          0.
0.        ]
 [ 0.4146979   0.4146979   0.          0.          0.2646963    0.4146979
  0.          0.2646963   0.          0.          0.          0.
0.
```

```
   0.           0.           0.           0.           0.           0.4146979
   0.4146979 ]
 [ 0.           0.           0.47633035   0.47633035   0.           0.
0.
   0.30403549   0.47633035   0.           0.           0.           0.
0.
   0.           0.           0.           0.47633035   0.           0.        ]]
```

```
>>> print(tfidfv.vocabulary_)
{u'analyz corpus': 1, u'set': 9, u'simpl test': 12, u'want analyz': 19,
u'automat': 2, u'want': 18, u'test corpus': 14, u'set text': 10, u'corpus
set': 6, u'automat token': 3, u'corpus document': 5, u'text document': 16,
u'token': 17, u'document automat': 8, u'text': 15, u'test': 13, u'corpus':
4, u'document': 7, u'simpl': 11, u'analyz': 0}
```

해당 벡터가 분류기에 대한 입력값으로 사용되는 경우 벡터를 정규화하는 것은 좋은 방법이다. 이 내용은 13장, 'NLP에서 토픽 모델링과 감정 분석'에서 살펴본다.

▌ 로이터 말뭉치에 따른 샘플 텍스트 분류기

NLTK 로이터 말뭉치에 근거해 샘플 텍스트 분류기를 구축한다. 이 말뭉치는 90개 범주로 구분된 수천 개의 뉴스 라인으로 구성돼 있다.

```
from nltk.corpus import reuters
```

```
>>> print(reuters.categories())
[u'acq', u'alum', u'barley', u'bop', u'carcass', u'castor-oil', u'cocoa',
u'coconut', u'coconut-oil', u'coffee', u'copper', u'copra-cake', u'corn',
u'cotton', u'cotton-oil', u'cpi', u'cpu', u'crude', u'dfl', u'dlr', u'dmk',
u'earn', u'fuel', u'gas', u'gnp', u'gold', u'grain', u'groundnut',
u'groundnut-oil', u'heat', u'hog', u'housing', u'income', u'instal-debt',
u'interest', u'ipi', u'iron-steel', u'jet', u'jobs', u'l-cattle', u'lead',
u'lei', u'lin-oil', u'livestock', u'lumber', u'meal-feed', u'money-fx',
u'money-supply', u'naphtha', u'nat-gas', u'nickel', u'nkr', u'nzdlr',
```

```
u'oat', u'oilseed', u'orange', u'palladium', u'palm-oil', u'palmkernel',
u'pet-chem', u'platinum', u'potato', u'propane', u'rand', u'rape-oil',
u'rapeseed', u'reserves', u'retail', u'rice', u'rubber', u'rye', u'ship',
u'silver', u'sorghum', u'soy-meal', u'soy-oil', u'soybean', u'strategic-
metal', u'sugar', u'sun-meal', u'sun-oil', u'sunseed', u'tea', u'tin',
u'trade', u'veg-oil', u'wheat', u'wpi', u'yen', u'zinc']
```

이 과정을 단순화하려면 유사한 문서를 갖고 있는 두 가지 범주만 채택해야 한다.

```
import numpy as np

>>> Xr = np.array(reuters.sents(categories=['rubber']))
>>> Xc = np.array(reuters.sents(categories=['cotton']))
>>> Xw = np.concatenate((Xr, Xc))
```

각 문서가 이미 토큰으로 구분돼 있고 불용어 제거와 어간 추출로 커스텀 토큰기custom tokenizer를 적용해야 하므로 전체 문장을 재구축해야 한다.

```
>>> X = []

>>> for document in Xw:
>>>     X.append(' '.join(document).strip().lower())
```

이제 고무rubber에는 0을 설정하고 면cotton에는 1을 설정한 레이블 벡터를 준비한다.

```
>>> Yr = np.zeros(shape=Xr.shape)
>>> Yc = np.ones(shape=Xc.shape)
>>> Y = np.concatenate((Yr, Yc))
```

다음과 같이 말뭉치를 벡터화한다.

```
>>> tfidfv = TfidfVectorizer(tokenizer=tokenizer, ngram_range=(1, 2),
```

```
norm='l2')
>>> Xv = tfidfv.fit_transform(X)
```

데이터셋이 준비됐으므로 훈련과 테스트용 하위 집합으로 분리해 계속 진행한다.

분석 방법으로는 이러한 작업에 특별히 효율적인 랜덤 포레스트 방법을 사용한다. 하지만 다른 분류기를 시도해 해당 결과를 비교해볼 수도 있다.

```
from sklearn.model_selection import train_test_split
from sklearn.ensemble import RandomForestClassifier

>>> X_train, X_test, Y_train, Y_test = train_test_split(Xv, Y,
test_size=0.25)

>>> rf = RandomForestClassifier(n_estimators=25)
>>> rf.fit(X_train, Y_train)
>>> score = rf.score(X_test, Y_test)
>>> print('Score: %.3f' % score)
Score: 0.874
```

점수는 88%이며, 이는 괜찮은 결과다. 하지만 거짓 뉴스 행fake news line을 갖는 예측을 시도해보자.

```
>>> test_newsline = ['Trading tobacco is reducing the amount of requests
for cotton and this has a negative impact on our economy']

>>> yvt = tfidfv.transform(test_newsline)
>>> category = rf.predict(yvt)
>>> print('Predicted category: %d' % int(category[0]))
Predicted category: 1
```

분류 결과는 정확하다. 하지만 13장, 'NLP에서 토픽 모델링과 감정 분석'에서 설명하게 될 몇 가지 기술을 채택하면 보다 복잡한 현실 문제에서 상대적으로 좋은 결과를 얻어낼 수 있다.

참고 문헌

- Perkins J., Python 3 Text Processing with NLTK 3 Cookbook, Packt.
- Hardeniya N., NLTK Essentials, Packt
- Bonaccorso G., BBC News classification algorithm comparison, https://github.com/giuseppebonaccorso/bbc_news_classification_comparison.

요약

12장에서는 기초 NLP 기술에 해당하는 말뭉치의 정의부터 최종 특징 벡터로 변환까지 설명했다. 특별한 문제나 문서를 단어로 분리하는 상황을 설명하기 위한 다양한 토큰 방법을 분석했다. 다음으로 몇 가지 필터링 기술에 대해 설명했다. 불필요한 요소(불용어)를 제거하고 변형 형태inflected form를 표준 토큰으로 변환하는 데 필요한 몇 가지 필터링 기술에 대해서도 설명했다.

이러한 단계는 자주 사용되는 용어를 제거해 정보 내용을 향상시키는 데 중요하다. 문서가 성공적으로 정리되면 카운트 벡터화에 의해 구현된 것과 같은 간단한 접근법을 사용하거나 tf-idf와 같은 전역 용어 분포를 고려한 보다 복잡한 방법을 사용해 문서를 벡터화할 수 있다. 후자는 형태소 분석 단계에서 수행한 작업을 완료하기 위해 도입했다. 정보의 양이 많을 때와 적을 때 각 구성 요소가 1에 가까운 벡터를 정의하는 것이 목적이다. 일반적으로 많은 문서에 있는 단어는 분류기용으로 좋은 대상은 아니다. 따라서 이전 단계에서 제거하지 않은 경우 tf-idf는 자동으로 가중값을 줄인다. 12장의 끝부분에서는 전체 단어 바구니 파이프 라인을 구현하고 뉴스 라인을 분류하기 위해 랜덤 포레스트를 사용하는 간단한 텍스트 분류기를 만들었다.

13장, 'NLP에서 토픽 모델링과 감정 분석'에서는 토픽 모델링, 잠재 의미 분석 및 감정 분석과 같은 고급 기술에 대해 간략하게 설명한다.

13

NLP에서
토픽 모델링과 감정 분석

13장에서는 몇 가지 일반 토픽 모델링 방법과 애플리케이션에 대해 소개한다. 토픽 모델링은 매우 중요한 자연어 처리^{Natural Language Processing, NLP} 분야며, 목표는 문서의 말뭉치에서 시맨틱 정보를 추출하는 것이다. 13장에서는 가장 유명한 방법 중 하나인 잠재 의미 분석^{Latent Semantic Analysis, LSA}을 다룬다. 이 방법은 모델-기반 추천 시스템에서 소개한 내용과 동일한 철학을 갖는 기술이다. 또한 기존의 LSA를 확률적인 기법으로 적합하는 개선된 방법으로, 확률 잠재 의미 분석^{Probabilistic Latent Semantic Analysis, PLSA}을 다룬다. PLSA의 목표는 사전 분포에 대한 가정 없이 잠재 요인 확률 모델^{Latent Factor Probability Model}을 구축하는 것이다. 잠재 디리클레 할당은 잠재 변수에 대해 사전 디리클레 분포를 가정하는 유사한 접근이다. 마지막 절에서는 트위터 데이터셋을 이용한 예제를 이용한 감정 분석을 소개한다.

▌ 토픽 모델링

자연어 처리에서 토픽 모델링의 주요 목표는 말뭉치를 분석해 여러 문서의 주제topic를 찾아내는 것이다. 이런 맥락에서 시맨틱에 대해 얘기한다고 하더라도 이 개념은 특별한 의미를 지닌다고 할 수 있다. 문서의 주제는 특정 단어의 사용에 근거한다. 따라서 분석 대상인 여러 문서의 내용을 특정 단어의 사용 여부에 근거해 추론할 수 있다.

즉 토픽 모델은 사람이 문서의 내용을 이해하는 방식이 아니라 문서 내부에서 특정 단어의 사용 여부를 통계적으로 처리해 분석하는 모델에 근거해 작동한다. 이 방법의 목표는 용어 사용이 특정 개념을 표현하는 것이기 때문에 시맨틱적 목적이 뒷받침돼야 한다. 이러한 이유로 인해 모든 방법의 시작점은 일반적으로 문서-용어 행렬document-term matrix로 정의되는 빈도 행렬이다. 이미 12장, '자연어 처리'에서 카운트 벡터화 및 tf-idf에 대해 설명했다.

$$M_{dw} = \begin{pmatrix} f(d_1, w_1) & ... & f(d_1, w_n) \\ \vdots & \ddots & \vdots \\ f(d_m, w_1) & ... & f(d_m, w_n) \end{pmatrix}$$

여기서 $f(d_i, w_i)$는 빈도 측정이다.

많은 논문에서 이러한 행렬은 전치 행렬이다. 즉, 용어-문서 행렬이다. 하지만 scikit-learn은 문서-용어 행렬을 만든다. 혼동을 피하기 위해 문서-용어 행렬 구조를 고려한다.

잠재 의미 분석

잠재 의미 분석Latent Semantic Analysis에 깔려 있는 아이디어는 문서document와 용어term 간 연결 역할을 하는 잠재 변수의 집합을 추출하기 위해 M_{dw}를 요인화factorizing하는 것이다. 잠재 변수의 집합은 존재한다고 가정하지만, 직접 관측될 수 없음을 의미한다. 이미 11장, '추천 시스템 개요'에서 설명했듯이 매우 일반적인 분해 방법은 SVD다.

$$M_{UxI} = U\Sigma V^T$$

여기서 $U \in \mathbb{R}^{m \times t}$, $\Sigma \in \mathbb{R}^{t \times t}$ 그리고 $V \in \mathbb{R}^{m \times n}$이다.

우리는 전체 분해decomposition가 아니라 최상위 k개의 단일값singular values으로 정의 가능한 부분 공간sub space에만 관심이 있다.

$$M_k = U_k \Sigma_k V_k^T$$

이러한 추정은 프로비니우스 노름Frobenius norm을 고려한 최상의 값이 되므로 매우 높은 수준의 정확도를 보장한다. 이 방법을 문서-용어 행렬에 적용하면 다음과 같은 결과를 얻게 된다.

$$M_{dwk} = \begin{pmatrix} g(d_1, t_1) & \dots & g(d_1, t_k) \\ \vdots & \ddots & \vdots \\ g(d_m, t_1) & \dots & g(d_m, t_k) \end{pmatrix} \cdot \begin{pmatrix} h(t_1, w_1) & \dots & h(t_1, w_n) \\ \vdots & \ddots & \vdots \\ h(t_k, w_1) & \dots & h(t_k, w_n) \end{pmatrix}$$

보다 간결한 방식으로 다음을 얻게 된다.

$$M_{dwk} = M_{dtk} \cdot M_{twk}$$

첫 번째 행렬은 문서와 k개의 잠재 변수latent variables 간 관계와 k개의 잠재 변수와 단어 간 차이 관계를 정의한다. 초기 행렬 구조와 13장의 전반부에서 설명한 것을 고려할 때, 잠재 변수를 해당 문서가 투영될 부분 공간subspace을 정의하는 토픽으로 정의해볼 수 있다. 이제 일반화 문서generic document는 다음과 같이 정의할 수 있다.

$$d_i = \sum_{j=1}^{k} g(d_i, t_k)$$

개별 토픽은 여러 단어의 선형 조합이 된다. 많은 단어의 가중값은 0에 가까우므로 최상위 r개 단어만을 고려해 토픽을 정의할 수 있으며, 다음과 같이 정리할 수 있다.

$$t_i \approx \sum_{j=1}^{r} h_{ji} w_j$$

여기서 개별 h_{ji}는 M_{tuk}의 여러 열을 정렬한 후에 얻어낼 수 있다. 해당 과정을 보다 잘 이해하기 위해 브라운 말뭉치[Brown corpus] 부분 집합에 근거한 예제를 살펴보자. 여기서 브라운 말뭉치는 뉴스[news] 카테고리에 대한 500개의 문서다.

```
from nltk.corpus import brown

>>> sentences = brown.sents(categories=['news'])[0:500]
>>> corpus = []

>>> for s in sentences:
>>>     corpus.append(' '.joins(s))
```

말뭉치를 정의한 후 tf-idf 접근을 사용해 토큰화 및 벡터화를 수행한다.

```
from sklearn.feature_extraction.text import TfidfVectorizer

>>> vectorizer = TfidfVectorizer(strip_accents='unicode',
stop_words='english', norm='l2', sublinear_tf=True)
>>> Xc = vectorizer.fit_transform(corpus).todense()
```

이제 SVD를 Xc 행렬에 적용할 수 있다. SciPy에서 V 행렬은 이미 전치된 상태다.

```
from scipy.linalg import svd

>>> U, s, V = svd(Xc, full_matrices=False)
```

말뭉치는 매우 작지는 않다. 따라서 계산 시간을 절약하기 위해 파라미터 full_matrices=False를 설정해놓는 것이 좋다. 두 가지 토픽을 갖는다고 가정했으므로 부분 행렬[submatrices]을 추출해낼 수 있다.

```
import numpy as np
```

```
>>> rank = 2

>>> Uk = U[:, 0:rank]
>>> sk = np.diag(s)[0:rank, 0:rank]
>>> Vk = V[0:rank, :]
```

토픽별로 최상위 10개 단어를 분석하고 싶다면 다음을 고려해야 한다.

$$M_{twk} = V_k$$

따라서 vectorizer가 제공한 get_feature_names() 메서드를 사용해 행렬을 정렬한 후 토픽별로 가장 중요한 단어를 확보할 수 있다.

```
>>> Mtwks = np.argsort(Vk, axis=1)[::-1]

>>> for t in range(rank):
>>>     print('\nTopic ' + str(t))
>>>         for i in range(10):
>>>             print(vectorizer.get_feature_names()[Mtwks[t, i]])

Topic 0
said
mr
city
hawksley
president
year
time
council
election
federal

Topic 1
plainfield
wasn
copy
```

```
released
absence
africa
clash
exacerbated
facing
difficulties
```

이 경우에 행렬 Vk 내 양수값만을 고려한다. 하지만 토픽은 여러 단어의 혼합이므로 음의 요인components도 고려해야 한다. 이 경우에는 Vk의 절댓값을 정렬해야 한다.

```
>>> Mtwks = np.argsort(np.abs(Vk), axis=1)[::-1]
```

만약 문서의 하위-공간sub-space에 표현된 방법을 분석하고 싶다면 다음을 사용한다.

$$M_{dtk} = U_k \Sigma_k$$

예를 들어 말뭉치의 첫 번째 문서를 고려해보자.

```
>>> print(corpus[0])
The Fulton County Grand Jury said Friday an investigation of Atlanta's
recent primary election produced `` no evidence '' that any irregularities
took place .

>>> Mdtk = Uk.dot(sk)

>>> print('d0 = %.2f*t1 + %.2f*t2' % (Mdtk[0][0], Mdtk[0][1]))
d0 = 0.15*t1 + -0.12*t2
```

2차원 공간^{bidimentional space}에서 작업할 때와 같이 각 문서를 모든 점으로 표시해보는 것은 흥미로운 일이다.

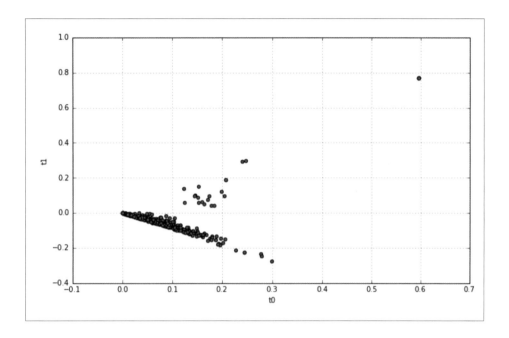

앞의 그림은 많은 문서가 여러 이상값과 상관성이 있다는 것을 보여준다. 아마도 이러한 현상은 토픽을 2개만 선택했기 때문이다. 만일 2개의 브라운 말뭉치 카테고리(뉴스와 소설)를 이용해 동일한 실험을 반복하면 다른 결과를 얻게 된다.

```
sentences = brown.sents(categories=['news', 'fiction'])
corpus = []

for s in sentences:
    corpus.append(' '.join(s))
```

분석 대상 여러 문서가 유사하기 때문에 나머지 계산을 반복하지는 않는다. 유일한 차이는 말뭉치가 클수록 계산 시간이 보다 길어진다는 점이며, 이러한 이유로 인해 어떤 대안이 상대적으로 빠른지 소개한다. 문서에 해당하는 점point을 그림으로 나타내면 다음과 같다.

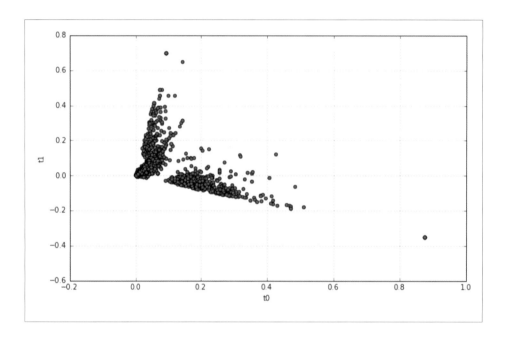

이제 많은 문서가 1개 범주에만 속하는 두 그룹을 쉽게 구분할 수 있다. 이러한 실험을 다른 말뭉치와 랭크ranks에 대해 반복해보자. 불행하게도 3차원 이상을 표시하는 것은 불가능하다. 하지만 하위-집합sub-space이 내포된 의미underlying semantics를 표시하고 있는지의 여부를 수치 계산만으로 확인할 수 있다.

기대했던 것처럼 표준 SciPy의 SVD 구현은 빈도 행렬occurrene matrix이 큰 경우 실제 속도가 느리다. 하지만 scikit-learn은 하위 공간sub-space에서만 작동하는 정리된 SVD 구현인 Truncated SVD를 제공한다. Truncated SVD는 해당 결과를 상당히 빠르게 연산하며, 희소 행렬sparse matrices을 직접 관리할 수도 있도록 해준다. 전체 말뭉치를 이용해 이 클래스를 사용하는 앞의 실험을 반복해보자.

```
from sklearn.decomposition import TruncatedSVD

>>> tsvd = TruncatedSVD(n_components=rank)
>>> Xt = tsvd.fit_transform(Xc)
```

n_components 파라미터를 이용해 행렬의 남아 있는 부분을 버리고 행렬의 원하는 랭크를 설정할 수 있다. 모델을 만든 후에 문서-토픽 행렬$^{document-topic matrix}$인 M_{dtk}를 메서드 fit_transform( )의 결과로 얻어낸다. 반면, 토픽-워드 행렬$^{topic-word matrix}$인 M_{twk}는 인스턴스 변수 components_를 이용해 접근할 수 있다.

```
>>> Mtws = np.argsort(tsvd.components_, axis=1)[::-1]

>>> for t in range(rank):
>>>     print('\nTopic ' + str(t))
>>>         for i in range(10):
>>>             print(vectorizer.get_feature_names()[Mwts[t, i]])

Topic 0
said
rector
hans
aloud
liston
nonsense
leave
whiskey
chicken
fat

Topic 1
bong
varnessa
schoolboy
kaboom
keeeerist
```

```
aggravated
jealous
hides
mayonnaise
fowl
```

여러분은 이 과정을 얼마나 빠르게 할 수 있을지 검증할 수 있으므로 전체 행렬$^{full\ matrices}$에 대한 접근이 필요한 경우에만 표준 SVD 구현을 사용할 것을 제안한다. 문서로도 언급됐듯이 불행히도 이 메서드는 사용 알고리즘과 랜덤 상태에 매우 민감하다. 이 방법은 부호 불확정성$^{sign\ indeterminacy}$이라는 문제를 갖고 있다. 부호 불확정성이란 서로 다른 랜덤 시드$^{random\ seed}$를 사용할 경우 모든 요인^{components}의 부호가 변할 수 있음을 말한다.

```
import numpy as np

np.random.seed(1234)
```

따라서 항상 재현성을 확보하기 위해 주피터 노트북을 포함한 모든 파일의 앞부분에 고정 시드$^{fixed\ seed}$를 이용해 실행한다.

더욱이 3장, '특징 선택과 특징 엔지니어링'에서 설명한 것처럼 양수 행렬 요인화$^{non\text{-}negative\ matrix\ factorization}$를 이용해 실험을 반복한다.

확률적 잠재 의미 분석

앞에서 소개한 모델은 결정론적 접근$^{deterministic\ approach}$에 근거했다. 하지만 문서와 단어로 결정된 공간에 대한 확률적 모델을 정의할 수도 있다.

이 경우에 Apriori 확률에 대한 어떠한 가정도 하지 않고 모델의 로그 우도를 최대화하는 파라미터를 결정한다. 특히 다음 그림에서 보여줬던 용어를 고려해보자. 이 기술에 대해 상세히 알고 싶다면 https://en.wikipedia.org/wiki/plate_notation을 참고하라.

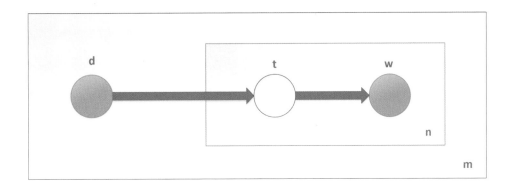

m개 문서로 구성된 말뭉치가 있고, 각 말뭉치는 n개의 단어로 구성돼 있다고 가정해보자. k개의 요소가 관측됐으므로 회색의 원으로 표시했다. 하지만 1개 그룹의 단어로 구성된 문서를 연결하는 제한된 k개의 공통 잠재 요인latent factors 집합인 토픽이 존재한다고 가정해보자. 여기서 여러 해당 단어는 관측되지 않았으므로 흰색의 원으로 표시했다. 이미 기록됐으므로 공통 잠재 요인(토픽)을 직접 볼 수는 없다. 하지만 존재한다고 가정해보자.

특정 단어를 갖는 문서를 찾아낼 결합 확률은 다음과 같다.

$$P(d, w) = P(w|d)P(d)$$

따라서 잠재 요인을 도입한 후 특정 문서에서 단어를 찾아낼 조건부 확률은 다음과 같다.

$$P(w|d) = \sum_{i=1}^{k} P(w|t_i) \, P(t_i|d)$$

초기 결합 확률initial joint probability인 $P(d,w)$는 잠재 요인으로 표현할 수 있다.

$$P(d, w) = \sum_{i=1}^{k} P(t_i)P(w|t_i) \, P(d|t_i)$$

앞에서 설명한 초기 결합 확률은 사전 확률 $P(t)$를 포함한다. 이 확률 표현 대신 수식 $P(w|d)$를 사용하는 것이 좀 더 좋다. 두 가지 조건부 확률 분포를 결정하기 위한 일반적인 접근법은 EM$^{\text{expectation-maximization}}$ 전략이다. 상세한 설명은 "Hofmann T., Unsupervised Learning 42, 177−196, 2001, Kluwer Academic Publisher"를 참고하자. 증명 없이 최종 결과만을 보여주면 다음과 같다.

로그 우도는 다음과 같이 전개할 수 있다.

$$L = \sum_d \sum_w M_{dw}(d,w) \cdot log P(d,w)$$

이 수식은 다음과 같다.

$$L = \sum_d \sum_w \left(M_{dw}(d,w) \cdot log P(d) + M_{dw}(d,w) \cdot log \sum_k P(t_k|d)P(w|t_k) \right)$$

M_{dw}는 발생 빈도 행렬(일반적으로 카운트 벡터를 이용해 획득할 수 있음)이고 $M_{dw}(d,w)$는 문서 d에서 단어 w의 빈도다. 간략히 하기 위해 t_k에 영향을 받지 않는 첫 번째 항을 제외해 수식을 추정한다.

$$L \approx \sum_d \sum_w M_{dw}(d,w) \cdot log \sum_k P(t_k|d)P(w|t_k)$$

더욱이 문서와 단어가 주어질 때 토픽의 확률인 조건부 확률 $P(t|d,w)$를 사용하는 것이 좋다. EM 알고리즘은 사후 확률 $P(t|d,w)$하에서 기대되는 완전한 로그 우도를 최대화한다.

$$E[L_c] = \sum_d \sum_w M_{dw}(d,w) \sum_k P(t|d,w) \cdot log P(t_k|d)P(w|t_k)$$

이 알고리즘의 E 단계는 다음과 같다.

$$P(t|d,w) = \frac{P(t|d)P(w|t)}{\sum_k P(t_k|d)P(w|t_k)}$$

모든 토픽, 단어 그리고 문서까지 확대돼야 하며 항상 일관성 있는 확률을 갖기 위해 토픽당 합계로 정규화해야 한다.

M 단계는 두 가지 계산으로 구분할 수 있다.

$$\begin{cases} P(w|t) = \dfrac{\sum_d M_{dw}(d,w) \cdot P(t|d,w)}{\sum_w \sum_d M_{dw}(d,w) \cdot P(t|d,w)} \\ P(t|d) = \dfrac{\sum_w M_{dw}(d,w) \cdot P(t|d,w)}{\sum_w M_{dw}(d,w)} \end{cases}$$

이 경우에도 계산은 모든 토픽, 단어, 문서까지 확대돼야 한다. 하지만 첫 번째는 문서로 합을 계산하고 단어와 문서로 합을 계산한 반면, 두 번째는 단어로 합을 계산하고 문서의 길이에 따라 정규화했다.

로그 우도가 크기^{magnitude}를 증가시키는 것을 멈출 때까지 알고리즘을 반복 실행한다. 불행히도 scikit-learn은 PLSA 실행 기능을 제공하지 않는다. 따라서 해당 코드를 간단히 작성해야 한다. 브라운 말뭉치의 소규모 하위 집합을 정의하는 것으로 시작해 fiction에서 10문장, editorial 범주에서 10문장을 가져오자.

```
>>> sentences_1 = brown.sents(categories=['editorial'])[0:10]
>>> sentences_2 = brown.sents(categories=['fiction'])[0:10]
>>> corpus = []

>>> for s in sentences_1 + sentences_2:
>>>     corpus.append(' '.join(s))
```

이제 CountVectorizer 클래스를 이용해 벡터화한다.

```python
import numpy as np

from sklearn.feature_extraction.text import CountVectorizer

>>> cv = CountVectorizer(strip_accents='unicode', stop_words='english')
>>> Xc = np.array(cv.fit_transform(corpus).todense())
```

이 시점에서 랭크와 나중에 사용할 상수 2개를 정의한다. 여기서는 간단히 랭크를 2로 정의하자. 그리고 확률 $P(t|d)$, $P(w|t)$, $P(t|d,w)$를 보관하는 행렬을 정의한다.

```python
>>> rank = 2
>>> alpha_1 = 1000.0
>>> alpha_2 = 10.0

>>> Ptd = np.random.uniform(0.0, 1.0, size=(len(corpus), rank))
>>> Pwt = np.random.uniform(0.0, 1.0, size=(rank, len(cv.vocabulary_)))
>>> Ptdw = np.zeros(shape=(len(cv.vocabulary_), len(corpus), rank))

>>> for d in range(len(corpus)):
>>>     nf = np.sum(Ptd[d, :])
>>>     for t in range(rank):
>>>         Ptd[d, t] /= nf

>>> for t in range(rank):
>>>     nf = np.sum(Pwt[t, :])
>>>     for w in range(len(cv.vocabulary_)):
>>>         Pwt[t, w] /= nf
```

두 행렬 $P(t|d)$, $P(w|t)$를 정규화한다. 다른 알고리즘은 0으로 초기화한다. 이제 로그 우도 함수를 정의할 수 있다.

```python
>>> def log_likelihood():
>>>     value = 0.0
>>>
>>>     for d in range(len(corpus)):
>>>         for w in range(len(cv.vocabulary_)):
>>>             real_topic_value = 0.0
>>>
>>>             for t in range(rank):
>>>                 real_topic_value += Ptd[d, t] * Pwt[t, w]
>>>
>>>             if real_topic_value > 0.0:
>>>                 value += Xc[d, w] * np.log(real_topic_value)
>>>
>>>     return value
```

마지막으로 EM 함수는 다음과 같다.

```python
>>> def expectation():
>>>     global Ptd, Pwt, Ptdw
>>>
>>>     for d in range(len(corpus)):
>>>         for w in range(len(cv.vocabulary_)):
>>>             nf = 0.0
>>>
>>>             for t in range(rank):
>>>                 Ptdw[w, d, t] = Ptd[d, t] * Pwt[t, w]
>>>                 nf += Ptdw[w, d, t]
>>>
>>>             Ptdw[w, d, :] = (Ptdw[w, d, :] / nf) if nf != 0.0 else 0.0
```

앞의 함수에서 정규화 요소가 0일 때 확률 $P(t|w,d)$는 각 토픽에 대해 0.0으로 설정한다.

```
>>> def maximization():
>>>     global Ptd, Pwt, Ptdw
>>>
>>>     for t in range(rank):
>>>         nf = 0.0
>>>
>>>         for d in range(len(corpus)):
>>>             ps = 0.0
>>>
>>>             for w in range(len(cv.vocabulary_)):
>>>                 ps += Xc[d, w] * Ptdw[w, d, t]
>>>
>>>                 Pwt[t, w] = ps
>>>                 nf += Pwt[t, w]
>>>
>>>             Pwt[:, w] /= nf if nf != 0.0 else alpha_1
>>>
>>>     for d in range(len(corpus)):
>>>         for t in range(rank):
>>>             ps = 0.0
>>>             nf = 0.0
>>>
>>>             for w in range(len(cv.vocabulary_)):
>>>                 ps += Xc[d, w] * Ptdw[w, d, t]
>>>                 nf += Xc[d, w]
>>>
>>>             Ptd[d, t] = ps / (nf if nf != 0.0 else alpha_2)
```

상수 alpha_1 및 alpha_2는 정규화 요인이 0이 될 때 사용한다. 이 경우, 확률에 작은 값을 할당하는 것이 바람직하다. 해당 상수에 대해 나누기 연산을 실행한다. 다른 작업용으로 해당 알고리즘을 조정하기 위해 다른 값을 시도하는 것이 좋다.

이제 제한된 반복 수만큼 알고리즘을 시도한다.

```
>>> print('Initial Log-Likelihood: %f' % log_likelihood())

>>> for i in range(50):
>>>     expectation()
>>>     maximization()
>>>     print('Step %d - Log-Likelihood: %f' % (i, log_likelihood()))

Initial Log-Likelihood: -1242.878549
Step 0 - Log-Likelihood: -1240.160748
Step 1 - Log-Likelihood: -1237.584194
Step 2 - Log-Likelihood: -1236.009227
Step 3 - Log-Likelihood: -1234.993974
Step 4 - Log-Likelihood: -1234.318545
Step 5 - Log-Likelihood: -1233.864516
Step 6 - Log-Likelihood: -1233.559474
Step 7 - Log-Likelihood: -1233.355097
Step 8 - Log-Likelihood: -1233.218306
Step 9 - Log-Likelihood: -1233.126583
Step 10 - Log-Likelihood: -1233.064804
Step 11 - Log-Likelihood: -1233.022915
Step 12 - Log-Likelihood: -1232.994274
Step 13 - Log-Likelihood: -1232.974501
Step 14 - Log-Likelihood: -1232.960704
Step 15 - Log-Likelihood: -1232.950965
...
```

30번째 단계 이후에 수렴함을 확인할 수 있다. 이 시점에서 토픽 가중값별로 내림차순 모드로 정렬된 $P(w|t)$ 조건 분포를 고려해 토픽당 상위 5개 단어를 확인할 수 있다.

```
>>> Pwts = np.argsort(Pwt, axis=1)[::-1]

>>> for t in range(rank):
>>>     print('\nTopic ' + str(t))
>>>         for i in range(5):
```

```
>>>         print(cv.get_feature_names()[Pwts[t, i]])

Topic 0
years
questions
south
reform
social

Topic 1
convened
maintenance
penal
year
legislators
```

잠재 디리클레 할당

이전 방법에서는 분포^{distribution} 이전에 토픽에 대해 어떠한 가정도 하지 않았다. 더욱이 해당 알고리즘은 어떠한 직감^{real-world intuition}으로도 유도하지 않았기 때문에 한계가 있었다. LDA는 주요 단어의 작은 앙상블로 문서를 특징 짓고, 일반적으로 문서가 많은 토픽을 다루지 않는다는 아이디어에 바탕을 둔다. 이러한 이유로 사전 토픽 분포가 대칭 디리클레^{dirichlet} 분포를 한다고 가정해보자. 확률 밀도 함수는 다음과 같이 정의할 수 있다.

$$f(\bar{x}; \alpha) = \frac{\Gamma(k\alpha)}{\Gamma(\alpha)^k} \prod_{i=1}^{k} x_i^{\alpha-1}$$

여기서 $\bar{x} = (x_1, x_2, ..., x_k)$이다.

밀집 파라미터^{concentration parameter} 알파가 1.0 미만이면, 원하는 만큼 분포가 희소^{sparse}하게 된다. 이를 통해 토픽-문서와 토픽-단어 분포를 모델링할 수 있으며, 해당 모델링은 항상 몇 개의 값에 집중된다. 이렇게 하면 다음을 방지할 수 있다.

- 문서에 할당된 토픽 혼합topic mixture은 평평flat하게 돼 있어 많은 토픽이 유사한 가중값을 갖는다.
- 단어 앙상블을 고려한 토픽 구조는 배경과 유사해질 수 있다. 사실 시맨틱한 경계가 사라지는 문제가 있기 때문에 제한된 수의 단어만 중요시해야 한다.

다음 그림과 같이 플레이트 표기법plate notation을 사용해 문서, 토픽 및 단어 간의 관계를 나타낼 수 있다.

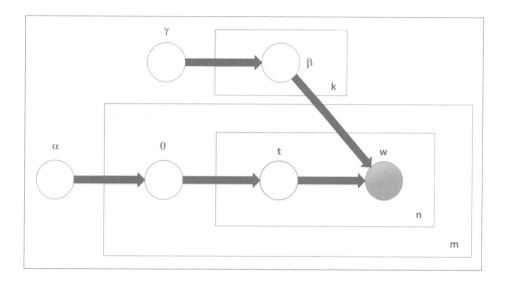

앞 그림에서 알파alpha는 토픽-문서 분포에 대한 디리클레 파라미터이며, 감마gamma는 토픽-단어 분포에 대해 동일한 역할을 한다. 그 대신 세타Theta는 특정 문서의 토픽 분포, 베타beta는 특정 단어의 토픽 분포다.

m개의 문서와 n개의 단어(각각의 문서에는 n_i 단어가 있음)의 말뭉치를 갖고 있고 k개의 다른 토픽이 있다고 가정하면, 생성 알고리즘은 다음 단계로 설명할 수 있다.

- 각 문서에 대해 토픽-문서 분포에서 샘플(토픽 혼합)을 그린다.

$$\theta_i \sim Dir(\alpha) \ \forall \, i \in (1, m)$$

- 각 토픽에 대해 토픽-단어 분포에서 샘플을 그린다.

$$\beta_i \sim Dir(\gamma) \quad \forall\, i \in (1, k)$$

두 파라미터를 모두 추정해야 한다. 이 시점에서 m번째 문서 내 n번째 단어에 할당된 토픽을 정의하기 위해 발생 행렬$^{occurrence\ matrix}$ M_{dw}와 표기법 z_{mn}을 고려하면, 문서(색인 d)와 단어(색인 w)를 반복할 수 있다.

- 문서 d와 단어 w에 대한 토픽은 다음에 근거해 선택한다.

$$z_{dw} \sim Categorical(\theta_d)$$

- 단어는 다음에 근거해 선택한다.

$$w_{wj} \sim Categorical(\beta_{z_{dw}})$$

두 경우 모두 범주형 분포는 일회성 다항식 분포다. 파라미터 추정 방법에 대한 전체 설명은 매우 복잡하며, 이 책의 범위를 벗어난다. 주요 핵심은 잠재 변수 분포$^{distribution\ of}$ $^{latent\ variables}$를 찾아내는 것이다.

$$p(\bar{z}, \theta, \beta | \bar{w}, \alpha, \gamma) = \frac{p(\bar{z}, \theta, \beta | \alpha, \gamma)}{p(\bar{w} | \alpha, \gamma)}$$

추가 정보는 "Blei D., Ng A., Jordan M., Latent Dirichlet Allocation, Journal of Machine Learning Research, 3(2003) 993-1022"를 참고하라. LDA와 PLSA의 중요한 차이점은 보지 않는 문서를 대상으로 작업이 가능한 LDA의 성능에 관한 것이다. 사실, LDA는 랜덤 변수를 사용하는 반면, PLSA 훈련 과정은 말뭉치에 대해서만 최적 파라미터 $p(t|d)$를 찾아낸다. 세타(토픽 혼합)의 확률을 토픽 집합과 단어 집합 간 조인트로 정의하고 모델 파라미터에 조건화해 이 개념을 이해할 수 있다.

$$p(\theta, \bar{z}, \bar{w} | \alpha, \gamma) = p(\theta | \alpha) \prod_i p(z_i | \theta)\, p(w_i | z_i, \gamma)$$

이전에 언급한 논문에서 볼 수 있듯이 모델 파라미터에 맞춘 조건화된 문서(단어 집합)의 확률은 다음 수식을 이용해 계산할 수 있다.

$$p(\overline{w}|\alpha,\gamma) = \int p(\theta|\alpha)\left(\prod_i \sum_{z_i} p(z_i|\theta)p(w_i|z_i,\gamma)\right)d\theta$$

이 표현식은 PLSA와 LDA의 차이점을 보여준다. 일단 $p(t|d)$를 학습하면, PLSA는 일반화할 수 없다. 반면, LDA는 랜덤 변수로부터 샘플링해 보이지 않는 문서에 대해 적절한 토픽 혼합을 찾을 수 있다.

scikit-learn은 LatentDirichletAllocation 클래스를 통해 완전한 LDA를 구현할 수 있도록 한다. 브라운 말뭉치의 하위 집합에서 만들어진 데이터셋(4,000개의 문서)을 대상으로 로 분석을 수행하자.

```
>>> sentences_1 = brown.sents(categories=['reviews'])[0:1000]
>>> sentences_2 = brown.sents(categories=['government'])[0:1000]
>>> sentences_3 = brown.sents(categories=['fiction'])[0:1000]
>>> sentences_4 = brown.sents(categories=['news'])[0:1000]
>>> corpus = []

>>> for s in sentences_1 + sentences_2 + sentences_3 + sentences_4:
>>>     corpus.append(' '.join(s))
```

8개의 주요 토픽이 있다고 가정하고 LDA 모델을 벡터화, 정의 및 훈련시킬 수 있다.

```
from sklearn.decomposition import LatentDirichletAllocation

>>> cv = CountVectorizer(strip_accents='unicode', stop_words='english',

analyzer='word', token_pattern='[a-z]+')
>>> Xc = cv.fit_transform(corpus)
```

```
>>> lda = LatentDirichletAllocation(n_topics=8, learning_method='online',
max_iter=25)
>>> Xl = lda.fit_transform(Xc)
```

CountVectorizer에서 token_pattern 파라미터를 통해 토큰을 필터링하는 정규 표현식을 추가했다. 이것은 전체 토큰기를 사용하지 않을 때 좋으며, 말뭉치에는 필터링할 숫자가 많다. LatentDirichletAllocation 클래스는 learning_method를 통해 학습 방법을 설정할 수 있도록 한다. 선택 가능한 학습 방법에는 배치[batch] 또는 온라인[online]이 있다. 상대적으로 빠른 온라인을 선택했다. 두 방법 모두 파라미터를 학습하기 위해 변형 베이즈를 채택했다. 전자는 전체 데이터셋을 채택하고, 후자는 미니 배치로 작업했다. 온라인 옵션은 0.20 릴리스에서 제외됐다. 따라서 이 옵션을 사용하면 비추천 경고[deprecation warning]가 표시된다. 세타와 베타 디리클레 파라미터는 모두 doc_topic_prior(theta) 및 topic_word_prior(beta)를 통해 설정할 수 있다. 우리가 채택한 기본값은 1.0/n_topics 이다. 희소성을 높이려면 두 값을 모두 작게 유지하는 것이 중요하다. 특히 1.0 미만으로 유지하는 것이 중요하다. 최대 반복 횟수(max_iter) 및 기타 학습 관련 파라미터는 내장 문서를 읽거나 http://scikit-learn.org/stable/modules/generated/sklearn. decomposition.LatentDirichletAllocation.html을 방문해 적용할 수 있다.

이제 토픽별 상위 5개 키워드를 추출해 모델을 테스트할 수 있다. TruncatedSVD와 마찬가지로 토픽-단어 분포 결과는 인스턴스 변수인 components_에 저장한다.

```
>>> Mwts_lda = np.argsort(lda.components_, axis=1)[::-1]

>>> for t in range(8):
>>>     print('\nTopic ' + str(t))
>>>         for i in range(5):
>>>             print(cv.get_feature_names()[Mwts_lda[t, i]])

Topic 0
code
cadenza
```

unlocks
ophthalmic
quo

Topic 1
countless
harnick
leni
addle
chivalry

Topic 2
evasive
errant
tum
rum
orations

Topic 3
grigory
tum
absurdity
tarantara
suitably

Topic 4
seventeenth
conant
chivalrous
janitsch
knight

Topic 5
hypocrites
errantry
adventures
knight
errant

Topic 6
counter
rogues
tum
lassus
wars

Topic 7
pitch
cards
cynicism
silences
shrewd

일부 토픽의 구성으로 인해 일부 반복이 있을 수 있으며, 변경 사항을 관찰하기 위해 다른 사전 파라미터를 시도해볼 수 있다. 모델이 올바르게 작동하는지를 확인하기 위해 실험을 수행할 수도 있다.

두 문서를 살펴보자.

```
>>> print(corpus[0])
It is not news that Nathan Milstein is a wizard of the violin .

>>> print(corpus[2500])
The children had nowhere to go and no place to play , not even sidewalks .
```

두 문서는 매우 다르며 토픽 분포 또한 다르다.

```
>>> print(Xl[0])
[ 0.85412134 0.02083335 0.02083335 0.02083335 0.02083335 0.02083677
0.02087515 0.02083335]

>>> print(Xl[2500])
[ 0.22499749 0.02500001 0.22500135 0.02500221 0.025 0.02500219
0.02500001 0.42499674]
```

첫 번째 문서는 지배적인 토픽($0.85t_0$), 두 번째 문서는 혼합($0.22t_0 + 0.22t_2 + 0.42t_7$) 토픽을 갖는다. 이제 2개의 문서 연결을 고려해본다.

```
>>> test_doc = corpus[0] + ' ' + corpus[2500]
>>> y_test = lda.transform(cv.transform([test_doc]))

>>> print(y_test)
[[ 0.61242771 0.01250001 0.11251451 0.0125011 0.01250001 0.01250278
0.01251778 0.21253611]]
```

결과 문서에서 예상대로 혼합이 $0.61t_0 + 0.11t_2 + 0.21t_7$과 같이 변경됐다.

즉, 알고리즘은 토픽 2와 토픽 7을 약화시켜 앞에서 지배적이었던 토픽 5를 도입했다. 첫 번째 문서의 길이가 두 번째 문서의 길이보다 작기 때문에 타당성이 있다. 따라서 토픽 5는 다른 토픽을 완전히 배제해 버릴 수 없다.

▌감정 분석

가장 널리 사용되는 NLP 분야 중 하나는 짧은 텍스트(트윗, 댓글, 주석, 리뷰 등)에 대한 감정 분석[Setiment analysis]이다. 마케팅 관점에서는 고객의 반응을 감정 측면에서 이해하는 것이 매우 중요하다. 여러분이 이해하는 것처럼 고객 의견이 긍정·부정적인 단어 집합만 포함하는 경우, 이 작업은 매우 간단하다. 하지만 같은 문장에서 서로 충돌할 수 있는 여러 제안이 있을 때에는 좀 더 복잡해진다. 예를 들어, "나는 그 호텔을 좋아했다. 멋진 경험이었다(I loved that hotel. It was a wonderful experience)."는 긍정적인 코멘트다. 하지만 "호텔은 좋았지만 레스토랑은 좋지 않았다. 심지어 웨이터가 친절했지만, 다른 피로연을 접수받는 담당자와 논쟁했다(The hotel is good, however, the restaurant was bad and, even if the waiters were kind, I had to fight with a receptionist to have another pillow)."의 경우에는 긍정과 부정 요소가 모두 포함돼 있기 때문에 상황을 관리하기가 더 어려워 중립이라고 판단할 수밖에 없다. 이러한 이유 때문에 많은 애플리케이션이 두 가지^{binary} 결정을 기반으로 하지는 않지만 중간 수준을 인정한다.

이러한 종류의 문제는 보통 지도 방법으로 접근하지만 상대적으로 저렴하고 복잡한 해결책도 있다. 감정을 평가하는 가장 간단한 방법은 특정 키워드를 찾는 것이다. 사전-기반 접근 방식은 신속하며 형태소 분석과 함께 긍정적이고 부정적인 문서를 즉시 표현할 수 있다. 다만 이 방법은 용어 간의 관계를 고려하지 않으며 다른 구성 요소에 가중값을 두는 방법을 학습할 수 없다. 예를 들어, 멋진 날^{lovely day}, 나쁜 기분은 중립적인 (+1, −1) 결과를 얻지만 지도적 접근법을 사용하면 기분^{mood}이 매우 중요하고 나쁜 기분^{bad mood}은 일반적으로 부정적인 감정이 될 것임을 모델에 알릴 수 있다. 훨씬 더 복잡한 또 다른 접근법은 토픽 모델링^{topic modeling}을 이용하는 방법이다. 긍정적인 측면이나 부정적인 측면에서 기본 토픽을 결정하기 위해 LSA나 LDA를 적용하는 방법을 이제 이해할 수 있다. 그러나 토픽-단어 및 토픽-문서 분포를 사용하려면 추가 단계가 필요하다. 예를 들어, 긍정적인 형용사가 동사와 같은 다른 유사한 구성 요소와 함께 사용된다면 해당 문장의 실제 의미에 도움이 된다. 예를 들어 "멋진 호텔이야, 나는 반드시 이 호텔에 다시 한번 올거야(Lovely hotel, I'm surely coming back)."라는 문장이 있다고 가정해보자. 이 경우, 샘플 수가 충분히 많으면 "멋진^{lovely}"이나 "훌륭한^{amazing}"과 같은 단어와 긍정적인 동사인 returning(돌아오는)과 coming back(복귀하는)의 조합에서 관련 토픽을 찾아낼 수 있다.

대안은 긍정적이고 부정적인 문서의 토픽 배포를 고려하고 토픽 하위 공간에서 감독 방식으로 작업하는 것이다. 다른 방법으로는 심화 학습 기술(예: Word2Vec 또는 Doc2Vec)이 있으며 동의어를 쉽게 관리하기 위해 유사한 단어가 서로 가깝게 위치하는 벡터 공간을 생성한다는 아이디어를 기반으로 한다. 예를 들어, 훈련 집합에 멋진 호텔이 있지만, 멋진 호텔이 포함돼 있지 않은 경우 Word2Vec 모델은 다른 예를 통해 사랑스럽고 훌륭한 것을 매우 가까이에서 배울 수 있다. 따라서 새 문서 Wonderful은 첫 번째 코멘트에서 제공된 정보를 사용해 즉시 분류할 수 있다. 이 기술에 대한 소개는 기술 자료와 함께 https://code.google.com/archive/p/word2vec을 참고하라.

Twitter Sentiment Analysis Training 말뭉치 데이터셋의 하위 집합을 이용해 해당 사례를 살펴본다. 실행 속도를 높이기 위해 10만 개의 트윗^{tweet}으로 제한했다. 파일을 다운로드한 후(이 단락의 끝에 있는 상자 참조) UTF-8 인코딩을 사용해 해당 내용을 파싱한다.

```
>>> dataset = 'dataset.csv'

>>> corpus = []
>>> labels = []

>>> with open(dataset, 'r', encoding='utf-8') as df:
>>>     for i, line in enumerate(df):
>>>     if i == 0:
>>>         continue
>>>
>>>     parts = line.strip().split(',')
>>>     labels.append(float(parts[1].strip()))
>>>     corpus.append(parts[3].strip())
```

데이터셋 변수에는 CSV 파일의 전체 경로가 포함돼야 한다. 이 절차는 첫 번째 항목(헤더)을 생략한 모든 행을 읽고 각 트윗^{tweet}을 말뭉치 변수의 신규 목록 항목으로 저장한다. 그리고 나서 해당 감정(이진수 0 또는 1)을 labels 변수에 저장한다. 평소와 같이 진행해, 토큰화^{tokenizing}, 벡터화^{vectorizing}, 훈련, 테스트 집합을 준비한다.

```
from nltk.tokenize import RegexpTokenizer
from nltk.corpus import stopwords
from nltk.stem.lancaster import LancasterStemmer

from sklearn.feature_extraction.text import TfidfVectorizer
from sklearn.model_selection import train_test_split

>>> rt = RegexpTokenizer('[a-zA-Z0-9\.]+')
>>> ls = LancasterStemmer()

>>> sw = set(stopwords.words('english'))
```

```
>>> def tokenizer(sentence):
>>>     tokens = rt.tokenize(sentence)
>>>     return [ls.stem(t.lower()) for t in tokens if t not in sw]

>>> tfv = TfidfVectorizer(tokenizer=tokenizer, sublinear_tf=True,
ngram_range=(1, 2), norm='l2')
>>> X = tfv.fit_transform(corpus[0:100000])
>>> Y = np.array(labels[0:100000])

>>> X_train, X_test, Y_train, Y_test = train_test_split(X, Y,
test_size=0.1)
```

특정 감정 표현에 사용할 수 있기 때문에 RegexpTokenizer 인스턴스에 문자 및 숫자와 함께 점을 포함시켰다. 또한 n-그램의 범위는 (1, 2)로 설정해 바이그램[bigram][7]을 포함했다. 여러분은 트라이그램[trigram][8]도 함께 시도할 수 있다. 이제 랜덤 포레스트를 훈련시킬 수 있다.

```
from sklearn.ensemble import RandomForestClassifier

import multiprocessing

>>> rf = RandomForestClassifier(n_estimators=20,
n_jobs=multiprocessing.cpu_count())
>>> rf.fit(X_train, Y_train)
```

모델을 평가할 수 있는 몇 가지 평가 방법을 만들어본다.

```
from sklearn.metrics import precision_score, recall_score

>>> print('Precision: %.3f' % precision_score(Y_test, rf.predict(X_test)))
Precision: 0.720
```

---

7   텍스트 분석에 있어 개별 단어의 활용이 바로 전 1개의 단어에만 의존한다고 가정하는 모형을 바이그램 모형 또는 마코프 모형(Markov Model)이라고 한다. – 옮긴이

8   텍스트 분석에 있어 개별 단어의 활용이 바로 전 2개의 단어에만 의존한다고 가정하는 모형을 말한다. – 옮긴이

```
>>> print('Recall: %.3f' % recall_score(Y_test, rf.predict(X_test)))
Recall: 0.784
```

모델링의 성능은 우수하지 않다. 하지만 Word2Vec를 사용하면 보다 나은 정확도를 달성할 수 있다. 이와 같은 평가 방법은 많은 작업에 사용할 수 있다. 특히 78% 리콜^{recall}은 위양(틀리다고 잘못 판단하는 것)의 수가 약 20%라는 것을 의미하며, 자동 처리 작업에 감정 분석을 사용할 때 유용하다. 대부분의 경우 부정적인 리뷰를 자동-게시하기 위한 임곗값은 약간 낮다. 따라서 보다 나은 솔루션을 사용해야 한다. 모델링 성능은 ROC 곡선으로 확인할 수도 있다.

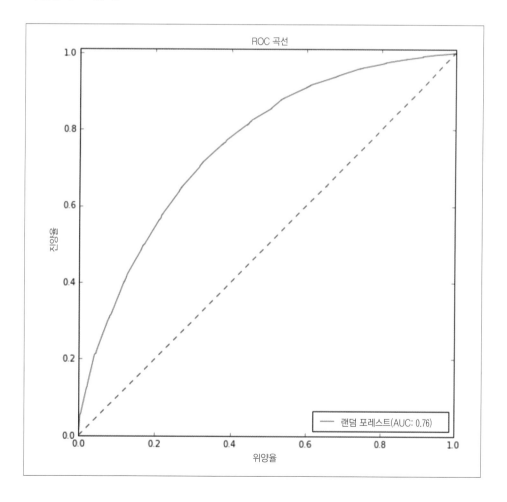

NLTK를 이용한 VADER 감정 분석

영어의 경우 NLTK는 약간 다른 방식으로 작동하는 VADER[Valence Aware Dictionary 및 sEntiment Reasoner]라는 기존에 훈련시킨 모델을 제공하며, 텍스트 조각의 감정 강도를 추론하기 위해 감정 사전[lexicon]과 함께 규칙 엔진을 사용한다. 자세한 정보와 세부 정보는 "Hutto CJ, Gilbert E., VADER: A Parsimonious Rule-based Model for Sentiment Analysis of Social Media Text, AAAI, 2014"를 참고하라.

NLTK 버전은 `SentimentIntensityAnalyzer` 클래스를 사용해 네 가지 성분으로 구성된 극성 감정 측정[Polarity Sentiment Measure]을 한다.

- 긍정적 요인[Positive factor]
- 부정적인 요인[Negative factor]
- 중립 요인[Neutral factor]
- 복합 요인[Compound factor]

첫 번째 3개는 설명이 필요하지 않지만 마지막에 해당하는 복합 요인[compound factor]은 특정 측정(정규화한 전체 점수)이며, 다음과 같이 계산한다.

$$성분 = \frac{\Sigma_i \, 감정(w_i)}{\sqrt{(\Sigma_i 감정(w_i))^2 + \alpha}}$$

여기에서 $Sentiment(w_i)$는 단어 w_i의 긍정성/부정성의 정도valence이며, 알파는 최대 예상값(NLTK에 설정된 기본값은 15)에 근접해야 하는 정규화 계수다. 다음 코드에서 확인할 수 있듯이 이 클래스의 사용법은 직관적이다.

```
from nltk.sentiment.vader import SentimentIntensityAnalyzer

>>> text = 'This is a very interesting and quite powerful sentiment
analyzer'

>>> vader = SentimentIntensityAnalyzer()
>>> print(vader.polarity_scores(text))
{'neg': 0.0, 'neu': 0.535, 'pos': 0.465, 'compound': 0.7258}
```

 NLTK Vader 구현은 일부 기능용으로 Twython 라이브러리를 사용한다. 꼭 필요한 것은 아니지만 경고(warning)를 피하기 위해 pip(pip install twython)를 사용해 설치할 수 있다.

▌ 참고 문헌

- Hofmann T., Unsupervised Learning by Probabilistic Latent Semantic Analysis, Machine Learning 42, 177-196, 2001, Kluwer Academic Publishers.
- Blei D., Ng A., Jordan M., Latent Dirichlet Allocation, Journal of Machine Learning Research, 3,(2003) 993-1022.
- Hutto C.J., Gilbert E., VADER: A Parsimonious Rule-based Model for Sentiment Analysis of Social Media Text, AAAI, 2014.

▌요약

13장에서는 토픽 모델링을 소개했다. 또한 정리된 "SVD$^{truncated SVD}$", 잠재 요인 사전 확률에 대한 가정 없이 모델을 만드는 것을 목표로 하는 "확률잠재 의미 분석$^{Probabilistic\ Latent\ Semantic\ Analysis,\ PLSA}$", 이전 방법을 능가하는 잠재 디리클레 할당을 기초로 잠재 의미 분석을 소개했다. 이와 같은 방법이 가능하다는 것은 일반적으로 문서가 제한된 수의 토픽만을 다루고 있고 해당 토픽은 몇 가지 주요 단어로 특징 지을 수 있음을 의미한다.

마지막 절에서는 텍스트가 긍정이나 부정의 느낌을 주는지 여부를 결정하기 위해 감정 분석에 대해 설명했다. 실현 가능한 솔루션을 보여주기 위해 NLP 파이프 라인과 실제 상황에서 사용할 수 있는 랜덤 포레스트를 기반으로 분류기를 만들어봤다.

14장, '딥러닝과 텐서플로 개요'에서는 텐서플로 프레임워크와 함께 딥러닝에 대해 간략히 소개한다. 이 토픽 하나만으로도 책 한 권 정도의 분량이 필요한 정도로 알아야 할 내용이 많다. 다만 이 책의 목표는 몇 가지 실용적인 예제로 주요 개념을 소개하는 것이므로 상세한 내용을 알고 싶다면, 13장 마지막 부분에 언급한 참고 문헌을 살펴보라.

14

딥러닝과
텐서플로 개요

14장에서는 텐서플로-기반 몇 가지 예제를 이용해 딥러닝을 소개한다. 딥러닝에 대해 상세히 알아보려면 관련 전문 서적을 구해 읽어보라. 이 책의 목표는 여러분이 딥러닝 과정을 시작하기 전에 필수 개념을 이해하도록 하는 것이다. 첫 번째 절에서는 인공 신경망 구조와 인공 신경망을 이용해 여러 개의 층으로 구성된 복잡한 계산 그래프로 변환하는 방법을 설명한다. 두 번째 절에서는 텐서플로의 기본 개념을 설명하고 13장에서 소개했던 알고리즘을 이용해 몇 가지 예제를 설명한다. 마지막 절에서는 고수준 딥러닝 프레임 워크인 케라스keras에 대해 소개하고 컨볼루션 신경망을 이용한 이미지 분류 예제를 시도해본다.

▌ 딥러닝 살펴보기

수많은 전기 및 비전기 시스템과 상호 작용하는 방식을 바꿔주는 수백 개의 애플리케이션 덕분에 딥러닝은 최근 수십 년 동안 널리 알려졌다. 음성/텍스트/이미지 인식, 자율 자동차, 지능형 로봇은 딥러닝 모델-기반 애플리케이션이 됐으며, 기존 접근 방법보다 뛰어난 성능을 보여주고 있다.

딥러닝 구조를 보다 잘 이해하기 위해 가장 먼저 표준 신경망에 대해 살펴본다.

인공 신경망

간단한 인공 신경망은 입력층과 출력층이 직접 연결된 구조다. 일반적으로 모든 연산은 미분 가능하고 전체 벡터 함수는 다음과 같이 표현할 수 있다.

$$\bar{y} = f(\bar{x})$$

여기서는 다음과 같다.

$$\bar{x} = (x_1, x_2, \ldots, x_n) \;\; 그리고 \;\; \bar{y} = (y_1, y_2, \ldots, y_m)$$

"뉴럴neural"이란 용어는 2개의 중요한 요소에서 기인한다. 하나는 기본 계산 유닛의 내부 구조고, 나머지 하나는 이들 간의 상호 연결에 의해 기인한다. 인공 신경의 스키마 표현 은 다음과 같다.

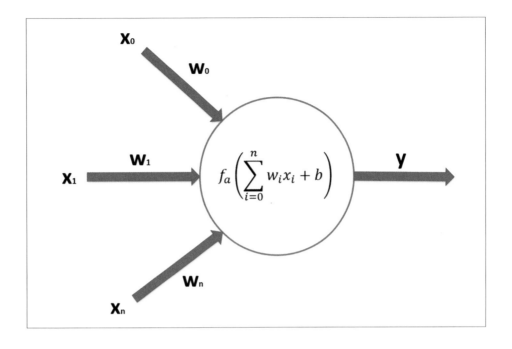

뉴런 코어$^{neuron\ core}$는 n개의 입력 채널과 연결돼 있다. 개별 입력은 시냅틱 가중값 w_i로 특정 지을 수 있다. 입력은 개별 구성 요소로 구분되며 가중값과 곱연산 및 합연산을 한다. 선택 옵션인 바이어스^{bias}는 합에 추가한다. 또한 바이어스는 유닛 입력에 연결된 또 다른 가중값과 함께 작동한다. 결과 합은 활성화 함수 f_a에 의해 필터링되며, 결과로 출력 값이 생성된다. 예를 들어 활성화 함수로 로지스틱 회귀가 작동하는 방식을 고려해보면 시그모이드와 같다. 5장, '로지스틱 회귀'에서 첫 번째 인공 신경망인 퍼셉트론에 대해 소개했다. 이 퍼셉트론은 바이너리 스텝 활성화 함수를 갖는 구조다. 또한 로지스틱 회귀는 1개의 뉴런 신경망으로 표현할 수 있다. 이 경우 활성화 함수 $f_a(x)$는 시그모이드다. 이 구조가 갖는 문제는 출력이 항상 입력 벡터와 출력 벡터 간 내적 함수로, 내부적으로 선형적이라는 점이다. 이 시스템이 갖는 한계가 있기 때문에 보다 개선된 MLP를 생성할 필요가 있다. 다음 그림은 n차원 입력, p개의 은닉층 뉴런, k차원 출력을 갖는 MLP의 스키마 표현이다.

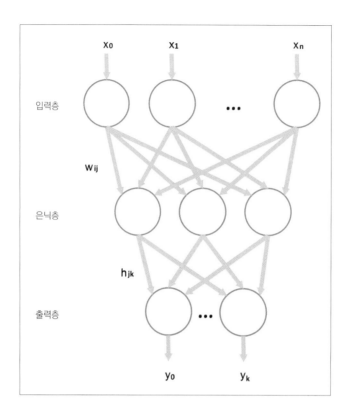

그림에서 볼 수 있듯이 3개의 층이 있다. 층 수는 보다 많을 수도 있다. 입력층은 입력 벡터를 받는다. 은닉층과 출력층은 출력값을 생성한다. 각각의 뉴런은 다음 층에 속해 있는 모든 뉴런과 연결돼 있으므로 2개의 가중값 행렬인 $W = (w_{ij})$와 $H = (h_{jk})$를 갖게 된다. W와 H 행렬에서 첫 번째 인덱스는 이전층을 의미하며, 두 번째 인덱스는 다음 층을 의미한다.

따라서 각 은닉 뉴런과 해당 출력에 대한 입력은 다음과 같다.

$$\begin{cases} z_j^{Input} = w_{0j}x_0 + w_{1j}x_1 + \cdots + w_{nj}x_n = \sum_i w_{ij}x_i \\ z_j^{Output} = f_a^{Hidden}\left(z_j^{Input} + b_j^{Hidden}\right) \end{cases}$$

이와 동일한 방법으로 네트워크 출력을 계산할 수 있다.

$$\begin{cases} y_k^{Input} = h_{0k}z_0^{Output} + h_{1k}z_1^{Output} + \cdots + h_{pk}z_p^{Output} = \sum_j h_{jk}z_j^{Output} \\ y_k^{Output} = f_a^{Output}\left(y_k^{Input} + b_k^{Output}\right) \end{cases}$$

해당 네트워크는 매우 비선형적이므로 이 특징을 이용해 선형 메서드가 다룰 수 없는 복잡한 모델링을 구현할 수 있다. 하지만 모든 시냅틱 가중값과 바이어스에 대한 값을 어떻게 결정할 수 있을까? 가장 많이 알려진 알고리즘은 역전파^{back-propagation}이며, 매우 간단한 방법으로 작동한다. 유일한 가정은 2개의 $f_a(x)$가 미분 가능하다는 점이다.

무엇보다도 오차(손실) 함수를 정의할 필요가 있다. 많은 분류 업무에서는 총 제곱 오차를 손실 함수로 사용한다.

$$L = \frac{1}{2}\sum_n \left\| \bar{y}_n^{Predicted} - \bar{y}_n^{Target} \right\|^2$$

N개의 입력 샘플을 갖는다고 가정해보자. 이를 반영해 전개하면 다음과 같다.

$$L = \frac{1}{2}\sum_n\sum_k \left(f_a^{Output}\left(\sum_j h_{jk}z_j^{Output}\right) - y_k^{Target} \right)^2 = \frac{1}{2}\sum_n\sum_k \delta_k^2$$

이 함수는 모든 변수(가중값과 바이어스)에 의해 영향을 받는다. 하지만 아래부터 시작해 첫 번째 h_{jk}만을 고려해보자. 간단히 하기 위해 바이어스를 정규 가중값으로 고려하지 않겠다. 따라서 기울기^{gradient}를 계산하고 가중값을 갱신할 수 있다.

$$\frac{\partial L}{\partial h_{jk}} = \sum_n \delta_k \frac{\partial f_a^{Output}}{\partial y_k^{Input}} \frac{\partial y_k^{Input}}{\partial h_{jk}} = \sum_n \delta_k z_j^{Output} \frac{\partial f_a^{Output}}{\partial y_k^{Input}} = \sum_n \alpha_k z_j^{Output}$$

동일한 방법으로 가중값 w_{ij}에 대한 그레이디언트를 유도할 수 있다.

$$\frac{\partial L}{\partial w_{ij}} = \sum_n \sum_k \delta_k \frac{\partial f_a^{Output}}{\partial y_k^{Input}} \frac{\partial y_k^{Input}}{\partial z_j^{Output}} \frac{\partial z_j^{Output}}{\partial z_j^{Input}} \frac{\partial z_j^{Input}}{\partial w_{ij}}$$

$$= \sum_n \sum_k \delta_k h_{jk} x_i \frac{\partial f_a^{Output}}{\partial y_k^{Input}} \frac{\partial z_j^{Output}}{\partial z_j^{Input}} = \sum_n \sum_k \alpha_k h_{jk} x_i \frac{\partial z_j^{Output}}{\partial z_j^{Input}}$$

알파(오차 데이터에 비례함)는 출력층에서 은닉층으로 역전파된다. 만약 많은 은닉층이 있다면 이 과정은 첫 번째 층까지 반복적으로 진행돼야 한다. 여기서는 경사 하강 방법을 사용했다. 따라서 수렴할 때까지 가중값을 반복적으로 갱신한다.

$$\begin{cases} h_{jk}{}^{(t+1)} = h_{jk}{}^{(t)} - \eta \dfrac{\partial L}{\partial h_{jk}} \\ w_{ij}{}^{(t+1)} = w_{ij}{}^{(t)} - \eta \dfrac{\partial L}{\partial w_{ij}} \end{cases}$$

다음으로 파라미터 eta(공식에서 그리스 문자)는 학습률이다.

많은 실제 문제에서는 전체 데이터셋을 고려하는 대신, 입력 샘플 배치를 대상으로 하는 확률적 경사 하강 방법stochastic gradient descent method, SGD이 사용됐다(https://en.wikipedia.org/wiki/stochastic_gradient_descent). 더욱이 수렴을 가속화하기 위해 많은 최적화 방법이 사용됐다. 상세 내용은 이 책의 범위를 넘어서기 때문에 생략한다. 굿펠로, 벤지오, 쿠빌이 저술한 『Deep Learning』에서 이 방법에 대한 상세 내용을 참고할 수 있다. 이 책에서 최적화의 목적은 글로벌 손실 함수를 정의한 후에 복잡한 네트워크를 구축하고 표준 절차를 통해 모든 가중값을 최적화하는 것이다. 이 절에서는 텐서플로를 사용해 MLP 예제를 설명한다. 다만 모든 최적화 함수는 이미 구축됐고, 모든 구조architecture에 적용할수 있기 때문에 학습 알고리즘을 구현하지는 않는다.

딥 아키텍처

MLP는 강력한 성능을 갖고 있지만 모델 구조는 층의 수와 특징에 제약이 있다. 딥러닝 구조는 계산형 그래프로 구조화한 다양한 연산을 수행하는 일련의 서로 다른 층에 기반을 둔다. 정확히 재형성된 1개 층의 결과는 출력값에 도달할 때까지 인접한 다음 층으로 전달되며 최적화 대상인 손실 함수와 연결된다. 딥러닝은 이러한 적층 전략[stacking strategy] 덕분에 가능하게 됐는데 변수 요소(가중값과 바이어스)의 수는 1,000만 개 이상에 도달한다.

1,000만 개 이상의 요소를 통해 상세 내용을 파악하고 기대한 것보다 뛰어난 일반화를 달성할 수 있다. 다음 절에서는 가장 중요한 층 유형을 설명한다.

완전 연결층

완전 연결층[funnly connected layers, 고밀도층]은 n개 뉴런으로 구성되며, 각 층은 MLP의 은닉층에서와 같이 이전 층으로부터 모든 출력값을 받아온다. 완전 연결층은 가중값 행렬, 바이어스 벡터, 활성화 함수로 설정할 수 있다.

$$\bar{y} = f(W\bar{x} + \bar{b})$$

일반적으로 확률 분포를 표현할 필요가 있을 때 중간층이나 출력층으로 완전 연결층을 사용한다. 예를 들어 딥 아키텍처는 m개의 출력 클래스를 갖는 이미지 분류용 목적에 사용할 수 있다. 이 경우 소프트맥스[softmax] 활성화 함수는 개별 클래스에 속한 확률로 구성된 출력 벡터를 갖도록 한다. 모든 출력의 합은 정규화해 항상 1.0이 되도록 한다. 이 경우 해당 인자는 로짓[logit]나 확률의 로그값을 사용한다.

$$logit_i = W_i\bar{x} + b_i$$

W_i는 W의 i번째 행이다. 클래스 y_i의 확률은 각 로짓에 소프트맥스 함수를 적용해 계산한다.

$$P(y_i) = Softmax(logit_i) = \frac{e^{logit_i}}{\sum_j e^{logit_j}}$$

로지스틱 회귀에서 소개했듯이 이러한 유형의 출력은 교차-엔트로피 손실 함수를 이용해 쉽게 훈련시킬 수 있다.

컨볼루션층

컨볼루션층은 벡터와 3D 행렬로 사용될 수도 있지만 일반적으로 2차원 입력에 사용되며 이미지 분류 작업에 뛰어난 성능을 보여준 덕분에 유명세를 얻게 됐다. 컨볼루션층은 2차원 입력$^{\text{bidimensional input}}$을 사용한 작은 커널 k의 이산 컨볼루션을 기반으로 한다. 이러한 입력은 또 다른 컨볼루션층의 출력이다.

$$(k * Y) = Z(i,j) = \sum_m \sum_n k(m,n)Y(i-m,j-n)$$

1개의 층은 n개의 고정된 크기의 커널로 이뤄지며 해당 값은 역전파 알고리즘을 사용해 학습하는 데 사용되는 가중값이 된다. 대부분 컨볼루션 아키텍처는 상대적으로 큰 커널을 갖는 층(예를 들어 16(8×8) 행렬)으로 시작하고 해당 결과를 많은 수의 작은 커널(32(5×5), 128(4×4))을 갖는 다른 층에 제공한다. 이러한 방법으로 첫 번째 층은 보다 일반화한 특징(방향과 같은)을 감지하도록 학습시켜야 한다. 반면, 다음 층은 상대적으로 작은 요소(얼굴에서 눈, 코, 입의 위치)를 학습하도록 훈련시킨다. 컨볼루션층의 마지막 출력은 정규화해 1차원 벡터로 변환되며 1개 이상의 완전 연결층에 대한 입력으로 사용된다.

다음 그림은 대상 그림에 대한 컨볼루션^{schematic representation, 구조적 표현} 방법이다.

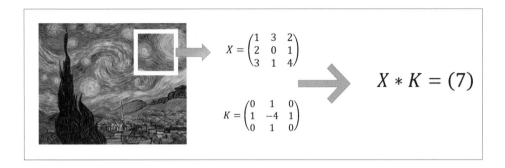

라플라시안 커널을 이용해 3×3 픽셀로 이뤄진 개별 정사각형 집합을 컨볼루션 1개의 값으로 변환한다. 이 값은 상단, 하단, 좌측, 우측 픽셀의 합과 중심값에 4를 곱한 값과의 차이다. 다음 절에서는 이 커널을 이용한 전체 예제를 살펴본다.

컨볼루션의 수가 매우 많을 때 복잡도를 낮추기 위해서는 1개 이상의 풀링층^{pooling layers}을 사용한다. 이러한 작업의 목적은 사전에 정의한 전략에 근거해 각 그룹의 입력값을 1개의 값으로 변환시키는 것이다. 가장 일반적인 풀링층은 다음과 같다.

- **맥스 풀링**^{max pooling}: 그룹 내 모든 2차원($m \times n$) 픽셀 그룹을 가장 큰 값으로 변환시킨다.
- **평균 풀링**^{average pooling}: 모든 2차원($m \times n$) 픽셀 그룹을 그룹 내 평균값으로 변환시킨다.

이러한 방법으로 원래 행렬의 정보는 손실되고 차원은 축소된다. 특히 특징이 상세하지 않은 첫 번째 층에서 그러하다. 또 다른 중요한 범주의 층은 제로-패딩^{zero padding}이다. 이 방법은 널 값을 추가한다. 예를 들어 1차원 입력(1D)의 앞뒤 또는 2차원 입력의 상하좌우에 0을 추가한다.

드롭아웃층

드롭아웃층$^{dropout layers}$은 랜덤하게 설정한 고정된 입력 요소의 수를 0으로 설정해 신경망의 과적합을 방지한다. 이 층은 훈련 단계에서 사용되지만 테스트, 검증, 생성 단계에서는 정상적으로 비활성화된다. 드롭아웃 네트워크는 높은 학습률을 이용해 손실 표면$^{loss surface}$에 서로 다른 방향으로 이동하고 일관성 있는 최적화를 유도하지 않는 모든 오차-표면 영역$^{error-surface areas}$을 배제한다. 은닉층 내 몇 개의 랜덤 입력값을 0으로 설정하는 것은 서로 다른 서브모델을 훈련시키는 것과 같다. 드롭아웃은 매우 큰 모델에서 유용하게 사용한다. 이 경우 전체 성능은 증가하며 몇 개의 가중값을 미작동^{freezing}하게 만들어 해당 모델을 과적합시킬 수 있는 위험을 줄여준다.

순환 신경망

순환 신경망$^{recurrent neural networks, RNN}$은 시점 t의 상태를 이전 값(일반적으로 1개뿐임)과 연결하기 위해 순환 연결$^{recurrent connection}$을 제공하는 특징 뉴런으로 구성돼 있다. 이러한 범주의 계산 셀은 입력 시퀀스(순서)가 시계열 관계를 감지할 필요가 있는 경우에 의미가 있다. 많은 경우에 있어 출력값이 입력값과 상관 관계가 있을 것임을 기대한다. 하지만 앞에서 설명한 MLP는 물론 다른 모델은 상태 정보를 저장하지 않는다^{stateless}. 따라서 출력은 현입력에 의해서만 결정된다. RNN은 단기와 장기 의존성을 감지할 수 있는 내부 메모리를 제공해 이러한 문제를 극복했다.

가장 일반적인 셀은 LSTM$^{Long Short-Term Memory}$과 GRU$^{Gated Recurrent Unit}$이며, 둘 다 모두 표준 역전파 접근을 사용해 훈련시킨다. 이 책에서는 RNN에 대해서는 보다 깊게 설명하지는 않는다. RNN의 수학적 내용이 복잡하기 때문이다. 하지만 시계열 속성이 있는 차원이 딥 모델에 포함될 때마다 RNN은 뛰어난 결과를 제공한다.

텐서플로 소개

텐서플로는 구글이 만든 계산 프레임워크이며, 가장 많이 사용된 딥러닝 툴킷 중 하나다. 텐서플로는 CPU와 GPU에서 작동되며, 복잡한 모델을 구현하고 훈련하는 데 필요한 대부분의 운영과 구조를 이미 구축했다. 텐서플로는 리눅스, 맥, 윈도우에서 파이썬 패키지와 같이 설치할 수 있다. 일반적인 실수를 방지하기 위해 웹 사이트에 제공된 지침을 따르는 것이 좋다.

해당 웹 사이트는 14장의 끝부분에 있는 정보 박스infobox를 참고하자. 텐서플로에 깔려 있는 주요 개념은 계산 그래프나 시퀀스 운영 집합으로 입력 배치를 원하는 출력으로 변환하는 것이다. 다음은 그래프를 그림으로 나타낸 것이다.

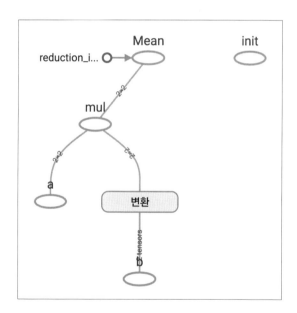

하단부 2개의 입력 노드(a와 b)에서 시작해 변환transpose 연산을 b에 실행하고 행렬곱과 평균 축소reduction를 얻는다. Init 블록은 별개의 연산으로, 그래프의 일부이지만 어떠한 노드에도 직접 연결돼 있지 않다. 따라서 이것은 자동 실행되며 전역 초기화 연산자가 된다.

텐서플로 프레임워크의 중요한 잠재력을 보여주는 몇 가지 예제를 구축하기 위해 텐서플로로 작업할 필요가 있는 위 그래프는 간단한 소개일 뿐이다. 따라서 가장 중요한 전략적 요소를 모두 리스트할 필요가 있다.

- **그래프**: 그래프는 연산을 구성하는 직접 연결된 네트워크를 통해 출력 텐서와의 전체 입력 배치를 연결하는 계산 구조를 표현한다. 그래프는 tf.Graph( ) 인스턴스로 표현하며 일반적으로 파이썬 내용 관리자로 사용된다.

- **플레이스홀더**: 플레이스홀더^{placeholder}는 외부 변수에 대한 참조로 직·간접적으로 사용하는 연산 출력을 위해 요구될 때 명시적으로 제공돼야 하는 외부 변수에 대한 참조다. 예를 들어 플레이스홀더는 처음에는 제곱값을 계산한 후 상수 값과 합하는 변수 x를 표현할 수 있다. 이와 같은 플레이스홀더의 출력은 x^2+c가 되며, x의 값을 전달해 구체화한다. 이 값은 tf.placeholder( ) 인스턴스로 정의한다.

- **변수**: 내부 변수$^{internal\ variable}$는 알고리즘이 갱신한 값을 저장하는 데 사용한다. 예를 들어 변수는 로지스틱 회귀의 가중값을 포함하는 벡터가 된다. 일반적으로 변수는 훈련 과정 전에 초기화하고 내장된 최적화 연산으로 자동 변경한다. 변수는 tf.Variable( ) 인스턴스로 정의하며 훈련 과정 동안 고려하지 않아도 되는 요소를 저장하는 데 사용할 수 있다. 이 경우 해당 변수는 파라미터 trainable=False로 선언해야 한다.

- **상수**: 상수^{constant}값은 tf.constant( ) 인스턴스로 정의한다.

- **연산**: 수학적 연산^{operation}은 플레이스홀더, 변수 및 상수를 대상으로 실행할 수 있다. 예를 들어 두 행렬의 곱은 tf.matmul(A,B)로 정의한다. 모든 연산 중에 그레이디언트 계산은 가장 중요한 연산 중 하나다. 텐서플로는 계산 그래프 내 결정된 포인트에서 시작해 원점이나 또 다른 점이 지역적으로 존재할 때까지 그레이디언트를 결정한다. 이러한 연산 예제를 살펴본다. 변수는 훈련 과정 동안 고려하지 않는 요소를 저장하는 데에도 사용할 수 있다.

- **세션**: 세션session은 텐서플로와 작업 환경(예: 파이썬이나 C++) 간 래퍼-인터페이스나. 그래프 언산이 필요할 때 매크로 연산은 세션으로 관리한다. 세션은 모든 플레이스홀더 값을 제공하며, 필요한 장치를 이용해 요구된 출력을 만든다. 이 책에서는 이러한 개념을 보다 깊이 살펴보지는 않는다. 하지만 참고할 수 있도록 14장의 끝부분에 언급해뒀다. 웹 사이트에서 관련 상세 정보를 알아보라. 세션은 tf.session()이나 tf.InteractiveSession()의 인스턴스를 선언한다. 이러한 유형의 세션은 기본값을 자동으로 설정해주기 때문에 노트북이나 셸 명령으로 작업할 때 좋다.

- **장치**: 물리적 계산 장치는 CPU나 GPU와 같다. 장치는 클래스 tf.device()의 인스턴스를 이용해 명시적으로 선언하며 컨텍스트 관리자와 함께 사용한다. 아키텍처가 많은 계산 장치를 갖고 있으면, 많은 연산을 병렬화하기 위해 해당 작업을 나눌 수 있다. 만약 어떤 장치도 지정되지 않는다면 텐서플로는 기본 설정을 사용한다. 필요한 컴포넌트가 설치된다면 기본 설정은 메인 CPU나 적합한 GPU가 된다.

이제 해당 개념을 이용해 간단한 예제를 분석해보자.

그레이디언트 계산하기

연결된 모든 입력 또는 노드에 대해 모든 출력 텐서의 그레이디언트를 계산하는 옵션은 텐서플로의 가장 재미있는 특징 중 하나다. 텐서플로는 모든 변환의 복잡성에 대해 걱정할 필요 없이 학습 알고리즘을 만들 수 있도록 해준다. 이 예제에서는 범위$(-100,100)$에서 함수 $f(x) = x$를 표현하는 선형 데이터셋을 정의한다.

```
import numpy as np

>>> nb_points = 100
>>> X = np.linspace(-nb_points, nb_points, 200, dtype=np.float32)
```

데이터셋을 플로팅한 결과는 다음과 같다.

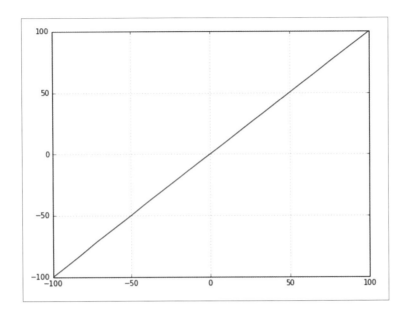

이제 텐서플로를 이용해 다음 수식을 계산한다.

$$
\left\{
\begin{array}{l}
g(x) = x^3 \\
\dfrac{\partial g}{\partial x} \\
\dfrac{\partial^2 g}{\partial x^2}
\end{array}
\right.
$$

첫 단계로 그래프를 정의한다.

```
import tensorflow as tf

>>> graph = tf.Graph()
```

그래프 내에서 플레이스홀더와 나머지 연산을 정의할 수 있도록 한다.

```
>>> with graph.as_default():
>>>     Xt = tf.placeholder(tf.float32, shape=(None, 1), name='x')
>>>     Y = tf.pow(Xt, 3.0, name='x_3')
>>>     Yd = tf.gradients(Y, Xt, name='dx')
>>>     Yd2 = tf.gradients(Yd, Xt, name='d2x')
```

플레이스홀더는 유형(첫 번째 파라미터), 모양, 선택 항목인 이름으로 정의한다. GPU가 지원하는 유일한 형식인 tf.float32를 사용하기로 한다.

shapre=(None,1)은 두 번째 차원이 1인 모든 2차원 벡터를 사용할 수 있음을 의미한다.

첫 번째 연산은 xt가 모든 요소에 대해 작동할 때 3차곱을 계산한다. 두 번째 연산은 입력 플레이스홀더 xt에 대해 Y의 모든 그레이디언트를 계산한다. 마지막 연산은 그레이디언트 계산을 반복한다. 하지만 첫 번째 기울기 연산의 결과인 Yd를 사용한다.

해당 결과를 보기 위해 이제 몇 가지 데이터를 전달할 수 있다. 가장 먼저 그래프와 연결된 세션을 생성한다.

```
>>> session = tf.InteractiveSession(graph=graph)
```

이 세션을 사용해 메서드 run()을 이용한 모든 계산을 요청한다. 모든 입력 파라미터는 피드-딕셔너리를 통해 제공돼야 한다. 이 경우 키는 플레이스홀더인 반면, 값은 실제 행렬이다.

```
>>> X2, dX, d2X = session.run([Y, Yd, Yd2], feed_dict={Xt:
X.reshape((nb_points*2, 1))})
```

플레이스홀더로 제공될 행렬 구조를 재변경할 필요가 있다. run( )의 첫 번째 인자는 계산될 텐서의 리스트다. 이 경우 모든 연산 출력이 필요하다. 각 그래프는 다음과 같다.

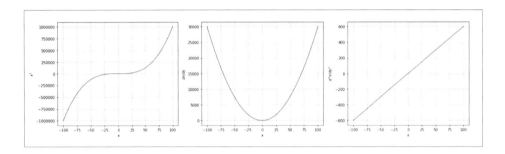

예상할 수 있듯이 위 그래프는 각각 x^3, $3x^2$, $6x$가 된다.

로지스틱 회귀

보다 복잡한 예제인 로지스틱 회귀 알고리즘을 구현을 실행해보자. 첫 번째 단계는 더미 데이터셋을 만드는 것이다.

```
from sklearn.datasets import make_classification

>>> nb_samples = 500
>>> X, Y = make_classification(n_samples=nb_samples, n_features=2,
n_redundant=0, n_classes=2)
```

데이터셋은 다음과 같다.

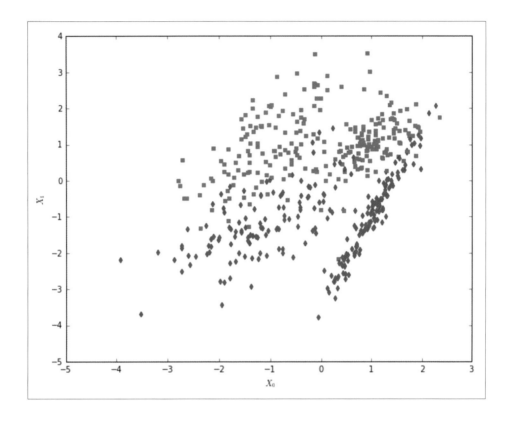

이 시점에서 그래프와 모든 플레이스홀더, 변수, 연산을 생성할 수 있다.

```
import tensorflow as tf

>>> graph = tf.Graph()

>>> with graph.as_default():
>>>     Xt = tf.placeholder(tf.float32, shape=(None, 2), name='points')
>>>     Yt = tf.placeholder(tf.float32, shape=(None, 1), name='classes')
>>>
>>>     W = tf.Variable(tf.zeros((2, 1)), name='weights')
>>>     bias = tf.Variable(tf.zeros((1, 1)), name='bias')
```

```
>>>
>>>     Ye = tf.matmul(Xt, W) + bias
>>>     Yc = tf.round(tf.sigmoid(Ye))
>>>
>>>     loss =
tf.reduce_mean(tf.nn.sigmoid_cross_entropy_with_logits(logits=Ye,
labels=Yt))
>>>     training_step =
tf.train.GradientDescentOptimizer(0.025).minimize(loss)
```

플레이스홀더 Xt는 해당 지점을 저장하는 데 필요하며, Yt는 레이블을 표시하는 데 필요하다. 이 시점에서는 여러 변수를 포함할 필요가 있다. 이 변수들은 훈련 알고리즘에 의해 업데이트되는 값을 저장한다. 이 경우 가중값 벡터 W(2개 요소)와 1개의 bias가 필요하다. 변수가 선언되면 초깃값을 설정해야 한다. 함수 tf.zeros( )를 이용해 2개의 변수를 0으로 설정했다. 이렇게 함으로써 필요한 텐서의 모양을 인자로 채택한다.

이제 두 단계로 출력을 계산할 수 있다. 로지스틱 회귀가 작동하는 방법을 모른다면 5장, '로지스틱 회귀'를 읽어보라. 첫 번째 시그모이드 지수$^{sigmoid\ exponent}$는 Ye이고, 다음으로 실제 바이너리 출력은 Yc이며, 이 값은 시그모이드 값을 반올림해 얻어낸다. 로지스틱 회귀에 대한 훈련 알고리즘은 음의 로그 우도를 최소화한다. 음의 로그 우도는 실제 분포 Y와 Yc 간의 교차-엔트로피에 해당한다. 이러한 손실 함수는 구현하기 쉽지만 함수 tf.log( )는 수치적으로 안정적이지 않다. 실제 값이 0에 가까울 때 음의 무한값이 돼 NaN 값을 출력하는 경향이 있다. 따라서 텐서플로는 보다 견고한 함수를 제공한다. 이 함수는 교차-엔트로피를 계산하며 출력은 시그모이드로 계산된다. 함수는 Yt에 저장되는 2개의 파라미터로 로짓(exponent Ye에 해당함)과 타깃 레이블$^{Target\ labels}$을 갖는다.

이제 가장 강력한 텐서플로 특징 중 하나인 훈련 최적화를 실행할 수 있다. 손실 함수를 정의한 후에 플레이스홀더, 상수, 변수에 의해 영향을 받는다. tf.train.Gradient DescentOptimizer( )와 같은 훈련 최적화는 최적화 대상 손실 함수를 이용한다. 내부적으로 모든 특정 알고리즘에 따라 이 함수는 손실 함수의 그레이디언트를 모든 훈련 가능한 변수에 대해 계산하고 해당 값으로 수정한다. 최적화 함수에 전달되는 파라미터는 학습률이다.

따라서 training_step이라 하는 추가 연산을 정의했다. 이것은 단일 상태 갱신 단계에 해당한다. 그래프가 얼마나 복잡한지는 중요하지 않다. 손실 함수에 포함된 모든 훈련 가능한 변수는 단일 명령으로 최적화할 수 있다.

이제 로지스틱 회귀를 훈련시킬 시점이다. 첫 번째 수행할 업무는 텐서플로에서 모든 변수를 초기화해 연산을 작업할 때 준비가 되도록 한다.

```
>>> session = tf.InteractiveSession(graph=graph)
>>> tf.global_variables_initializer().run()
```

이 시점에서 간단한 훈련 반복^{loop}을 만들어낼 수 있다. 손실 함수값이 더 이상 감소하지 않으면 훈련을 중단해야 한다. 이 경우에는 반복 횟수를 정의했다.

```
>>> feed_dict = {
>>>     Xt: X,
>>>     Yt: Y.reshape((nb_samples, 1))
>>> }

>>> for i in range(5000):
>>>     loss_value, _ = session.run([loss, training_step],
feed_dict=feed_dict)
>>>     if i % 100 == 0:
>>>     print('Step %d, Loss: %.3f' % (i, loss_value))
Step 0, Loss: 0.269
Step 100, Loss: 0.267
Step 200, Loss: 0.265
Step 300, Loss: 0.264
Step 400, Loss: 0.263
Step 500, Loss: 0.262
Step 600, Loss: 0.261
Step 700, Loss: 0.260
```

```
Step 800, Loss: 0.260
Step 900, Loss: 0.259
...
```

각 반복 연산에서 텐서플로로 손실 함수를 계산하고 훈련 단계를 실행한다. 그리고 항상
x와 y를 포함한 동일한 디렉터리를 전달한다. 반복 연산이 끝나는 시점에 손실 함수는 안
정 상태가 되며 고차 평면을 표시해 로지스틱 회귀 모델의 적합도를 평가해볼 수 있다.

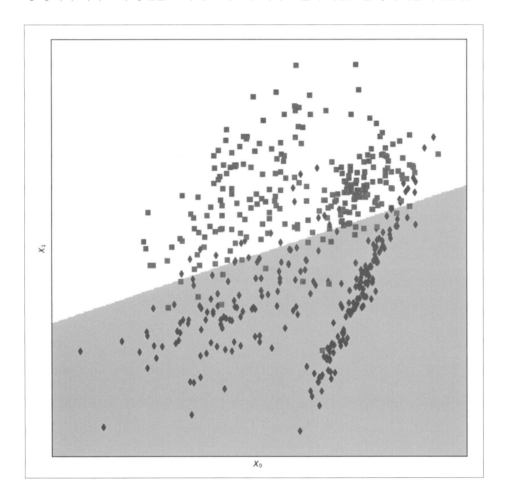

결과는 scikit-learn 구현으로 계산한 것과 동일하다. 만약 상수(가중값)와 절편(바이어스)의 값을 알고 싶다면 각 변수에 대해 eval( ) 메서드를 호출해 텐서플로가 해당 값을 가져오도록 한다.

```
>>> Wc, Wb = W.eval( ), bias.eval( )

>>> print(Wc)
[[-1.16501403]
 [ 3.10014033]]

>>> print(Wb)
[[-0.12583369]]
```

다층 퍼셉트론을 이용해 분류 실행하기

2개의 밀도가 높은 층을 갖는 아키텍처를 구축하고 보다 복잡한 데이터셋에 대한 분류기를 훈련시킬 수 있다. 우선 분류기를 생성해보자.

```
from sklearn.datasets import make_classification

>>> nb_samples = 1000
>>> nb_features = 3

>>> X, Y = make_classification(n_samples=nb_samples,
n_features=nb_features,
>>> n_informative=3, n_redundant=0, n_classes=2, n_clusters_per_class=3)
```

2개의 클래스를 갖고 있다고 하더라도 데이터셋은 3개의 특징과 클래스당 3개의 군집을 갖는다. 따라서 선형 분류기가 매우 높은 정확도로 데이터셋을 분류한다는 것은 불가능하다. 데이터셋에 대한 그래프는 다음과 같다.

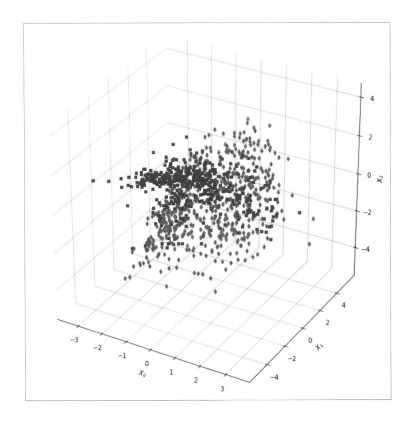

벤치마킹 목적으로 로지스틱 회귀 분석을 테스트하는 것이 좋다.

```
from sklearn.model_selection import train_test_split
from sklearn.linear_model import LogisticRegression

>>> X_train, X_test, Y_train, Y_test = train_test_split(X, Y,
test_size=0.2)

>>> lr = LogisticRegression()
```

```
>>> lr.fit(X_train, Y_train)
>>> print('Score: %.3f' % lr.score(X_test, Y_test))
Score: 0.715
```

테스트 집합에 대해 적용한 결과는 약 71%이다. 실제로 나쁘지는 않지만 채택 임곗값 범위^{threshold} 미만이다. 50개의 은닉 뉴런(하이퍼볼릭 탄젠트 활성화 함수를 갖음)과 1개의 시그모이드 출력 뉴런으로 MLP를 구현해보자. 하이퍼볼릭 탄젠트 함수는

$$\tanh(x) = \frac{e^x - e^{-x}}{e^x + e^{-x}}$$

으로 정의한다. 이 함수는 −1.0에서 1.0 사이의 범위를 갖는다.

각 층을 수작업으로 구현하지 않고 내장 클래스인 tf.contrib.layers.fully_connected()를 이용해 구현한다. 이 클래스는 첫 번째 인자로 입력 텐서나 플레이스홀더를 갖고, 두 번째 인자로 출력 계층 뉴런의 수를 취한다. 활성화 함수는 속성 activation_fn을 사용해 설정한다.

```
import tensorflow as tf
import tensorflow.contrib.layers as tfl

>>> graph = tf.Graph()

>>> with graph.as_default():
>>>     Xt = tf.placeholder(tf.float32, shape=(None, nb_features), name='X')
>>>     Yt = tf.placeholder(tf.float32, shape=(None, 1), name='Y')
>>>
>>>     layer_1 = tfl.fully_connected(Xt, num_outputs=50,
activation_fn=tf.tanh)
>>>     layer_2 = tfl.fully_connected(layer_1, num_outputs=1,
>>>                                   activation_fn=tf.sigmoid)
>>>
>>>     Yo = tf.round(layer_2)
>>>
```

```
>>>    loss = tf.nn.l2_loss(layer_2 - Yt)
>>>    training_step =
tf.train.GradientDescentOptimizer(0.025).minimize(loss)
```

이전 예제에서와 같이 2개의 플레이스홀더 xt와 yt를 정의하고 2개의 완전 연결층^{fully} connected layers을 정의한다. 첫 번째 층은 xt를 입력받아 tanh 활성화 함수를 갖는 50개 출력 뉴런을 갖는다. 반면, 두 번째 층은 이전 층의 출력을 입력받아 1개의 시그모이드 뉴런으로 클래스를 표현한다. 반올림한 출력은 Yo으로 제공하고 손실 함수는 제곱 오차의 합이며, 네트워크(layer_2)의 출력과 대상 클래스 플레이스홀더 Yt 간의 차이를 계산한 **tf.nn.l2_loss()** 함수를 사용해 구현한다. 훈련 단계는 로지스틱 회귀 예제와 마찬가지로 표준 경사 하강 최적화 도구를 사용해 구현한다.

이제 데이터셋을 고정된 배치 수(변수 **batch_size** 내에 정의된 샘플의 개수)로 나누고 **nb_epochs** 에포크에 대해 전체 사이클을 반복 수행하는 훈련 루프^{training loop}를 구현할 수 있다.

```
>>> session = tf.InteractiveSession(graph=graph)
>>> tf.global_variables_initializer().run()

>>> nb_epochs = 200
>>> batch_size = 50

>>> for e in range(nb_epochs):
>>>     total_loss = 0.0
>>>     Xb = np.ndarray(shape=(batch_size, nb_features), dtype=np.float32)
>>>     Yb = np.ndarray(shape=(batch_size, 1), dtype=np.float32)
>>>
>>>     for i in range(0, X_train.shape[0]-batch_size, batch_size):
>>>         Xb[:, :] = X_train[i:i+batch_size, :]
>>>         Yb[:, 0] = Y_train[i:i+batch_size]
>>>
>>>         loss_value, _ = session.run([loss, training_step],
>>>                                     feed_dict={Xt: Xb, Yt: Yb})
>>>         total_loss += loss_value
```

```
>>>
>>>      Y_predicted = session.run([Yo],
>>>          feed_dict={Xt: X_test.reshape((X_test.shape[0],
nb_features))})
>>>      accuracy = 1.0 -
>>>          (np.sum(np.abs(np.array(Y_predicted[0]).squeeze(axis=1) -
Y_test)) /
>>>          float(Y_test.shape[0]))
>>>
>>>      print('Epoch %d) Total loss: %.2f - Accuracy: %.2f' %
>>>          (e, total_loss, accuracy))

Epoch 0) Total loss: 78.19 - Accuracy: 0.66
Epoch 1) Total loss: 75.02 - Accuracy: 0.67
Epoch 2) Total loss: 72.28 - Accuracy: 0.68
Epoch 3) Total loss: 68.52 - Accuracy: 0.71
Epoch 4) Total loss: 63.50 - Accuracy: 0.79
Epoch 5) Total loss: 57.51 - Accuracy: 0.84
...
Epoch 195) Total loss: 15.34 - Accuracy: 0.94
Epoch 196) Total loss: 15.32 - Accuracy: 0.94
Epoch 197) Total loss: 15.31 - Accuracy: 0.94
Epoch 198) Total loss: 15.29 - Accuracy: 0.94
Epoch 199) Total loss: 15.28 - Accuracy: 0.94
```

모든 상세 내용에 대한 특별한 주의가 없다면 테스트 집합에 대해 계산한 정확도는 94%가 된다. 이 값은 채택 가능한 값으로 데이터셋의 구조를 고려한 것이다. 굿펠로, 벤지오, 쿠빌이 저술한 『Deep Learning』를 참고하면 수렴 과정의 속도를 높이고 성능을 개선할 수 개념을 쉽게 이해할 수 있다.

이미지 컨볼루션

완전한 딥러닝 모델을 구축하지 않더라도 컨볼루션이 어떻게 작동하는지 간단한 예제를 이용해 테스트할 수 있다. 사용 중인 입력 이미지는 SciPy에서 제공한 것이다.

```
from scipy.misc import face

>>> img = face(gray=True)
```

원래 그림은 다음과 같다.

라플라시안 필터^{Laplacian filter}를 사용해 각 모양의 경계선을 강조한다.

```
import numpy as np

>>> kernel = np.array(
>>>     [[0, 1, 0],
>>>      [1, -4, 0],
>>>      [0, 1, 0]],
>>>     dtype=np.float32)

>>> cfilter = np.zeros((3, 3, 1, 1), dtype=np.float32)
>>> cfilter[:, :, 0, 0] = kernel
```

텐서플로 컨볼루션 함수는 커널을 2회 반복해야 한다. tf.nn.conv2d는 1개의 입력과 출력 필터가 필요하기 때문에 그래프를 빌드하고 테스트할 수 있다.

```
import tensorflow as tf

>>> graph = tf.Graph()

>>> with graph.as_default():
>>>     x = tf.placeholder(tf.float32, shape=(None, 768, 1024, 1),
name='image')
>>>     f = tf.constant(cfilter)
>>>     y = tf.nn.conv2d(x, f, strides=[1, 1, 1, 1], padding='SAME')

>>> session = tf.InteractiveSession(graph=graph)

>>> c_img = session.run([y], feed_dict={x: img.reshape((1, 768, 1024, 1))})
>>> n_img = np.array(c_img).reshape((768, 1024))
```

파라미터 strides는 4차원 벡터다. 각각의 값은 입력 차원에 해당한다. 따라서 첫 번째 값은 배치고, 마지막 값은 채널 수다. 4차원 벡터는 슬라이딩 윈도우가 시프트해야 하는 픽셀 수를 설정한다. 이번 사례에서는 픽셀을 시프트해 모든 이미지에 대해 적용한다. 파라미터 padding은 신규 차원이 계산되는 방법과 0 패딩을 적용할 필요가 있는지 여부를 결정한다. 이번 사례에서 값 SAME를 사용한다. SAME은 초기 차원을 stride 값으로 나눈 후 다음 숫자로 올림해 차원을 계산한다. 뒷부분 숫자 모드는 1.0이므로 결과가 원래 크기와 동일하다.

출력 이미지는 다음과 같다.

 모든 운영 시스템에 대한 설계 지침은 htttps://www.tensorflow.org/install/을 참고하자.

▌ 케라스 내부 빨리 들여다보기

케라스(https://keras.io)는 고수준 딥러닝 프레임워크로 텐서플로, 테아노, CNTK와 같은 저수준 백엔드와 함께 잘 작동한다. 케라스에서 모델은 여러 개의 순차적인 계층으로 구성되며 각 출력은 마지막 층에 도달할 때까지 다음 계산 블록의 입력이 된다. 일반적으로 모델 구조는 다음과 같다. 클래스 sequential은 일반적인 공백 모델을 정의한다. 이 공백 모델은 주어진 입력에 따라 출력을 예측하기 위해 모델을 개발하고 계산해 내부 프레임 워크에 따라 층을 추가하고 모델을 컴파일해 필요한 모든 메서드를 구현한다.

```
from keras.models import Sequential

>>> model = Sequential()

>>> model.add(...)
>>> model.add(...)
...
>>> model.add(...)
```

이미 모든 메서드를 구현했으며 다음 층을 포함한다.

- 밀도가 있는 드롭아웃, 플래트닝^{flattening} 계층
- 컨볼루션(1D, 2D, 3D)층
- 풀링층
- 제로-패팅층
- RNN층

모델은 평균 제곱 오차나 교차 엔트로피^{Cross-Entrop}와 같은 손실 함수와 많이 사용하는 확률적 경사 하강 방법 최적화 알고리즘을 이용해 컴파일할 수 있다. 확률 경사 하강 최적화 알고리즘(RMSProp나 Adam과 같은)의 수학 이론에 대해 보다 상세한 내용은 Goodfellow I., Bengio Y., Courville A.가 저술한 『Deep Learning』를 참고하자. 단거리 공간 내 모든 중요한 요소를 소개하는 것은 불가능하기 때문에 컨볼루션 네트워크에 근거한 이미지 분류의 전체 예제를 만들어볼 것을 제안한다. 우리가 사용할 데이터셋은 CIFAR-10(https://www.cs.toronto.edu/~kriz/cifar.html)으로 10개의 범주에 속하는(비행기, 자동차, 새, 고양이, 사슴, 개, 개구리, 말, 배, 트럭) 6만 개의 작은 RGB 이미지(32×32)로 구성된다. 다음 그림은 일부 이미지의 집합이다.

케라스는 최근 배포판 이후로 내장 함수를 이용해 데이터셋을 다운로드할 수 있으므로 이미지 수집을 위한 추가 활동은 필요하지 않다.

우선 데이터셋을 로딩하고 훈련과 테스트 집합으로 분리한다.

```
from keras.datasets import cifar10

>>> (X_train, Y_train), (X_test, Y_test) = cifar10.load_data()
```

훈련 데이터셋은 5만 개의 이미지며, 테스트 셋은 1만 개의 이미지다. 이제 모델링 빌드를 실행할 수 있다. 몇 개의 컨볼루션층을 이용해 개별 범주의 특징 요소를 인식한다. 앞에서 설명한 대로, 이와 같은 특정 층은 개별 기하학적 특징을 알아내고 적절한 방법으로 일반화할 수 있다. 소규모 아키텍처에서는 (5 × 5) 필터 크기를 이용해 모든 저수준 특징(방향과 같은)을 인식했다. 다음으로 많은 수의 필터를 증가시키고 크기를 줄여 분석했다. 이러한 방법으로 고수준 특징(바퀴의 모양과 눈. 코. 입의 상대적 위치)을 인식했다.

```
from keras.models import Sequential
from keras.layers.convolutional import Conv2D, ZeroPadding2D
from keras.layers.pooling import MaxPooling2D

>>> model = Sequential()

>>> model.add(Conv2D(32, kernel_size=(5, 5), activation='relu',
input_shape=(32 ,32, 3)))
>>> model.add(MaxPooling2D(pool_size=(2, 2)))

>>> model.add(Conv2D(64, kernel_size=(4, 4), activation='relu'))
>>> model.add(ZeroPadding2D((1, 1)))

>>> model.add(Conv2D(128, kernel_size=(3, 3), activation='relu'))
>>> model.add(MaxPooling2D(pool_size=(2, 2)))
>>> model.add(ZeroPadding2D((1, 1)))
```

첫 번째 코드는 새로운 공백 모델을 만들어낸다. 이 시점에서 계산 그래프에 포함시키기 위한 모든 층을 추가한다. 컨볼루션층의 공통 파라미터는 다음과 같다.

- **필터의 개수**

- **커널의 크기**(튜플)

- **스트라이드**(기본 설정값은 [1,1]임). 파라미터는 이미지를 이동시킬 때 얼마나 많은 픽셀 이동을 고려해야 하는지를 설정한다. [1,1]은 모든 픽셀을 고려하는 것이다. [2,2]는 모든 수평 수직 이동을 2픽셀만큼 하는 것을 의미하며 나머지도 동일하게 적용한다.

- **활성화**(기본값은 None이다. 이 값은 Identity 함수를 사용함을 의미한다.)

- **입력 형태**(첫 번째 층에서 이 파라미터는 필수 항목이다).

첫 번째 층은 ReLU$^{Rectified Linear Unit}$ 활성화 함수를 갖는 32(5×5) 필터를 갖는다. 이 함수는 다음과 같이 정의한다.

$$f_{ReLU}(x) = \max(0, x)$$

두 번째 층은 (2×2) 블록을 고려해 최대 풀링으로 차원을 축소한다. 다음으로 64(커널의 크기 4×4) 필터와 제로-패팅(입력의 상하좌우에 1픽셀)을 적용한 컨볼루션을 적용한다. 마지막으로 128(커널의 크기 3×3) 필터와 최대 풀링 및 제로-패팅을 적용한 세 번째 컨볼루션을 적용한다.

이 시점에서 마지막 층의 결과에 대해 평탄화 작업(flatten)을 해 MLP에서와 같이 작동할수 있게 한다.

```python
from keras.layers.core import Dense, Dropout, Flatten

>>> model.add(Dropout(0.2))
>>> model.add(Flatten())
>>> model.add(Dense(128, activation='relu'))
>>> model.add(Dropout(0.2))
>>> model.add(Dense(10, activation='softmax'))
```

드롭아웃(0.2 확률)을 마지막 제로-패딩층의 결과에 적용한다. 다음으로 다차원값은 벡터로 평탄화^{flattened}하고 변환한다. 이 값은 128개 뉴런과 ReLU 활성화 함수로 완전 연결층에 제공된다. 또 다른 드롭아웃을 출력에 적용해 과적합을 방지시킨다. 마지막으로 이 벡터는 소프트맥스 활성화 함수를 10개의 뉴런을 갖는 또 다른 완전 연결층에 제공한다.

$$f_{Softmax}(x) = \frac{e^x}{\sum_i e^{x_i}}$$

이와 같은 방법으로 해당 모델의 출력은 이산형 확률 분포를 표현한다. 각각의 값은 해당 클래스의 확률이다. 모델을 훈련하기 전에 마지막 단계는 이를 컴파일하는 것이다.

```
>>> model.compile(loss='categorical_crossentropy', optimizer='adam',
metrics=['accuracy'])
```

케라스는 높은 수준의 표현을 범주형 교차-엔트로피 손실 함수와 Adam 최적화를 이용해 이전 절에서 소개한 것과 같은 낮은 수준의 연산으로 변환한다.

텐서플로 로지스틱 회귀 예제를 살펴보자. 성능을 동적으로 계산하기 위해 텐서모델의 정확도 측정 방법을 사용한다.

이제 해당 모델을 훈련시킨다. 2개의 사전 연산만 필요하다.

- 해당 이미지를 정규화해 0에서 1까지의 값을 갖도록 한다.
- 원-핫 인코딩을 정수 레이블에 적용한다.

첫 번째 연산은 해당 데이터셋을 255로 나눠 간단하게 수행한다. 반면, 두 번째 연산은 내장 함수 to_categoricalc( )을 이용해 쉽게 수행할 수 있다.

```
from keras.utils import to_categorical

>>> model.fit(X_train / 255.0, to_categorical(Y_train), batch_size=32,
epochs=15)
```

15회의 에포크 기간 동안 32개의 이미지로 구성된 배치로 훈련시키자. 여러분은 모든 값을 변경해 결과를 비교할 수 있다. 케라스는 각 학습 단계 동안 다음과 같은 진행 결과를 보여준다.

```
Epoch 1/15
50000/50000 [==============================] - 25s - loss: 1.5845 - acc:
```

0.4199

Epoch 2/15

50000/50000 [==============================] - 24s - loss: 1.2368 - acc: 0.5602

Epoch 3/15

50000/50000 [==============================] - 26s - loss: 1.0678 - acc: 0.6247

Epoch 4/15

50000/50000 [==============================] - 25s - loss: 0.9495 - acc: 0.6658

Epoch 5/15

50000/50000 [==============================] - 26s - loss: 0.8598 - acc: 0.6963

Epoch 6/15

50000/50000 [==============================] - 26s - loss: 0.7829 - acc: 0.7220

Epoch 7/15

50000/50000 [==============================] - 26s - loss: 0.7204 - acc: 0.7452

Epoch 8/15

50000/50000 [==============================] - 26s - loss: 0.6712 - acc: 0.7629

Epoch 9/15

50000/50000 [==============================] - 27s - loss: 0.6286 - acc: 0.7779

Epoch 10/15

50000/50000 [==============================] - 27s - loss: 0.5753 - acc: 0.7952

Epoch 11/15

50000/50000 [==============================] - 27s - loss: 0.5433 - acc: 0.8049

Epoch 12/15

50000/50000 [==============================] - 27s - loss: 0.5112 - acc: 0.8170

Epoch 13/15

50000/50000 [==============================] - 27s - loss: 0.4806 - acc: 0.8293

Epoch 14/15

50000/50000 [==============================] - 28s - loss: 0.4551 - acc:

```
0.8365
Epoch 15/15
50000/50000 [==============================] - 28s - loss: 0.4342 - acc:
0.8444
```

15회의 에포크 결과 훈련 집합에 대한 정확도는 대략 84%이다. 꽤 괜찮은 결과다. 테스트 집합으로 모델을 평가하는 최종 연산 작업을 수행하면 다음과 같다.

```
>>> scores = model.evaluate(X_test / 255.0, to_categorical(Y_test))
>>> print('Loss: %.3f' % scores[0])
>>> print('Accuracy: %.3f' % scores[1])
Loss: 0.972
Accuracy: 0.719
```

최종 검증^{validation} 정확도는 훈련 단계 동안 수행한 것보다 상대적으로 작다. 딥러닝 모델에서 알고리즘을 최적화할 때 이러한 결과는 정상적인 현상이다. 교차 검증이나 잘 정의한 테스트 집합을 사용하는 것은 좋은 방법이다. 따라서 훈련 집합과 동일한 분포를 따르는 전체 샘플의 25~30%를 이용해 테스트 집합을 준비한다.

매우 간단한 아키텍처를 제공했지만 이 토픽에 대해 좀 더 깊이 있게 살펴볼 수 있고 보다 복잡한 모델을 생성할 수도 있다.

케라스는 VGG 16/19와 인셉션 V3와 같은 몇 개의 유명한 사전 훈련된 아키텍처를 갖고 있다. 이러한 아키텍처는 1,000개의 범주로 이미지를 분류하는 데 사용할 수 있다.

 서로 다른 백엔드를 갖는 케라스를 설치하는 데 필요한 모든 정보와 공식 문서는 다음 웹 사이트를 참고하자.
https://keras.io

▌ 참고 문헌

- Goodfellow I., Bengio Y., Courville A., *Deep Learning*, MIT Press
- Abrahams S., Hafner D., TensorFlow for Machine Intelligence: A Hands-On Introduction to Learning Algorithms, Bleeding Edge Press
- Bonaccorso G., Neural Artistic Style Transfer with Keras, https://github.com/giuseppebonaccorso/Neural_Artistic_Style_Transfer
- Krizhevsky A, Learning Multiple Layers of Features from Tiny Images, 2009(https://www.cs.toronto.edu/~kriz/learning-features-2009-TR.pdf)

▌ 요약

14장에서는 몇 가지 기초 딥러닝 개념에 대해 소개했다. 여러분은 이제 계산 그래프가 무엇인지와 텐서플로로 모델링하는 방법을 이해할 수 있다. 사실 딥 아키텍처는 서로 연결된 일련의 층으로 볼 수 있다. 이러한 층들은 다양한 특징과 목적을 가질 수 있다. 하지만 전체 그래프는 항상 방향이 있는 구조로 입력값을 마지막 출력층에 연계시킨다. 따라서 훈련 알고리즘으로 최적화할 수 있는 글로벌 손실 함수를 도출할 수 있어야 한다. 또한 모든 이전previous 연결층에 대해 텐서플로가 출력 텐서의 그레이디언트를 계산하는 방법을 살펴봤다. 따라서 표준 역전파 전략을 딥 아키텍처에 구현할 수 있음을 살펴봤다. 보다 많은 공간이 필요하기 때문에 실제 딥러닝 문제와 방법에 대해 논하지는 않았다. 하지만 여러분이 관심 있는 영역에 대해 상세히 학습하기 원한다면 관련 자료를 쉽게 구할 수 있을 것이다.

15장, '머신 러닝 아키텍처 만들기'에서는 복잡한 머신 러닝 아키텍처를 만들기 위해 앞에서 소개한 많은 개념을 설명한다.

15

머신 러닝
아키텍처 만들기

15장에서는 입력 데이터를 전처리하고 세부적으로 쪼개며 증강, 분류·군집화하고 그래픽 툴을 이용한 결과를 보여주는 전체 머신 러닝 아키텍처에 대한 정의를 목적으로 다양한 개념을 설명한다. scikit-learn이 복잡한 파이프라인을 관리하는 방법과 이를 학습시킬 수 있는 방법을 살펴보고 전체 아키텍처의 전역 최적 파라미터를 알아본다.

▌ 머신 러닝 아키텍처

지금까지는 특정 문제를 해결하기 위해 사용할 수 있는 한 가지 메서드를 소개했다. 하지만 실제 상황에서 표준 분류기나 군집화 알고리즘에 직접 사용할 수 있는 잘 정의된 데이터셋을 확보하는 것은 어렵다. 머신 러닝 엔지니어는 비전문가가 생각할 수 있는 원시 데이터를 입력하면 결과가 자동으로 생성되는 블랙박스와 같은 전체 아키텍처를 설계해야 한다. 최종 목표를 달성하는 데 필요한 모든 단계는 정확하게 구성해야 하고, 계산 그래프와 유사한 처리 연결로 치밀하게 연결해야 한다. 실제로 이것은 방향성이 있고 순환하지 않는^{acyclic} 그래프다. 불행하게도 모든 현실의 문제가 자체 특성을 갖고 있는 비표준 프로세스지만 ML 파이프라인에 포함된 몇 가지 공통 단계가 있다.

다음은 이러한 과정을 순서도로 표현한 결과다.

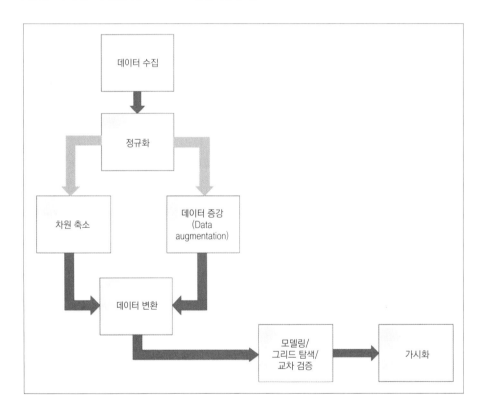

이제 몇 가지 가능한 솔루션으로 각 단계별 상세 내용을 설명한다.

데이터 수집

데이터 수집은 해당 상황에 영향을 받으므로 초기 단계에서는 죄대한 일반화^{generic}해야 한다. 하지만 모든 데이터로 작업하기 전에 저장된 모든 원천에서 데이터를 수집해야 한다. 가능하면 쉼표 구분자값(csv)이나 유사한 형태의 파일 덤프를 갖는 경우가 좋으며, 데이터를 직접 적재^{loading}할 수 있어야 한다. 하지만 엔지니어는 자주 데이터베이스 테이블을 모두 살펴보고 전체 정보를 수집하기 위해 적합한 SQL 쿼리를 정의하고 데이터 유형 변환과 인코딩을 관리해야 한다. 이 책에서는 이러한 주제를 다루지 않는다. 하지만 생각보다 어렵기 때문에 이 과정을 절대로 과소 평가하지 않아야 한다. 가능하면 사전 처리한 테이블을 추출하기 위해 모든 항목이 동일한 행에 위치한 평탄화된 테이블^{flattened tables} 형태로 추출할 것을 추천한다. 이렇게 해야 DBMS나 빅데이터 툴을 이용한 대량의 데이터를 다루기가 쉽다. 이 작업을 일반 컴퓨터에서 직접 수행한다면 시간과 메모리가 소모된다. 더욱이 모든 텍스트 필드에 대해 표준 문자 인코딩을 사용하는 것이 필요하다. 가장 일반적인 경우는 UTF-8이지만 다른 문자로 인코드된 DB 테이블을 다룰 수도 있다. 더욱이 다른 연산을 시작하기 전에 모든 문서를 변환하는 것이 좋다. 데이터 처리^{manipulation} 분야에서 널리 사용되는 파이썬 라이브러리에는 판다스^{pandas}가 있다.

이 라이브러리는 SQL 테이블의 추상화한 형태인 데이터 프레임의 개념에 기반을 두고 있으며 데이터셋에 대한 선택, 조인, 그룹화, 통계적 처리를 메모리에서 최적화할 수 있는 많은 메서드를 구현했다. 헤이트^{Heydt M.}가 저술한 『Pandas로 하는 데이터 과학 2/e』에서 실제 문제를 해결하는 데 필요한 모든 정보를 얻어낼 수 있다. 이 과정에서 관리돼야 하는 일반적인 문제는 누락된 특징을 입력하는 것이다. 다음 단계에서 자동으로 사용할 수 있는 몇 가지 실질적인 메서드는 3장, '특징 선택과 특징 엔지니어링'에서 설명했다.

정규화

다양한 특징이 서로 다른 스케일을 갖는 경우 수치 데이터셋의 정규화는 가장 중요한 과정이다. 3장, '특징 선택과 특징 엔지니어링'에서 이러한 문제를 해결하는 데 사용할 수 있는 몇 가지 메서드를 소개했다. 데이터를 백색화^{whiten}하는 데 있어 자료의 크기 조정을 위해 표준 스케일러$^{standard scaler}$를 사용하면 된다. 하지만 때로는 전체 경향$^{global trend}$ 측면에서 노이즈 특징 효과를 고려하는 것과 강건한 스케일러$^{Robust Scaler}$를 사용해 남아 있는 특징을 조정^{conditioning}하는 위험 없이 필터링하는 것이 좋다. 정규화와 비정규화 데이터셋으로 작업할 때 동일한 분류기(SVM, 신경망과 같은)가 다른 성능을 내는 것을 쉽게 경험할 수 있다. 다음 절에서와 같이 첫 번째 활동 중 하나로 파이프라인을 처리하는 데 있어 정규화 단계를 포함하고 훈련 단계 동안 *L1/L2* 가중값 정규화를 부과하기 위해 그리드 탐색에서 C 파라미터를 포함할 수 있다. 리지, 라소와 일래스틱에 대해 논할 때 4장, '선형 회귀'에서 설명한 정규화의 중요성을 고려하자.

차원 축소

이 단계는 항상 필수 활동은 아니다. 하지만 많은 경우 메모리 누수나 오랜 계산 시간이 소요되는 문제에 대한 좋은 해결안이 될 수 있다. 데이터셋이 많은 특징을 갖고 있다면 보이지 않는 상관 관계의 확률이 상대적으로 높을 가능성이 있다. 예를 들어 어떤 제품의 최종 가격은 모든 원재료, 가격에 의해 직접 영향을 받는다. 더욱이 만약 두 번째 성분^{component}을 제거하면 해당 값은 약간 변한다. 좀 더 일반적으로 말하면 전체 변동은 거의 유지된다고 말할 수 있다. 만약 여러분이 PCA가 작동하는 방법을 알고 있다면 이 방법을 이용해 입력 데이터의 상관성을 제거할 수 있다. 따라서 PCA나 커널 PCA(비선형 데이터셋)가 100%에 가까운 설명 변동을 유지하면서 일부 성분^{component}을 제거할 수 있는지 확인하는 것이 좋다. 이러한 작업은 정보 손실을 최소화하면서 대상 데이터를 압축하는 것과 동일하다. 3장, '특징 선택과 특징 엔지니어링'에서 설명한 NMF나 SelectKBest와 같은 또 다른 방법도 있다. 이 방법은 ANOVA나 카이스퀘어와 같이 여러 기준에 따라 최상의 특징만을 선택하는 데 사용한다. 프로젝트의 초기 단계에서 개별 요인의 효과를 테스트하는 것은 상대적으로 속도가 느리고 복잡한 알고리즘 계산이 필요할 때 도움이 되는 소요 시간을 줄일 수 있도록 한다.

데이터 증강

원래 데이터셋은 단지 몇 개의 비선형 특징만을 가지며 이러한 특징을 알아내는 것은 표준 분류기의 경우 매우 어렵다. 더욱이 복잡한 데이터셋에 근거한 알고리즘 개발은 일반화 능력을 고려하지 않고 훈련용 집합만을 고려해 오차를 최소화하기 때문에 해당 모델을 과적합시킬 위험이 있다. 이러한 이유로 인해 현데이터의 기능을 통해 확보한 특징으로 데이터셋을 만드는 게 좋다. 다항 특징$^{Polynomial\ Features}$은 데이터 증대의 예로서, 과적합을 방지하고 표준 알고리즘의 성능을 실제로 개선시킬 수 있다. 다른 경우에 있어 $sin(x)$나 $cos(x)$와 같은 trigonometric 함수나 x_1x_2와 같은 상관 관계가 있는 특징을 사용해보는 것도 좋다. 다항 특징은 래디얼 데이터셋$^{radial\ datasets}$을 상대적으로 간단하게 관리할 수 있도록 한다. 반면, 삼각^{trigonometric} 함수는 두 특징 간의 교차 상관 관계에 대한 정보를 분류기^{classifier}에 제공한다. 일반적으로 데이터 증강은 보다 복잡한 알고리즘을 시도하기 전에 사용할 수 있다. 예를 들어 선형 메서드인 로지스틱 회귀는 증강시킨 비선형 데이터셋에 성공적으로 적용할 수 있다. 4장, '선형 회귀'에서 다항 회귀를 논할 때도 이와 유사한 내용을 경험했다. 고차 용량^{capacity}을 갖는 보다 복잡한 모델을 선택하거나 데이터셋을 증강시키는 것은 엔지니어가 결정할 사항이며, 적용 유무를 모두 고려해 신중하게 결정해야 한다. 예를 들어 대부분 데이터양이 많으면 원래 데이터셋을 변경하는 것보다 scikit-learn 인터페이스를 만들어 실시간으로 데이터를 증강시키는 것이 좋다. 다른 경우에 있어 신경망 모델은 빠르고 보다 정확한 결과를 데이터 증강 작업 없이 제공할 수 있다. 파라미터 선택은 실제 과학보다 아트^{art}에 가깝다. 그리고 유용한 지식을 모으기 위한 유일한 방법은 실행을 통해서다.

데이터 변환

이 단계는 이산형 데이터를 다룰 때 가장 단순하고 중요한 작업이다. 수치 벡터를 이용해 레이블을 인코드하는 몇 가지 방법에 대해서는 이미 설명했으므로 생략한다. 일반화 규칙은 정수나 이산형 값의 사용(원-핫 인코딩[9])을 고려한다. 3장, '특징 선택과 특징 엔지니어링'에서 언급한 대로 원-핫 인코딩은 잡음과 예측 오류에 가장 영향을 덜 받기 때문에 분류기의 결과가 값 자체일 때 최선의 선택이 된다. 하지만 원-핫 인코딩은 메모리를 많이 소비하는 단점이 있다. 따라서 NLP와 같은 확률 분포와 작업하는 것이 필요하다면 딕셔너리 엔트리나 빈도/카운트 값을 표현하는 정수 레이블이 보다 효율적이다.

모델링/그리드 탐색/교차 검증

모델링은 대상 문제를 해결하는 데 가장 적합한 분류·군집화 알고리즘을 선택하는 것이다. 다양한 모델에 대해 소개했으며 언제 알고리즘이 타당성 있는 후보가 될지와 다른 전략 대비보다 좋은 경우가 언제인지 알고 있어야 한다. 하지만 머신 러닝 기술의 성공은 주로 모델에 포함된 각 파라미터의 올바른 선택에 달려 있다. 데이터 증강에 대해 설명할 때 이미 소개했듯이 할당한 최적값을 결정하는 정확한 방법을 찾아내기 어렵다. 더욱이 최상의 접근은 항상 그리드 탐색에 근거한다. scikit-learn은 교차 검증과 함께 다양한 파라미터 조합으로 모델 성능을 조사하기 위한 매우 유연한 로직을 제공한다.

교차 검증은 훈련용 샘플의 수를 축소하지 않고 신뢰성 있는 검증이 가능하다. 그리고 scikit-learn은 특히 전문 엔지니어에게 실제로 타당성 있는 접근이 된다. 또한 다양한 변환을 실행할 때, 선택 효과는 전체 파이프라인에 영향을 미칠 수 있으므로 각각의 가능한 선택의 교차 영향을 평가할 수 있도록 하기 위해 항상 모든 성분components에 대한 그리드 탐색을 동시에 적용해볼 것을 제안한다.

---

9   범주형 변수를 머신 러닝에 활용할 때 해당 클래스 칸의 정보를 1로 표시하고 나머지는 0으로 표시하는 방법을 사용하는데 이러한 표기법을 원-핫 인코딩이라고 한다. - 옮긴이

가시화

때로는 중간과 최종 단계의 결과를 가시화하는 것이 유용하고 필요하다. 이 책에서는 matplotlib를 이용해 도표와 함께 다이어그램을 보여줬다. 이 라이브러리는 SciPy의 일부로 유연하고 강력한 그래픽 인프라를 제공한다. 심지어 이 책의 일부는 아니지만 다양한 결과를 얻어내기 위해 해당 코드를 쉽게 변환할 수 있다. 보다 상세한 자료는 맥그리거[Mcgreggor D.]가 저술한 『Mastering matplotlib』(팩트출판사, 2018)를 참고하자. 이 책은 계속 내용이 추가되고 있으며, 많은 신규 프로젝트가 개발되고 있어 새롭고 보다 스타일리시한 플로팅 함수를 제공하고 있다. 이것들 중 하나는 Bokeh(http://bokeh.pydata.org)로서 몇몇 자바스크립트 코드를 이용해 웹 페이지에 임베드할 수 있는 인터액티브한 그래프를 만들 수 있다.

▌ 머신 러닝 아키텍처용 scikit-learn 도구

이제 두 가지 매우 중요한 scikit-learn 클래스를 소개한다. 이 클래스는 머신 러닝 엔지니어가 원래 데이터셋에서 원하는 결과를 만들어내는 데 필요한 모든 단계를 포함해 복잡한 업무 처리 구조를 만들 수 있도록 한다.

파이프라인

scikit-learn은 연속 처리 단계로 구성된 파이프라인을 만드는 데 유연한 메커니즘을 제공한다. 이것이 가능한 이유는 대부분의 클래스로 구현된 표준 인터페이스 덕분이며, 구성 요소[components]인 데이터 처리기 · 변환기와 분류기 · 군집화 툴이 완벽히 호환된다. 클래스 파이프라인은 구성 요소-인스턴스[instance]인 폼 내부 튜플 리스트에 해당하는 단일 파라미터 steps을 채택해 표준 적합/변환 인터페이스로 복잡한 객체를 만들어낸다. 예를 들어 PCA를 적용한 후에 SVM을 사용해 분류하려면 다음과 같은 방법으로 파이프라인을 만들어야 한다.

```
from sklearn.decomposition import PCA
from sklearn.pipeline import Pipeline
from sklearn.preprocessing import StandardScaler
from sklearn.svm import SVC

>>> pca = PCA(n_components=10)
>>> scaler = StandardScaler()
>>> svc = SVC(kernel='poly', gamma=3)

>>> steps = [
>>>     ('pca', pca),
>>>     ('scaler', scaler),
>>>     ('classifier', svc)
>>> ]

>>> pipeline = Pipeline(steps)
```

여기서 파이프라인은 표준 메서드 fit( )와 fit_transform( )을 이용해 1개의 분류기와 같은 모델링을 개발할 수 있다. 심지어 입력 샘플이 PCA 인스턴스에 제일 먼저 전달될 경우에도, 차원을 축소시킨 데이터셋을 StandardScaler 인스턴스로 정규화하고 마지막으로 결과 샘플을 분류기에 전달한다.

파이프라인[10]은 다양한 파라미터의 조합을 평가하는 데 있어 1개의 단계에 국한되지 않고 전체 프로세스를 고려함으로써 GridSearch CV와 함께 매우 유용하다.

앞의 예제를 고려해 더미 데이터셋을 생성하고 최적 파라미터를 찾아내는 것을 시도해볼 수도 있다.

```
from sklearn.datasets import make_classification

>>> nb_samples = 500
>>> X, Y = make_classification(n_samples=nb_samples, n_informative=15,
```

---

10 데이터분석을 위해 여러 머신러닝 솔루션을 거치는 흐름(수집, 전처리, 모델링, 훈련, 예측 등)으로 구성된 일련의 과정을 파이프라인이라고 한다. – 옮긴이

```
n_redundant=5, n_classes=2)
```

데이터셋은 꽤 중복돼 있다. 따라서 PCA에 적합한 최적 성분과 SVM에 적합한 최적 커널을 찾아내는 것이 필요하다. 파이프라인으로 작업할 때 파라미터 명칭은 2개의 밑줄 다음에 실제 이름을 붙이고 성분 $ID^{component\ ID}$를 이용해 설정한다. 예를 들어 classifier__kernel과 같다. 정확한 명칭으로 가능한 모든 파라미터를 확인하길 원한다면 다음 명령을 실행하면 된다.

```
print(pipeline.get_params().keys())
```

다음 파라미터 딕셔너리형 데이터를 이용해 그리드 탐색을 실행한다.

```
from sklearn.model_selection import GridSearchCV
>>> param_grid = {
>>>     'pca__n_components': [5, 10, 12, 15, 18, 20],
>>>     'classifier__kernel': ['rbf', 'poly'],
>>>     'classifier__gamma': [0.05, 0.1, 0.2, 0.5],
>>>     'classifier__degree': [2, 3, 5]
>>> }

>>> gs = GridSearchCV(pipeline, param_grid)
>>> gs.fit(X, Y)
```

예상대로 최적 추정값은 상관 관계가 없는 15개의 주성분과 상대적으로 높은 감마^{gamma} 값 0.2를 갖는 방사형-기저 함수$^{radial-basis\ function}$ SVM의 결과다.

```
>>> print(gs.best_estimator_)
Pipeline(steps=[('pca', PCA(copy=True, iterated_power='auto',
n_components=15, random_state=None,
  svd_solver='auto', tol=0.0, whiten=False)), ('scaler',
StandardScaler(copy=True, with_mean=True, with_std=True)), ('classifier',
SVC(C=1.0, cache_size=200, class_weight=None, coef0=0.0,
  decision_function_shape=None, degree=2, gamma=0.2, kernel='rbf',
```

```
    max_iter=-1, probability=False, random_state=None, shrinking=True,
    tol=0.001, verbose=False))])
```

해당 스코어는 다음과 같다.

```
>>> print(gs.best_score_)
0.96
```

다양한 조합을 계산하기 위해 그리드 탐색^{grid search} CV와 함께 파이프라인을 사용한다.
예를 들어 여러 분류기와 혼합해 몇 가지 분해 메서드를 비교하는 것이 좋다.

```
from sklearn.datasets import load_digits
from sklearn.decomposition import NMF
from sklearn.feature_selection import SelectKBest, f_classif
from sklearn.linear_model import LogisticRegression

>>> digits = load_digits()

>>> pca = PCA()
>>> nmf = NMF()
>>> kbest = SelectKBest(f_classif)
>>> lr = LogisticRegression()

>>> pipeline_steps = [
>>>     ('dimensionality_reduction', pca),
>>>     ('normalization', scaler),
>>>     ('classification', lr)
>>> ]

>>> pipeline = Pipeline(pipeline_steps)
```

PCA, 양의 행렬 요인^{non-negative matrix factorization, NMF}, ANOVA 기준에 근거한 k-최적 특징
선택^{k-best feature selection based on the ANOVA criterion, kbest}을 로지스틱 회귀와 커널 SVM에 적용한
결과를 비교해보자.

```
>>> pca_nmf_components = [10, 20, 30]

>>> param_grid = [
>>>     {
>>>         'dimensionality_reduction': [pca],
>>>         'dimensionality_reduction__n_components': pca_nmf_components,
>>>         'classification': [lr],
>>>         'classification__C': [1, 5, 10, 20]
>>>     },
>>>     {
>>>         'dimensionality_reduction': [pca],
>>>         'dimensionality_reduction__n_components': pca_nmf_components,
>>>         'classification': [svc],
>>>         'classification__kernel': ['rbf', 'poly'],
>>>         'classification__gamma': [0.05, 0.1, 0.2, 0.5, 1.0],
>>>         'classification__degree': [2, 3, 5],
>>>         'classification__C': [1, 5, 10, 20]
>>>     },
>>>     {
>>>         'dimensionality_reduction': [nmf],
>>>         'dimensionality_reduction__n_components': pca_nmf_components,
>>>         'classification': [lr],
>>>         'classification__C': [1, 5, 10, 20]
>>>     },
>>>     {
>>>         'dimensionality_reduction': [nmf],
>>>         'dimensionality_reduction__n_components': pca_nmf_components,
>>>         'classification': [svc],
>>>         'classification__kernel': ['rbf', 'poly'],
>>>         'classification__gamma': [0.05, 0.1, 0.2, 0.5, 1.0],
>>>         'classification__degree': [2, 3, 5],
>>>         'classification__C': [1, 5, 10, 20]
>>>     },
>>>     {
>>>         'dimensionality_reduction': [kbest],
>>>         'classification': [svc],
>>>         'classification__kernel': ['rbf', 'poly'],
>>>         'classification__gamma': [0.05, 0.1, 0.2, 0.5, 1.0],
>>>         'classification__degree': [2, 3, 5],
```

```
>>>        'classification__C': [1, 5, 10, 20]
>>>    },
>>> ]
>>> gs = GridSearchCV(pipeline, param_grid)
>>> gs.fit(digits.data, digits.target)
```

그리드 탐색을 실행하면 20개 성분(원래 데이터셋은 64개의 특징을 갖음)으로 구성된 PCA,
작은 gamma 값(0.05), 미디엄(5.0) *L2* 패널티 파라미터 C를 갖는 RBF SVM으로 구성된
파이프라인을 얻게 된다.

```
>>> print(gs.best_estimator_)
Pipeline(steps=[('dimensionality_reduction', PCA(copy=True,
iterated_power='auto', n_components=20, random_state=None,
    svd_solver='auto', tol=0.0, whiten=False)), ('normalization',
StandardScaler(copy=True, with_mean=True, with_std=True)),
('classification', SVC(C=5.0, cache_size=200, class_weight=None, coef0=0.0,
    decision_function_shape=None, degree=2, gamma=0.05, kernel='rbf',
    max_iter=-1, probability=False, random_state=None, shrinking=True,
    tol=0.001, verbose=False))])
```

파라미터 값으로 모델의 상세 내용을 인지하려면 이 값이 최적의 선택이다. 해당 파이프
라인의 모델 성능은 실제로 매우 높다.

```
>>> print(gs.best_score_)
0.968836950473
```

특징 결합

scikit-learn이 제공하는 또 다른 클래스는 FeatureUnion이다. 이 클래스는 서로 다른
특징 변환을 단일 출력 행렬로 연결한다. 파이프라인(특징 결합을 포함할 수도 있음)과의 차
이점은 파이프라인은 대체 시나리오에서 선택하지만 특징 결합feature union은 다양한 전처
리 결과가 서로 연결된 통합 데이터셋을 만든다. 예를 들어 앞의 결과에서 10개의 성분과

ANOVA 기준으로 선택한 최적 특징 5개를 결합해 PCA를 실행하고 데이터셋을 최적화 한다. 이러한 방법으로 차원을 20에서 15로 축소시킬 수 있다.

```
from sklearn.pipeline import FeatureUnion

>>> steps_fu = [
>>>     ('pca', PCA(n_components=10)),
>>>     ('kbest', SelectKBest(f_classif, k=5)),
>>> ]

>>> fu = FeatureUnion(steps_fu)

>>> svc = SVC(kernel='rbf', C=5.0, gamma=0.05)

>>> pipeline_steps = [
>>>     ('fu', fu),
>>>     ('scaler', scaler),
>>>     ('classifier', svc)
>>> ]

>>> pipeline = Pipeline(pipeline_steps)
```

이미 RBF SVM이 괜찮은 선택임을 알고 있으므로 변경 없이 해당 아키텍처를 유지한다. 교차 검증을 실행하면 다음과 같다.

```
from sklearn.model_selection import cross_val_score

>>> print(cross_val_score(pipeline, digits.data, digits.target,
cv=10).mean())
0.965464333604
```

점수는 이전 값(<0.002)보다 약간 낮지만 특징의 수는 상당히 축소됐다. 또한 연산 시간 도 줄어들었다. 다양한 데이터 전처리 결과를 연결하는 것은 데이터 증강 형태다. 또한 초기 특징의 수가 너무 많거나 중복/노이즈가 있을 경우, 단일 분해 메서드^{single decomposition}

method가 해당 데이터의 모든 변동을 알아내지 못하므로 다양한 데이터 전처리를 고려해야 한다.

참고 문헌

- Mcgreggor D., Mastering matplotlib, Packt
- Heydt M., Learning pandas - Python Data Discovery and Analysis Made Easy, Packt

요약

15장에서는 전체 성능을 개선하면서 여러 이슈를 방지하기 위해 일반적으로 사용하는 몇 가지 방법을 고려했고 머신 러닝 아키텍처의 주요 요소를 설명했다. 모델의 성공 여부는 많은 파라미터와 하이퍼파라미터 간 상관성에 의해 좌우된다. 따라서 이 단계에서는 면밀한 평가 없이 제외하지 않도록 한다. 더욱이 최종 최적 구성은 모든 가능한 전처리 단계를 고려하는 것부터 시작해야 한다.

그리드 탐색은 강력한 최적화 분석 도구이며 전체 시나리오에서 최적 솔루션을 찾아내기 위해 대안 파이프라인 집합과 함께 이용하는 것(특징 결합과 또는 고려 없이)이 좋다. 현대의 개인 컴퓨터는 수백만 개의 조합을 몇 시간 내에 테스트할 수 있을 만큼 처리 속도가 빠르다. 더욱이 데이터셋이 매우 큰 경우 클라우드 서버를 사용할 수 있다.

마지막으로 나는 지금까지 수행한 이러한 연구 활동을 계속 수행하고, 딥러닝 분야의 연구도 계속하길 원한다. 실용적인 머신 러닝 아키텍처를 만들기 위해서는 대체 솔루션과 구성에 대한 지속적인 분석 작업이 필요하다. 명심해야 할 것은 가장 간단한 것보다 뛰어난 은총알[11]은 없다는 점이다. 간단함은 예술적인 마인드를 간직한 과학이라고 할 수 있다.

---

11 일종의 만병통치약을 의미한다. 소프트웨어에 있어 모든 이슈를 해결해주는 마법의 아이템을 일컫는 용도로 사용되는 용어다.
  – 옮긴이

찾아보기

에이콘출판의 기틀을 마련하신 故 정완재 선생님 (1935-2004)

머신 러닝 알고리즘

파이썬 예제와 함께 배우는 머신 러닝

발 행 | 2019년 2월 28일

지은이 | 주세페 보나코르소
옮긴이 | 정 사 범

펴낸이 | 권 성 준
편집장 | 황 영 주
편 집 | 이 지 은
디자인 | 박 주 란

에이콘출판주식회사
서울특별시 양천구 국회대로 287 (목동)
전화 02-2653-7600, 팩스 02-2653-0433
www.acornpub.co.kr / editor@acornpub.co.kr

한국어판 ⓒ 에이콘출판주식회사, 2019, Printed in Korea.
ISBN 979-11-6175-277-8
ISBN 978-89-6077-210-6 (세트)
http://www.acornpub.co.kr/book/ml-algorithms

이 도서이 국립중앙도서관 출판시도시목록(CIP)은 서지정보유통지원시스템 홈페이지(http://seoji.nl.go.kr)와
국가자료공동목록시스템(http://www.nl.go.kr/kolisnet)에서 이용하실 수 있습니다.(CIP제어번호: CIP2019006380)

책값은 뒤표지에 있습니다.